私が出会った

一冊の本

太田良子・原島 正＝編

新曜社

装幀＝難波園子

『私が出会った一冊の本』に寄せて

飽戸　弘（東洋英和女学院大学学長、学院副院長、生涯学習センター長）

東洋英和女学院大学の生涯学習センターは１９９８年に開設され、大学のある横浜校地と、幼稚園・小学部・中高部・大学院のある六本木校地の両地区でさまざまな講座を開講し、毎年、延べ約２０００名の方々が受講されて参りました。おかげさまで、昨年２００７年に、十周年を迎えることが出来ました。この十周年を記念して、記念講演会、特別企画公開講座、そして記念出版という、三つの企画を立て、記念講演会と公開講座は、昨年中に、無事、盛況のうちに終了することができ、この記念出版が、このたび、三つの記念行事の最後を飾ることとなりました。

本書は「私が出会った一冊の本」というテーマで、昨年行われた特別企画公開講座での講義をもとに、講師の先生方がさらにリライトしてまとめて下さったものです。選ばれた21冊の著書には、専門書あり、文学書あり、評論あり、また日本人の著作あり、外国人の著作ありと、実に多岐に亘っておりますが、いずれも名著・古典の名にふさわしい書籍ばかりです。本書の紹介・解説を手がかりとして、さらに原著・原典に当たっていただければ、より深い理解と感銘を得ることが出来ること、必定でしょう。こうして本書は、研究者だけでなく、学生諸君、さらには一般の読者のみなさんにとっても、有益な「読書案内」となることでしょう。そしてそれは単なる読書案内を遥かに超えて、これからの生涯にも、大きな影響を与え、「人生の指針」ともなることと、確信しています。

生涯学習センターは、これからも一層地域社会との連携を深め、社会貢献を目指すとともに、横浜キャンパスと六本木キャンパスとの連携、大学と大学院との連携をめざし、努力していくつもりです。さらに、この生涯学習センターの受講生についての２００４年の調査によると、東洋英和女学院の卒業生が、センター受講生の中で占める割合が約2割、在校生の保護者・家族が約1割、という結果が得られています。横浜地区、六本木地区での地域貢献だけでなく、東洋英和女学院の在校生、卒業生、そしてそのご家族の皆さんといった、東洋英和にまつわる皆さんの連携の「要」として、学院の「和」を深めていく場としても、センターがさらに活用されていくことを大いに期待しています。

目次

日本と日本人

新渡戸稲造

『武士道』

二十一世紀を生きる日本人の指針

池田守男

新渡戸稲造『武士道』
矢内原忠雄（譯）岩波書店，1938.

池田守男●プロフィール
1936 年香川県高松市生まれ。東京神学大学神学部卒業。資生堂に入社，社長・会長を歴任し現在は相談役。公益認定等委員会委員長，教育再生懇談会委員など公職多数。2005 年東洋英和女学院理事長就任，2007 年同院長就任。2006 年「新渡戸・南原賞」受賞。著書に『サーバントリーダーシップ入門』（共著）がある。人生訓は「与ふるは受くるより幸いなり」。日本基督教団銀座教会会員。

はじめに

このたび、「私が出会った一冊の本」というテーマで述べるにあたって、私の人生の節目節目で大変大きな力を与えられました新渡戸稲造先生の『武士道』がすぐ念頭に浮かびました。この一冊以外に心当たりはありませんでした。

私は、「心」というものを中心に新しい時代を迎えたい、という思いを強く抱いております。しかしながらその「心」は日本人として何を拠り所とした「心」でなければならないのか、命題はそう簡単に与えられませんでした。しかしながら後ほどお話しいたしますが、「新しい時代の心」という命題を、私はこの新渡戸先生が書かれた『武士道』の中に見出すことができました。

『幸福論』を著したアランの弟子だった伝記作家のアンドレ・モーロワは「最良の人が云わんと欲することを書物を通して再発見する喜び、これに勝るものはなし」と言っています。私も書物を通じて、著者の生きた言葉のエネルギーが私の血や肉となる喜びを感じてまいりました。「一冊の本との出会い」というものを新渡戸稲造先生の書かれた『武士道』との出会いを中心に、私自身の歩みも振り返りながら、お話をさせていただき、『武士道』を皆さんとご一緒に考えることができれば、大変ありがたいと思います。

新渡戸稲造先生

ご承知のように新渡戸稲造先生は、三年前まで五千円札の肖像になっておりました。私は、尊敬する新渡戸稲造先生が五千円札ではありますけれど、このような形で常に私どもの身近におられることを大変嬉しく思っておりました。ところが三年前、残念なことに新渡戸稲造先生から樋口一葉さんに代わってしまいました。これはいたしかたない事ですが、私は苦し紛れに「この一例を見ましても、いかに新渡戸稲造先生がフェミニストであったかという事がよくわかります」と、ことあるごとに申してまいりました。私がこのように申しますのは、新渡戸先生は女性に対して尊敬の念を抱いておられましたので、自分の後は女性しかないと思われた、と確信しているからです。男性でしたら私も抗議の声を上げたのですが、女性にこれからの時代ますますご活躍いただくために、その象徴といたしまして新渡戸先生は樋口一葉さんにバトンタッチした、そう考え、新しい五千円札につきましても私なりに納得しているところです。

新渡戸稲造先生は南部藩、今の盛岡のご出身で武家の生まれです。札幌農学校で大変多くの方々に影響を与えたクラーク博士の影響を大きく受けて育ったお一人です。ただクラーク博士は第一期生しか教えておりません。新渡戸先生は第二期生です。ですから新渡戸先生はクラーク博士の直接の謦咳《けいがい》には接しておりません。一期生がクラーク博士から強烈な印象を受けた札幌農学校の校風の中で、二期生として育ちました。私が思いますに、二期生のほうがクラーク博士への思いが強い。ですから直接会うということも大変大きなことですけれども、その方に会わなくても、その方の残された思想、哲学といったものを間接的に吸収する、かえってそのほうが強烈だったのではないかという気がしてなりません。二期生にはクリスチャンであります内村鑑三先生がおられ、この新渡戸稲造先生がおられる。ほかにもキリスト者として今日にいたる日本のプロテスタントのキリスト教を常にリードしてこられたと同時に、日本の教育界、経済界、産業界のすべてに大変大きな足跡を残した方々が、この二期生の中から出ておられます。クラーク博士の有名な言葉に"Boys, be ambitious."という言葉があります。しかしながら私はよく補足するのですが、クラーク博士は、"Boys, be ambitious in Christ."といわれたという事です。それを今日では、ほとんど口にされる方がありません。これはやむを得ないことですが、クラーク博士が言わんとすることは、"In Christ"です。「キリストの内にあって、青年たちよ、大志を抱け」、そういう思いです。ですから新渡戸稲造先生も内村先生も、"In Christ"を中心にして新しい指導者になっていかれたのではないかと、私は思います。

新渡戸稲造『武士道』

『武士道』は1900年に書かれております。新渡戸先生は札幌農学校を卒業した後、同学校で教鞭を執り、その後健康を害し、静養のために渡米しました。アメリカでの滞在は長期にわたり、日本とアメリカを基点にして、見識を深めると同時に、教育という側面からもいろいろと活躍しました。その中で『武士道』は、1900年すなわち明治三三年にアメリカにいて、"Bushido: The Soul of Japan"という書名で刊行されるわけです。これは日本人の心、日本人の魂といったものを、欧米の人に読んでもらいたい、また日本人、日本民族の生い立ちといったものを、本書を通じて多くの人々に理解してもらいたい、そのような思いがあって、英語で書かれたわけです。私は英語についてあまり詳しくはありませんけれども、多くの方々が、短時間の英語の学習の中で、よくぞここまで英語・英文を駆使して書かれたものだと言っておられます。たいへんな名文だそうです。

この中で著者は日本人の伝統的な心、倫理観、道徳観というものは武士道そのものであるということを主張しています。義の心、勇気、思いやり、礼儀、誠実、名誉、忠誠、あるいは克己心といったものをテーマとして、『武士道』は構成されています。

どのようないきさつで『武士道』を欧米の人々に、日本人の心として書くことになったか、その経緯を『武士道』の序文で著者自身が書いています。そのことについて簡単に申し上げます。たまたま新渡戸先生が親しくしておられたベルギーの法学者、ラブレー先生のお宅に滞在中、邸宅の庭を散歩したときに、ラブレー先生が新渡戸先生に対して、「あなたがたのお国では宗教教育というものがないと言われますが、それは本当ですか」と問われました。新渡戸先生は、「私も宗教教育を受けていません」と答えると、ラブレー先生は「宗教がなくて、いったいあなたがたはどのようにして子ども達に道徳を教えるのか、宗教なくして道徳教育はあり得ないのではないか」と言われたそうです。新渡戸先生は、道徳が宗教に立脚すべきものであることはよくわかる、しかしながら日本においては何に立脚しているかというと、これはもう先生自身が長く学んできた武士道以外のなにものでもない、という思いを強く抱き、であれば、これを欧米の方々に知らしめるべきではなかろうか、という思いで、この『武士道』の執筆を思い立ったとのことです。

『武士道』について当時のエピソードがあります。日露戦争が終わり講和条約を結んでいく中で、日本側から講和の調停役を当時のアメリカ大統領ルーズベルトに依頼していました。しかしアメリカは中立的立場をとっていましたので、それを盾に、なかなか前へ進まない。要するに日本は戦争には勝ちましたが、実際には勝ったという状況ではなかったようです。講和条約の締結は一日も早いほうが良いわけです。そこで、講和条約の対米工作の責任者だった金子堅太郎がルーズベルト大統領に「日本人の心・日本人の魂がこの『武士道』に著されているので、是非一度読んでもらいたい」と『武士道』をプレゼントしました。ルーズベルト大統領はそれを読み大変感激し、自分で十冊ほど購入し、秘書官やご自分のお子さん達にこの『武士道』を読むよう薦めたそうです。大統領は日本人の武士道精神の素晴らしさ、日本民族の根底に流れている倫理観・道徳観の素晴らしさを、この本を通じて理解し、交渉の労をとることにも繋がったと、色々な方々が実証的に述べています。『武士道』はイギリス、ドイツ、ポーランド、ノルウェー、フランス、中国などの国々でも翻訳出版され、国際的なベストセラーになりました。若かりし頃に新渡戸稲造先生は「自分は太平洋の懸け橋になりたい」ということを言われましたが、この『武士道』を書くことによって、すでに太平洋の懸け橋になっておられたわけです。

『武士道』と私

『武士道』との出会い

ここで、私自身のことについて振り返らせていただきます。私は1936年生まれで、昨年末に七〇歳になりました。郷里は、高松です。風光明媚で気候温暖で素晴らしいところです。小学校三年の時に、終戦を迎えました。しかしながら戦後間もないこともあり、小学校の高学年になりましても、東京であれば復興とともにいろいろな文化が入ってきたでしょうが、四国という田舎ですので、一歩も二歩も遅れており、文化に浴する機会があまりありません。そんなとき私は何にあこがれたか。ジャズとハリウッドの映画でした。当時映画は月曜日に封切られていました。日曜日に封切られたら大変ありがたかったのですが、封切られたばかりの新作をどうしても見たい……私もある意味では不良だったのかもしれません。月曜日の朝いの一番、だれよりも早くそのハリウッドの映画を見たくて、学校を休んで映画館に行きました。最初のうちは、何となく友人たちもごまかしてくれていたのですが、私一人ではなく数人の友人と一緒でしたので、やがて学校側に知られるところとなり、生徒を補導している先生が映画館の前に立っておりまして、入場しようとした私は引き戻されて、大変きつい罰を受けたこともありました。私は映画を通じて西洋文化に大変あこがれていました。当時、家庭が中心の映画がとても多かったのですが、そこには必ず日曜日に家族そろって教会に行くシーンがあります。ですから私も教会に対して、ある種のあこがれを持ちまして、自宅近くにアメリカの宣教師がいた関係で、教会に行くようになりました。また浪人だった頃、宇高連絡船の紫雲丸が沈没し、知り合いの子どもが何人も亡くなり、大きな衝撃を受け、「生と死」について深く考えるようになりました。そういう経過があり、私は自然に洗礼を受けたのです。

私の受洗は深く信仰を掘り下げた結果というわけではありませんでした。ですから洗礼を受けて日が経ちますと、当然信仰に行き詰まります。通っていた教会は大変アメリカナイズされた教会だったので、そこで私は日本人としてのキリスト者のあるべき姿というものが、別にあるのではなかろうかという大きな壁に突きあたり、思い悩みました。そういう時に私の先輩であり友人の宮滝さんという方に、「池田君、君も信仰上の迷いがあるようだけれども、新渡戸稲造先生の『武士道』を一度読んでみたらどうか」と言われました。私は「武士道」という言葉を聞いて、それとキリスト教がどう関わるのか、新渡戸稲造先生がクリスチャンであることは承知していましたが、その中にヒントがあるわけはない、と聞き流しておりました。二、三日経ち、宮滝さんから矢内原忠雄先生が翻訳した岩波書店の小さな文庫本を頂きました。頂いたからには読まざるを得ないということで、読み始めますと、私の抱えていた悩み、あるいは私が入っていた袋小路が、次々と解答を与えられるではありませんか。規範になるものは武士道です。その武士道の根底にあるものは儒教かもしれません。しかしながらその武士道を規範として社会が成り立っているとするならば、そういう武士道に示されている倫理観、道徳観というものを接ぎ木の台木にして、その上にキリスト教の精神というものを接ぎ木すること、これがこれからの日本人のクリスチャンのあるべき姿ではなかろうか、という考え方が示されていました。この考えによって、私はキリスト者として生きる指針を与えられ、新しい信仰の歩みを始めることができたわけです。

私は実は新渡戸先生と同期の内村鑑三先生の書籍を早くから読んでいました。『余は如何にして基督信徒となりし乎』などです。私は内村鑑三先生の書物を中心に、キリスト教そのものを学びました。内村先生は大変厳しい方であります。強い方であります。ですから私はある意味では内村先生の強さを求めていたように思います。しかしながら私自身は弱い人間です。やはりあの強さは、キリスト者として追い求めても、なかなか難しいことです。信仰に行き詰まる中で、新渡戸稲造先生の『武士道』を読むと、武士道の精神を学ぶと同時に、新渡戸稲造先生の人格と触れ合うことができました。まことにやさしい先生です。人間に対してやさしい、隣人に対してやさしい先生であります。『武士道』を通じてその先生のやさしさと出会うことができました。これはある意味で、私の救いになったのかもしれません。先ほどお名前を出させていただきました、『武士道』を翻訳し、その後東大教授になられた矢内原忠雄先生の著書を読みました。矢内原先生は「私は内村鑑三からは神を学んだ。そして新渡戸稲造からは人を学んだ」と言っています。蓋《けだ》し、私も同じ経験をしたのではないかと思うのであります。また矢内原先生の次のような一文を目にしたことがあります。矢内原先生が新渡戸稲造先生に「内村先生と新渡戸先生の違いは何ですか」という質問をしたそうです。新渡戸先生は「内村先生は正門からキリスト教にお入りになられました。私は残念ながら横門から入りました。横門から入ったものには悲しみがあります」と言ったそうです。大変象徴的な言葉ではないでしょうか。新渡戸稲造先生の人に対するやさしさというものは、こういう処にあるのではないか、悩めるものにとりましてはやはり新渡戸先生のこのやさしさそのものが救いになるのではないか、ということを強く教えられるわけです。そういったことで、私は信仰の大きな節目から、この『武士道』に触れることで新しく出発することができました。

『武士道』との再会

私はこのような流れの中で、また生まれた環境もあるでしょうが、少しでも人の役に立ちたいと強く思っていました。そういう思いから牧師になることを志望し、東京神学大学に入学しました。牧師になるためには修士課程の修了が必要ですが、ちょうど学部四年の時が1960年でした。日米安全保障条約の更改時期とあって、大変大きな問題になり、社会全体、とくに学生達、若者達を中心に安保反対運動が高まり、国会周辺にデモをかけるという社会環境にありました。私も学生の一人として、社会全体の事を、あるいは私自身の将来の事をふくめて、もう一度すべてを白紙にして考えざるを得ない時期になっていました。このとき私はもう一度、この『武士道』を読み、多様な価値観の中で、それぞれが選択していく道があるという事を教えられ、ならば、一度社会に出て、社会人としてキリスト者としての生活を送り、再度神からの召命があるのなら、残る二年間の修士課程にはいつでも戻ることができるのではないかと思い、社会に出る決断をし、縁あって資生堂に入社したわけです。

資生堂では最初から秘書という仕事を与えられました。何かお役にたちたい、支えていきたいという、いわば奉仕あるいは献身を私の生きていく信条としていましたので、仕事を通じてそれが実践できる役割をもらったことは、恵まれていました。私は秘書に専念することにより、五代の社長の秘書を務めました。そのため、私は自分自身のモットーを社会にあっては「生涯一秘書」という精神で貫いていきたいと思っていました。その底辺にあったのは「サービス・アンド・サクリファイス」すなわち「奉仕と献身」です。二十世紀のおわり、西暦2000年、私が副社長の時でした。翌年は2001年、二十一世紀です。私が長く心に刻み込んでいた「ものの」から「心」への転換を、企業社会においても何としても目指していくべきではなかろうか、そのために新しい制度を作っていく必要があるのではなかろうか、そういう思いを強くいたしました。私は副社長として、新しい二十一世紀に向かっての経営改革の責任者の一人としてその問題に取り組んでいました。しかし具体的な施策は考えついても、その底辺にある「心」といったもの、精神的なバックボーンをどう成すかが容易ではありませんでした。日夜悶々としておりました。

そして2001年の元旦を迎えました。二十一世紀の出発です。元旦ですので、私は各社の新聞に一通り目を通しておりました。新聞各紙の見出しの中で、産経新聞の一面記事に私の目は釘付けになりました。「『欲望社会』から『名誉国家』

へ　今こそ崇高な精神の復興を」という大きなゴシック体の見出しでした。私はこのショッキングな見出しを全くその通りだと思いました。そこに何が書かれているのか、強い好奇心を持って、活字を追いかけていきますと、何とその記事は、新渡戸稲造先生の『武士道』から引用された言葉ばかりでございました。長い間私も会社人間として、「もの」中心の社会の中にどっぷり浸かっておりました。入社したときはこの『武士道』を読んで決断できたわけですが、その後は残念ながら『武士道』を紐解く機会はありませんでした。ところが2001年の元旦に、この『武士道』の精神をもう一度思い起こさせられたのです。

すぐに私は近くの書店で、なつかしい矢内原先生の翻訳された『武士道』の本を購入し、元旦の午後いっぱいをかけて読み、新たな感激とともに、これをもって私自身も新しい二十一世紀に向かって出発をしていきたい、と同時に会社の改革も『武士道』に書かれている精神を中心に据えて行きたい、という思いを深くしました。一九歳の時に私は初めて『武士道』に触れましたが、そこには武士道の精神を接ぎ木の台木にし、その台木の上にキリスト教の精神を接ぎ木する、これこそがある意味で日本人のキリスト者のあるべき姿の一つではなかろうかということが、非常に抽象的な言葉ではありますけれども主張されていました。私はこの考えから、日本人としてのキリスト教信仰のあるべき姿について大きなヒントを与えられ、今日があるわけです。その時の感激をもう一度思い起こし、資生堂の経営改革もこの精神だと思い至ったわけです。明治五年の資生堂創立時の創業の精神、それを接ぎ木の台木にしまして、その上に新しいマーケティング、新しい取引制度といったものを接ぎ木していく。心は創業の精神であり、確信をもってそれを実行する、そういうヒントを与えられたのです。

資生堂のことで恐縮ですが、資生堂の創業の精神は、資生堂の「資生」という言葉そのものにあります。中国の『易経』にある「至哉坤元　万物資生」この8文字の中の、「万物《ばんぶつ》資《と》りて生ず」が資生堂の資生の由来です。「万物資りて生ず」の意味は、天地のあらゆるものを融合し、そこで新しい価値を作り、その新しい価値をもって、社会の役に立つということです。この「万物資りて生ず」の精神を私どもの改革の台木にしまして、その上に新しい時代に向かってのマーケティング、あるいは商品そのもののあり方、宣伝のあり方などを接ぎ木していけば、必ずや新しい出発ができるのではなかろうか。何を新しく接ぎ木するかは我々の中で、すでに暖められていました。台木のほうがなかったわけです。そこに台木が与えられた。それで迎えた新しい二十一世紀に、新しい会社の歩みが一つの方向に向けて進んだわけです。

それから二ヶ月ほど経ったその年の3月に、当時の会長・社長から、副社長である私に、新しい世紀を迎え、新しい改革路線も決まったので、あなたの手でこの改革路線をすすめてもらいたいという指名がありました。私はその時、社長は自分の任ではないと思い、一度は断りました。しかしながらその時に再び、新渡戸先生との不思議な出会いがありました。

私は横浜に住んでおりますが、銀座教会に通っております。2001年の1月の末日の聖日礼拝で、主任牧師である長山牧師の説教の中に新渡戸稲造先生の話が出ました。先生の書が、我が教会にあるとおっしゃるのです。私はその書を見たことがなかったので、後でどこにありますかと聞きましたら、入り口の近くの応接間にあるということでした。私は応接間に何回も入ったことがありますが、それを目にしたことはありませんでした。長山牧師の案内で入った応接間に確かにその書はありました。今は若干改装されてきれいになりましたが、かつてのその部屋は書類や書籍などがうずたかく積まれ、その書は片隅に小さくなっていたわけです。その書には"Be just and Fear not"と英語で書かれておりました。「正義を行え、恐れるなかれ」という書です。私はその書に出会ったとき、全身がしびれるような、雷に打たれたような、そんな思いがいたしました。それから二ヶ月ほど経った3月、社長の指名があったわけです。その直後、四十年間離れたことがない、私を育ててくれた銀座をしばらく散策しているうちに、いつの間にか銀座教会の前に立っていました。教会の中には入りませんでしたが、その時に頭をよぎったといいますか、頭の中に絵として浮かんだのが、"Be just and Fear not"でした。私は、これは天命であるに違いないと思い、早速帰り、社長を引き受けます、と当時の社長・会長に伝えました。

私は「生涯一秘書」を信条としており、社長という立場に立つべき器ではないと思い、信じておりました。副社長と社長は全く違います。しかしながらこの新渡戸先生の書によって、励まされ、天命であるという思いを抱き、お引き受けできました。『武士道』の著者であり、私の導き手であった新渡戸稲造先生により、私の人生の節目節目に励まされ導かれ、多くの事を学び、今日の私があるわけです。浪人の時、大学四年次の就職の時、経営方針に行き詰まった時、いつもこの本を読んで進むべき大きな指針を与えられました。以来、通奏低音として、自分の中のどこかにずっと流れています。ですから『武士道』は私の人生にとってすべてである、と言えるのです。

キリスト教と『武士道』

『武士道』の中には日本の伝統的な思い、考え方、といったものが述べられています。人生哲学といったものも色濃く紹介されております。古今東西あらゆる思想・哲学が『武士道』の中には盛り込まれているとも言えます。よくぞここまであの若さで大変深いものをマスターし、『武士道』の中に集約したかと思うと、新渡戸先生がというよりも、何か天の啓示があったのではないかという思いがします。ヨーロッパの騎士道ももちろん盛り込まれています。また「武士道」とキリスト教との接点についても先生はいろいろと書いています。その中の一つに武士道の「礼」があります。私はこれを大変難しく考えていました。新渡戸先生の言う武士道における「礼」とは、「悲しむ人とともに悲しみ、喜ぶ人とともに喜ぶ」ということで、これは武士道の「礼」の中心思想です。聖書にも全く同じ言葉があります。「喜ぶ人とともに喜び、泣く人とともに泣きなさい」（ローマの信徒への手紙12章9節~15節)。私はキリスト教の精神はここにある、と思っております。隣人愛です。「泣く人とともに泣く」「悲しむ人とともに悲しむ」という事、こういったものが武士道の中に、あるいは聖書の中に共にあるのです。

多様性の尊重と互恵の精神

私はこれからの時代、新渡戸稲造先生が武士道の中でつねに主張しておられる、人間愛、隣人愛、存在するもの全てに対するやさしさ、愛情こそがますます重要になると思っています。今日の社会の中でこれらが欠落しているからだと言わざるを得ないのであります。教育再生会議のお手伝いをしながらも、やはり思いやりといったものが、この社会の中から欠落しつつあることを痛感します。家庭においてすら、その対極にあるようなものが頻発しているという事、地域社会においても相互関係が崩壊しつつあるという事。やはり隣人愛、お互いにお互いの存在を認め合ってその中で調和を持って生きていこう、意見は主張するけれども相手の意見も聞き、折れるところは折れ、主張すべきところは主張する、そういう温かみのある、深みのある家庭・地域社会といったものがなくなってきている。そのような地域社会にある学校でありますから、学校の現場でもそういうものが喪失していくのは当然であります。私は日本人の美徳、日本人の遺伝子の中に培われてきた思いやりの精神、人に対するやさしさ、感謝の念・奉仕の念、そういったものを今一度呼び起こす必要があるのではないかと思います。それを思い起こさせるのが、私は武士道であろうと考えます。それもただの武士道ではありません。新渡戸稲造先生が日本人の心としてとらえた武士道です。

私は四十数年前に、秘書という役割を与えられ、五代の社長に仕えてきました。私が最初についた社長は、岡内社長という方でしたが、深く仏教に帰依している人でした。私に、是非一度奈良の薬師寺の高田好胤管主《かんす》に会いたいと言われました。私も一度お会いしたいと思い、高田好胤管主を訪ねました。高田好胤先生は、お目にかかるとすぐ私の方を向き、あなた方は今日の日本の社会をどう思うか、憂うべき社会である、「もの」で栄えて「心」で滅びる、それが目に見えるようである、と言われました。私もびっくりいたしました。四十二、三年前の日本はまだ「もの」不足でした。化粧品業界でも、新製品を作れば作るほど喜ばれ、使用されました。しかしながらそのうちに「もの」中心となり、化粧品業界も先ほど申しましたように、社会を明るくし美しくするという目的があるにもかかわらず、いつのまにか「もの」さえ売れればいいという、売り上げ至上主義、モノ中心の産業になっていったように思えてなりません。その兆しを、宗教人である高田好胤先生は、当時すでに感じ取り、このまま日本が進んでいけば必ず、「もの」では栄えるかもしれないけれど「心」で滅びる、それを言われたのではないでしょうか。私はその時に、その意味するところはわかりましたが、実感として感じることはできませんでした。しかしながら年が経るごとに、その言葉の重みを強く感じるようになりました。こうした経過もあって、二十一世紀こそは「ものの時代から心の時代」に転換しなければならない、という思いが強くなっていたのです。

私はこれからの時代は多様性を尊重し、互助互恵の精神が、企業活動、社会生活、地域社会、教育の現場においても、非常に大切になるのではないかと思います。日本人は世界で唯一多様性を尊重できる民族ではないかと思います。またそれは東洋の心ではないかとも思います。その互助互恵の精神、ともに助け合い、喜びをともにするという風土は、残念ながら欧米的な一元的な思想の中にはなかなか生まれてきません。経済におきましても、経済至上主義は一元的な考え方です。競争原理というものも必要ですが、一元的な競争原理といったものが必ずしも社会全体をよくすることにはつながらないということを多く経験しています。多様な価値観が必要です。多様な価値観が存在し得る社会、それは私ども一人ひとりが、お互いにその存在を尊重し合うということにつながるのではないでしょうか。お互いに一人ひとりがその存在を尊重し合うということが経済そのものを、そして社会全体の動きを多様な、厚みと深みのあるものにしていくのではないでしょうか。こうした精神を日本から、またアジアから世界に向けて発信していくことが大切だと思います。

新渡戸稲造先生と教育

教育者でもある新渡戸先生は、特に若者に対する教育に大変な情熱を持って取り組みました。先生は常に「人格の完成」といったものを求めていました。その点では私も教育再生会議の役割を担う中で、どういう人間像を思い描いて教育再生を行えばいいのか、その基本になるものは何かといったことの多くを、新渡戸先生の思いと考えから学んでいるところです。その一環として、東京女子大学の第一期生の卒業生に贈った言葉があります。「己を犠牲にしてでも、国や社会のため、人道のために貢献する精神を奨励したい。知識よりも見識を、学問よりも人格を、人材よりも人物を育てていきたい。そういう人物になって社会で活躍してもらいたい」これが新渡戸先生の思いでありました。また先生は「生きとし生けるものの存在するすべてのものに、愛と尊敬の念を持つということを実践して参りたい」とも言っておられます。そして多様な価値観、知識を積極的に受け入れ、それらを融合して、新しいものを生み出し社会のために奉仕をするということ、そういう精神を教育の現場の中に生かし、そのような思いを持った若者達を私は作っていきたい。これは私の教育再生に対する思いです。この思いは新渡戸先生の思いからいただいたものです。

「新渡戸・南原賞」受賞

大変ありがたいことに２００６年6月に「新渡戸・南原賞」を頂きました。私はこれまで賞を辞退してきましたが、この「新渡戸・南原賞」だけはありがたくいただきました。南原繁先生は、戦後間もなく東大の総長になられた方で、教育基本法を作られた方でもあります。また先生は私の郷里の大先輩でございます。そういったことで、私も県人の一人としまして、東大とは無縁の者ですが、多くの事を学ばせていただきました。また南原先生を通じまして、新渡戸先生のこともいろいろと教えていただきました。書物を通じてではございますけれども、私の最も尊敬いたします新渡戸稲造先生と南原繁先生の名前を冠する賞を頂き、大変光栄なことでございました。

おわりに

新渡戸稲造先生の『武士道』は私の信仰、人生を決定づけました。新しい時代に向かって、この新渡戸稲造先生の精神といったものを、今日に実現させるために努力したい。私のこの思いが多くの方々の共感を得ることができれば、共に手をたずさえて、新しい二十一世紀、「心」の二十一世紀を作っていきたいと心から願っております。

岡倉天心

『茶の本』

岡本浩一

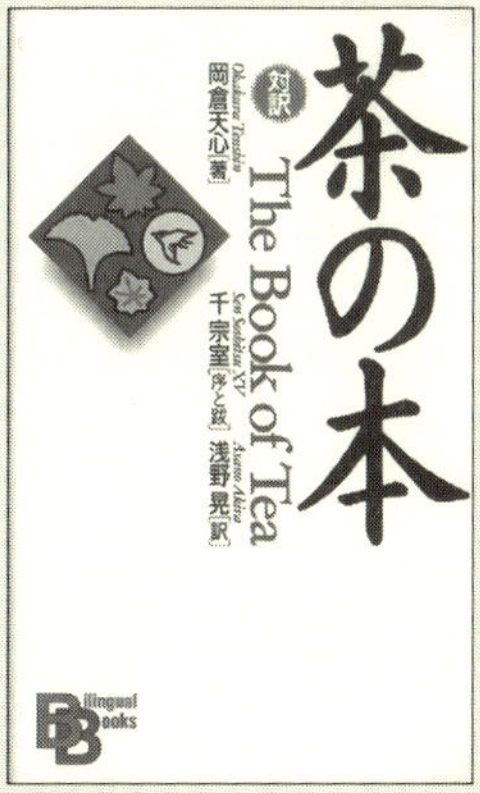

岡倉天心『茶の本』

浅野晃（訳）序と跋：千宗室，講談社インターナショナル，1998.
(Bilingual books 英文対訳)

岡本浩一●プロフィール

1985 年，東京大学大学院博士課程単位取得満期退学。東洋英和女学院大学設置準備室員として大学設置業務にあたる。現在人間科学部教授。オレゴン大学へフルブライト助教授として留学し（93-94），リスク心理学の手法をわが国にもたらす。『社会心理学ショート・ショート』『「組織の社会技術」シリーズ』『心理学者の茶道発見』他著書多数。茶名「宗心」。学校法人裏千家学園理事を務める。

はじめに

岡倉天心は、文久二年、1913年に岡倉勘右衛門の次男として横浜に生まれました。幼名を角蔵といい、後に覚三と改めています。父親が貿易商石川屋を経営していたことから、七、八歳のころから早くも英語を学び、東京帝国大学に入り、明治一三年に文部省に入りました。明治一九年からフェノロサとともに、九ヶ月、欧米の美術調査をし、帰国後、東京美術学校（現東京芸術大学）の開設にあたり、初代校長をしました。その後、いわゆる美術学校騒動によって、帝国博物館理事、美術学校校長などを辞し、日本美術院を興した後、これからも離れ、インドに旅立ち、その後子細の後、明治三七年にボストン美術館東洋部顧問に就任しています。このころ、『東洋の理想』（明治三六年にロンドンで出版）、『日本の覚醒』（明治三七年、ニューヨークで出版）、そして、『茶の本』（明治三九年にニューヨークで出版）をつぎつぎに刊行しています。

私がこの本に出会ったのは、茶道を習い始めて二、三年たったころなのですが、茶道をやっていく動機づけというような意味で、大変強い影響を受けました。

ですから、まず、私と茶道の出会いというようなことについてお話をするのがよいのではないかと思います。

心理学者として茶道と出会う

私の家は、とくに母方では、何代にもわたって、裏千家茶道を修めて来ていましたので、茶道に親しむというほどの接触は幼少時からありました。けれども、アメリカの高校に行くのにともなって家を出てからは、自然に遠ざかっていくことになったわけです。

大学から大学院に進み、実験社会心理学を専門とすることになりました。実験心理学の世界は、国際的な競争の世界です。よい実験をして、それを学会誌に掲載しなくてはいけませんが、そのためには、学会誌の審査にとおらなければなりません。その審査にはいくつか基準がありますが、重要な基準のひとつが「前人未踏」という条件です。審査の時点で、世界中の心理学者がまだやったことのない実験であることが必要です。そのため、現役で研究をしている学者は、自分と領域の近い人や、研究スタイルの似ている人の研究動向に毎月関心を払いつつ、その先をいく研究を立案しなければなりません。そういう競争によって研究を積み重ねた先に、博士の学位などがあるわけです。

昭和六三年の冬ごろ、東洋英和の大学設置準備室の仕事をしていた時期に、博士論文を書き上げ、学位審査が始まりました。学位審査にはおおよそ一年くらいの時間がかかると予想されました。大学ができたのはその審査期間中の春です。

論文が審査期間に入ると、私は、いったん自分の論文の領域から離れ、心理学全般の知識を再吸収することを始めました。そして、驚きました。自分の専門の研究に夢中になって、ほかの心理学に目を配らずにいた数年間のあいだに、心理学の他の分野もたいへんに研究が進み、大学院の学生だったときの知識の構造ががらっと変わっていたことに気づいたからです。自分の領域については、世界で一番詳しくても、すこし専門領域を離れると何も知らないのだなということを感じました。焦燥感を覚えました。

その焦燥感はしばらくするうちに、広がっていきました。私が学問の世界に入ったのは、大学三年生のときです。それ以来、心理学に関連したことしかやっていません。数年のブランクで心理学がわからなくなっていたのと同じようなことが、自分の常識や日本人としての考え方、自分の文化や価値観という領域にも起こっているのかも知れない。

そうだとしたら、人間としての、文化人としての勉強をなにかしなくてはならない。どうしたらよいだろうか。そういうことを考える時期に入ってきました。

平成二年のことです。大学の一期生が二年生になり、二年生の基礎ゼミというものが始まりました。その二年生たちのなかに、茶道部を作ろうと言いだした学生がいたのです。当初四人でした。その当初の四人のうち、二人か三人がたまたま私のゼミにいたので、それを聞きつけて、いっしょに稽古を始めることにしたのです。私も、部員のひとりにしてもらって、部の稽古にいっしょに出させてもらうことにしてもらったのです。

それが、私が、幼少時には関わりがあったものの、長く離れていた茶道にもういちどふれるきっかけになりました。

いま、教授会の承認をいただいて、裏千家学園の理事をしています。また、裏千家淡交会巡回講師といいまして、地方の支部に講演や講義に巡回するという仕事をさせていただいています。また、茶道の雑誌に毎月連載をもうずいぶん長い間書いていまして、多くの方が読んで下さっていると伺っています。このようなことは、茶道を習い始めたときにはまったく予想もしなかったことです。

茶道は、日本文化の中核だという言葉をそのころに聞きました。心理学という特殊な研究によって不足気味となっていた教養や人間としての素養を養うのに、日本文化の核だとか集約だとか言われる茶道を学ぶのが、言ってみれば、いちばん効率がよいのだろうというような考えで、習い始めたというのが本当のところなのです。

日本人としての自覚と茶道

実際に、茶道によって、日本人としての自覚が豊かになるという経験をしました。１９９３年から９４年にかけて、オレゴン大学にフルブライト教授として留学しましたが、このときほど、茶道というものの恩恵を受けたことはありません。オレゴンはもともとアジア文化に関心の強い土地柄だということもあり、大学教授などしている人は、日本には茶道がある、それはなにか禅宗と関係しているらしい、そして点前も遠くからだけれど見たことがある、という程度の関心を持っている人が多いのです。そういう人をホームパーティーに呼んで、食事をするとともに、薄茶を一服さしあげると、それはそれは喜んでもらえました。そういうことでできた友情で、いまも交流が続いている人がたくさんいます。

そのなかに、岡倉天心の『茶の本』を読んで、日本の茶道のことを知識としては知っていたけれど、飲んだことがなかった、今日は、抹茶を生まれて初めて味わうことができて嬉しかった、そういうようにおっしゃる方がときどきいらっしゃったので、英語で出ている茶道の本にはどのようなものがあるのだろうと調べ始めたときに、その最初に書かれた書物として、この本を知ったのです。

天心の執筆動機

私がこの本を最初に読んでもった印象は、つぎのようにいくつかに分かれます。

まず、天心は、茶道そのものについては、稽古をしたとか、そういう直接的経験があまりないように思いました。後に調べたところでは、夫人が江戸千家の石塚宗通の指導を受けています。どうも、師匠に自宅に来てもらい、そこに何人か習い手も来てもらっての稽古のようですから、この師匠と天心に面識はあったでしょうし、話に興じたり、食事をするということもあったかも知れませんが、おそらく、天心自身は点前をするというようなことはなかったのではないかと思いました。それは、書かれている内容も、茶席のなかのふるまいよりは、美術的な面と、もうひとつは、日本人の道徳性が茶道においてどのように発露しているかという面に傾斜していることからもうかがわれます。点前周辺のことがらでは、おそらく聞き書きに原因するような微妙な不正確さや勘違いが散見されました。しかし、この本の場合、それはあんまり問題ではありません。

つぎに、西洋的な道徳観、西洋的な美術観におそらくは疑義も発せられぬだろうと思われるこの西洋崇拝的な時期に書かれた本として、日本的な道徳、日本的な美意識の特徴を訴えるという色彩が強いこと、そして、日本的な心の発露の場として、茶道が格好の素材として認識されているらしいという感じが致しました。

このことから受けた、「日本的倫理観や行動の美観を達意に語るために、茶道を例にするのがいわば論理的にシンプルだ」と彼が考えていたことの影響が私においては大きかったのです。

新渡戸稲造の『武士道』と『茶の本』

新渡戸稲造の『武士道』が1900年、明治三三年に刊行されています。これは、日本の精神性の高さを示す書として、これまでにももっとも多く、外国で読まれた書物のひとつです。西洋人たちが、いわば東洋蔑視的なムードにあったなかで、日本的価値判断というものの高さを、西洋の論理でわかるように訴えたすぐれた著作です。

天心の著作動機は、稲造の『武士道』を意識し、それへ対抗する形で形成されたのではないかというのが私の推測です。

武士道で称揚しているのは、武士の生き方です。とくに、忠誠、自己犠牲、自己規律、そして切腹などが大きく取り扱われています。それらは、西洋人に、賞讃と畏怖の念を与えるのに十分でした。そして、日本人が野蛮な民族ではなく、むしろ尊敬に値する民族だという印象を強く印象づけるのに役立ちました。

私の推測ですが、天心は、新渡戸の筆を賞讃しながらも、じつは、若干の警戒感を持ったのではないでしょうか。

天心の価値観のなかでは、もともと、戦いの技術や戦いの倫理よりも、美の価値観、美の倫理のほうが重いという面があって、日本人の精神性を、戦場論理の延長線上でのみ賞讃されることに、強い警戒感をもったのではないかと思います。

武士道は、戦場常在を心理的な前提とし、武士の忠誠、武士の潔さ、武士の誇りというものを描いたわけです。そこに描かれている日本人のある種の美しさは、戦場常在を前提とした場合のみ説得力があります。それに対し、天心は、いわば平和を常在とし、東洋思想、東洋美術、東洋哲学の価値を、『東洋の理想』『日本の覚醒』という『茶の本』に先行する二冊の著作で訴えようとしたのだと思います。

ところが、この二冊は、本として、あまり注目を浴びなかったのではないでしょうか。そのなかから、彼は、魅力のある議論をするためには、議論の核を視覚化し、抽象論を具象のうえに展開しなければならないということに気づいたのではないでしょうか。その具象の対象として選ばれたのが、茶道だったのです。

日本人論としての『茶の本』

その目論見は、西洋人を読者とする書物としては成功します。この本のなかで、天心は、Teaismという語を造語しました。直訳すれば「茶主義」という言葉になろうかと思われますが、私は、「茶道」の訳語として創られたのではないかと思います。現在、裏千家では、「茶道」に対して、Chadoあるいは The Way of Tea という言葉をあてています。日本語では、だいたい、禅的な感覚で人格陶冶の方法のひとつとして捉えられたときに、この「道」という接尾語が用いられます。書道、剣道、柔道、などがその例です。「道」がつくと、上手になりさえすればそれでいいのではない、その鍛錬によって、人格陶冶をするのが真の目的なのだ、という価値観が背景にあると了解されるのですが、そのようなニュアンスのある言葉として Teaism という造語が行われたわけです。

そして、「イギリスを中心とするヨーロッパ社会が茶を飲み出したのは最近のことで、中国、日本では、もっと早い時期から茶を飲んでいた。その古い飲み方が茶筅で茶を攪拌する飲み方である。この飲み方は、中国では蒙古の征服の期間に失われたが、日本で残ったのだ。ヨーロッパに茶筅が伝わらなかったのは、茶が伝わったのが明の時代までくだるからだ。」と書いて欧米の読者を驚かせます。そして、喫茶という習慣に、じつは、道家思想や禅思想が反映し、そうした精神的資質のひとつとして喫茶という行動が行われること、さらに、茶器の美術鑑賞が関係することによって、美術の資質が人格の陶冶を反映していることなどを説明していきます。さらに、そのような茶観、人格観、美術観、哲学観を総合的に表すものが茶室であり、茶室の「数寄屋」という言葉が「好き屋」「空き屋」「隙屋」などの意味をもつことなどが、強い、独特の格調の高い英語で書かれています。

このあたりの茶道に関する認識は、おそらく、いくらか不正確です。独善的な推論も少し見られます。大変率直に言えば、茶道の客観的な解説書としては、十分正確なものとみなすことが難しいのです。それが私の最初に読んだときの感想でした。

『茶の本』執筆の姿勢

この本は、しかし、別の意味での感銘を残してくれました。それは、日本人の価値観や日本文化の価値というものを西洋に理解させようという天心の使命感の高さです。すこし誇張してでも、日本人というものを西洋人に正しく、そして共感と感銘をもって理解させなくてはならない。そういう必死の姿勢というようなものを、文の呼吸から感じたのです。

裏千家の「インターナショナル裏千家アソシエイト」の会員になって活動するうちに、講談社から出版された対訳の『茶の本』に、鵬雲斎《ほううんさい》お家元が跋文を書いておられることを知りました。その跋文を読んだとき、鵬雲斎お家元にとって、やはりこの本の存在がそのような意味で大きかったということを知り、深い共感を抱きました。

この方は、いまは家元を譲られ、鵬雲斎大宗匠と私たちはお呼びすることになっておりますので、この後は、大宗匠《だいそうしょう》と申し上げることにしたいと思います。

大宗匠は、裏千家にとってのみでなく、日本の茶道界全体にとっても、歴史的な宗匠でいらっしゃったと思いますが、この方の茶道観を形成したできごとのひとつが、この跋文のなかに書かれています。

大宗匠は、戦争のとき、特攻隊員でした。後に俳優になられた西村晃さんとペアで特攻出撃にそなえておられたのです。このおふたりの生涯にわたるご友情は有名です。そして特攻命令が出る前に戦争が終わり、蛻《もぬけ》の殻のような心の状態で、京都に帰省されました。そうしたら、そこで、お父さんの淡々斎お家元が、アメリカ人の将校を家にあげて、茶道でもてなしておられた。ついこのあいだまで、自分が、日本が、敵としていた相手を、自分の父親が茶道でもてなし、茶の心を教えようとなさっている。大変なショックだったそうです。

ところが、そのようなことが遠因となって、鵬雲斎は、昭和三〇年ころから、アメリカへ茶道行脚に出られることになるのです。いま、裏千家は、海外支部も何百とあり、海外から来られる貴賓、国賓も多く裏千家を訪れられるというくらい、国際性の強い流派になって来ていますが、それは、この鵬雲斎のひとり行脚がきっかけだったのです。外国で「茶道」といっても、誰も関心を示してくれなかったと思います。そんななかで、淡々と海外普及を続けるという静かな情熱を、岡倉天心の書物が、そしてその書物が外国で読まれているという事実が、いっぽうでは支え続けたのだと思います。

宗教性を耕す場としての茶道

裏千家の茶道に入門が許されると『茶道必携』という小冊子が送られてきます。私が入門したときの必携には、鵬雲斎の「茶道は宗教性のトレーニングの場である。ただし特定の宗教に依存しない」という主旨の言葉が書かれていました。私にとって、この言葉との出会いが大きいと思っています。世界の歴史を見ても、そして現代のナイン・ワン・ワンなどの出来事を見ても、宗教はしばしばもうひとつの国境を生み、憎しみをも生んできました。しかし、人間は宗教性なしでは生きていけません。特定の宗教を信じない人でも、自分のなかにある宗教性を磨くことが、自己アイデンティティや社会性や使命感などのもとになります。宗教によらない宗教性の鍛錬。そう考えたとき、日本人以外の人々にとっても、茶道を学ぶことが心を豊かにする道だということが、はっきりしてくるわけです。

茶道の国際性

1994年に、私は、裏千家の国際研修というのを受けました。その経験が私にとっての茶道というものを決定づけました。その研修では、師匠がたが、みな外国人でした。アメリカやカナダ出身の師匠がたが、教えてくださるのです。私が読めない掛け軸を、そういう師匠がたがスラスラお読みになります。点前の稽古も厳しいものがありました。日本人である自分が、日本の文化である茶道を外国の師匠から習うという経験には、不思議な充実感と説得力がありました。いま、裏千家には外国人の師匠や、それを目指す若い外国人がずいぶんたくさんいます。外国人でありながら、茶道に人生を託そうという人は、ほんとうに真剣に努力なさいます。そういう人たちは、自分のそれまでの文化や、とくに宗教に飽き足らず、いろいろ試行錯誤して放浪するうちに茶道に出会う人たちが多いのです。そういう人たちと接すると、日本文化という枠から離れた精神性を茶道がもっているということを確信いたします。茶道が自分本来の心の姿に出会うひとつの方法論になるわけです。

私は、いま、都会のマンションのなかに茶室を作っていて、そこで稽古もしますし、茶事もします。茶事をするときには、外国の器や食べ物も懐石や点前に取り込む工夫をしています。不思議なことに、茶数寄の寸法などをきちんと守っていると、外国の器もそのなかにとけ込んで、何の違和感もなく、新しい秩序ある空間が表現されるのです。

また、私は、三十代後半から、坐禅の指導を求めて受けるようになりました。かんたんに言うと、「茶道は亭主が客に静かな心境を届けようとする場だから、自分の心に静かな心境が宿っていないとそれができない」ということを実感することになったからです。幸い、坐禅との相性がよく、そこに、また、東洋の智慧というものを実感することができました。いま、欧米の人々のあいだでも禅宗に対する関心というのはたいへん盛んで、よい本屋に行くと、坐禅に関する本格的な内容の書物が、量質ともに日本を凌駕するほどたくさんあります。

求道心

裏千家インターナショナルの仕事で、敦煌に連れて行ってもらったことがあります。敦煌というのは、中国というよりは、むしろインドに近いくらいの土地で、中国の最果ての町です。巨大な砂漠のなかにポツっとある小さな町ですが、ここにオアシスがあったから、シルクロードが成立したところです。ここの寺院から二十世紀になってからみつかった布が、法隆寺に古来伝わっていた布の切れ端の片割れだったので、法隆寺の正伝が再確認されたという場所です。そういう縁で、法隆寺の高田管長や、平山郁夫先生などがご一緒でした。砂漠のなかにある仏教史蹟で、法隆寺の訪中団が読経をなさり、その読経のなか、鵬雲斎お家元が献茶をなさる行事の水屋を勤めさせていただいたのです。遙かかなたの砂漠で、和服に着替えていたとき、どくとくの感慨がありました。その砂漠は恐いほどの砂漠でした。三蔵法師が往復するのに三十何年かかかったということですが、いかにもそうだろうと、それが実感できました。そして、教典の一部がわからないと言って、この恐い恐い砂漠を冒すという勇気の大きさを実感しました。三蔵法師の「求める心」というものの巨大さを実感することができました。砂漠の前に、ひとりの人間は小さな存在ですが、その小さな存在の求道心がいまの仏教という巨大なものを形成しました。その実感は、それ以後、私の心理学への姿勢などに少しは影響があるような気がします。

導く心

この旅行ではもうひとつ、私にとって大切な後日談があります。その旅行で、裏千家の多くの要人がたとご一緒でした。帰国してその方々に、出たばかりの自分の本をお送りしました。一冊一冊署名を入れ、ワープロで書いた送り状に署名は肉筆でしてお送りしました。ところが、茶道の世界では、そういう目上の人に出す手紙は、墨で手書きをするのが原則なのです。

筒井紘一先生という方が、お返しに本を送ってくださいました。茶道では有名な方で、もう持って読んでしまっている本でしたが、ありがたく頂戴しました。墨書きの丁寧な送り状が入っていました。本には、署名がありませんでした。それで送り状を読んでみると、最後のほうに、送ってくださった本についてふれてあり、「読み終わられたらお捨てくださ い」と書いてありました。びっくりしました。これは、つまり、私のように署名した本を目上の方にお送りするのは間違っていると教えてくださっているのです。大変な失敗でした。

しかし、もっと大きな失敗が待っていました。

多田侑史先生とおっしゃる方は、裏千家の東京道場長です。東京では茶道の先生がたに畏怖の念を持たれている方です。その方もお返しを送ってくださいました。小さな箱が包まれていて、送り状はありませんでした。私はきっと落雁かなにかのお菓子だろうと思い、それなら悪くなるものでもないだろうからと考え、すぐには開けなかったのです。何ヶ月かして、口寂しいときがあり、そうそう、落雁があったはずだとその包みを開けたら、中から出てきたのは、携帯用の硯箱でした。筆も墨もコンパクトに入るもので、すぐに使えるようになっていました。硯箱の漆塗りは、茶道界では名のとおった職人の立派なものでした。これは、つまり、「手紙はワープロでなく、墨で書くものだよ、そうか、硯がないんだね、これを使いなさい」という意味で、送って来られたのです。私は飛び上がってしまいました。顔から火が出るというどころではありません。すぐにお電話を申し上げ、翌日、お礼とお詫びに参上しました。率直にお詫びをしましたら、「落雁だと思ったの?」と愉快そうに笑ってくださいました。そしてそのあと、すぐにその硯でもう一度お手紙をお出ししました。それ以来、茶の世界の方には、墨でお手紙をすることにしています。

茶の世界には、こういうやり方で人にものを教え、人を導くことが確立しているようです。そして、それで学ばない人は、そのままにしていくという静かな厳しさもあるわけでしょう。

大学で心理学を教えていて、人をほんとうに育てるのにはどうすればいいか、十年先のその人をイメージしながら育てるのにはどうすればよいだろうかと考えるとき、この経験をいまでも何度も反芻しています。

ルース・ベネディクト

『菊と刀――日本文化の型』

米女性人類学者が的確・精細に透視した敵国日本の解剖図

山岡清二

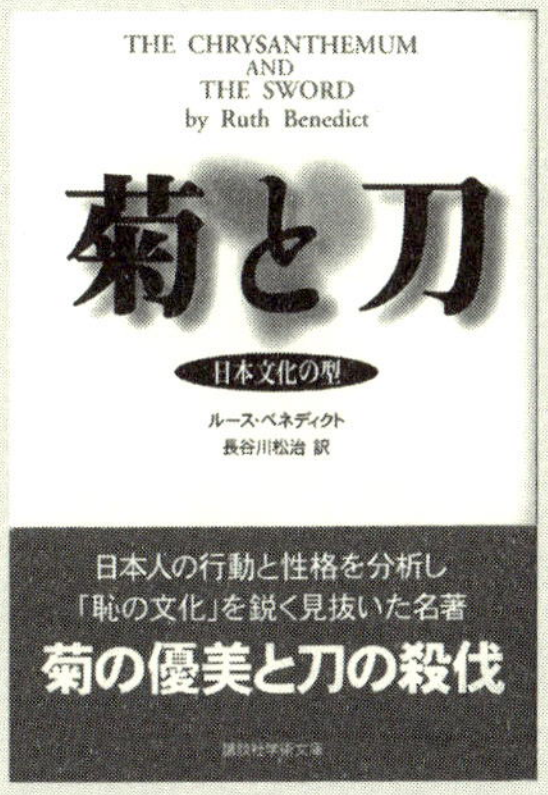

ルース・ベネディクト『菊と刀――日本文化の型』
長谷川松治（訳）上・下，定訳版，社会思想社，1967;（社会思想研究会出版部，1948.）

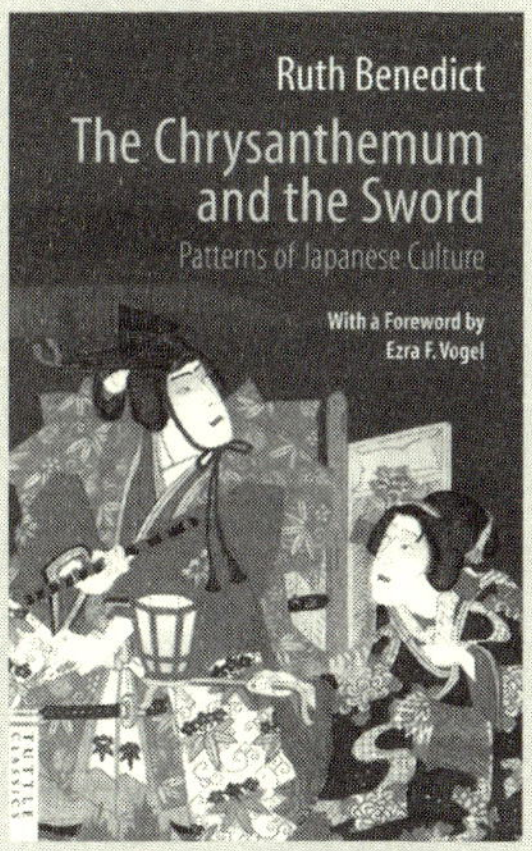

Ruth Benedict, ***The chrysanthemum and the sword: patterns of Japanese culture***
Tokyo; Rutland, Vt.: C.E. Tuttle, 1954.
（Boston: Houghton Mifflin, 1946.）

山岡清二●プロフィール
元東洋英和女学院大学教授（時事英語学）。国際基督教大学卒。共同通信記者，米国務省通訳官，ワシントン・ポスト記者を歴任後，フリーランスで評論，翻訳，通訳，ラジオ時事解説，コンサルティングなどに従事。衆議院国際会議課顧問，文部省教科書審議会委員，『ニューズウィーク日本版』編集顧問も務めた。著書に『霧の中のCIA』，訳書に『アメリカ外交と官僚』『名を喪って』など多数。

はじめに

本書に初めて触れたのは、大学一年の一般教養課程で紹介されたときのことだ。「文化人類学」という学問の存在すら知らなかった青二才に、『菊と刀』は実に新鮮な衝撃となった。そこに書かれている日本と日本人の姿は、どんな類書よりも具体的で、細部に至るまで「まさにその通り」と膝を打ちたくなるほどの迫真力をはらんでいた。

そして著者が太平洋戦争中、現地調査のできない交戦相手国日本の実像を、文献資料・写真・映像、米国在住日系移民の聞き取り調査を駆使して、見事に描き出していることに私は驚嘆した。またこの調査研究が、戦争遂行当事者であるアメリカ軍戦時情報局[1]の委嘱で行われたことも、信じられない気がした。翻《ひるがえ》ってわが日本政府が戦争中、敵国アメリカの実体を調べるどころか、英語を「敵性語」と見なして禁ずるなど、事態を客観視できない症状が絶望的に内攻していったことを思うと、彼我の差は歴然としていた。

半世紀ぶりに読み返してみた感慨は深い。本稿では『菊と刀』の啓発的で示唆に富む数々の指摘を素材とした上で、私の「自分史」とも重ね合わせながら、様々な角度から考察を試みたいと思う。

ベネディクトの人物像

ルース・フルトン・ベネディクト[2]はアメリカの文化人類学者。代表的な著作は『文化の型（*Patterns of Culture*）』（1934）、『菊と刀（*The Chrysanthemum and the Sword*）』（1946）の二書で、後者が本稿のテーマである。

ルース・フルトンは１８８７年６月５日、ニューヨーク州北部、シェナンゴ・バレーの農村で生まれた。父のフレデリック・S・フルトンは、有能な若手の外科医だったが、８９年３月、原因不明の病死を遂げた。亡父への追慕が「失われた機会」とイメージされて、生涯彼女を苦しめることになる。小学校就学時には、はしかが原因で難聴と診断された。家族はルースをかんしゃく持ちで、呼ばれても返事をしない不機嫌な子供と考えたようだが、その主な理由は難聴にあったらしい。

バッサー・カレッジ[3]に進学してイギリス文学を専攻した。文学への関心は顕著で、少女時代から三十代までアン・シングルトンの筆名で詩を書いて発表している。１９０９年に同カレッジを卒業後、１９１４年に有名な生化学者、スタンレー・ベネディクト[4]と結婚。１９１８年まで、ベネディクト夫妻はニューヨーク郊外で暮らした。

ルースは1918年コロンビア大学に入学、ジョン・デューイ[5]のもとで勉学を始めたほか、新社会研究学部[6]で初めて人類学に遭遇した。人類学のなかにこそ、自分自身の文学分析の学問的訓練と人間行動の理解とを結合できる規則が存在すると、彼女は考えた。フランツ・ボアズ教授[7]の指導で卒業研究を行い、学位論文『北米における守護霊の観念』[8]により1923年、同大から博士号（Ph.D.）を授与された。

1920年代には夫スタンレーとの間で緊張が高まり、30年正式に別居に踏み切った。双方に愛人ができたためといえるが、ルースの側は同性愛が確認されており、パートナーの一人は文化人類学者の同僚、マーガレット・ミード[9]で、二人は研究仲間であると同時に生涯の友となった。だがルースは1931年ごろ、ナタリー・レイモンドという別の女性と出会い、以後七年間同棲したとされる。

ベネディクトは1934年、『文化の型』[10]を刊行した。二十世紀前半にアメリカで発表された最も影響力の大きい著作の一つといわれる名著だ。同書は「文化」「文化的相対性」といった人類学的観念を、アメリカ人一般のものの見方を支える重要な概念にまで普及・定着させたとされる。その他、生活現象を上回る文化の重要性、絶対的価値と道徳的判断の拒絶、男女関係を再解釈する必要性などの指摘が、特に注目された。また同書の影響で人類学の分野に「文化とパーソナリティ」学派が生まれ、1930～40年代のアメリカ人類学界を大きく動かした。

1930年代のベネディクトは、ボアズの定年が迫るとともに、コロンビア大学人類学部の学務行政との関わりを強めていった。学生・同僚教員の彼女に対する敬意は一致していたが、ボアズが退任したとき、学部長の職責はベネディクトには回って来なかった。

彼女は1943年から45年まで、ワシントンの戦時情報局（OWI）海外情報部基礎分析班主任を務め、44年からは戦時情報局外国道徳課社会科学アナリストを兼務した。OWIでの調査・研究は、戦争のため接近不能となった敵対国という現代社会に対して、人類学的面接方法（亡命者、移民らとの面接）と、文学、演劇、映画などの文化的所産の人類学的分析方法を応用したものだった。長い一連の戦時研究の対象となったのは、ルーマニア、ドイツ、オランダ、タイ、そして最後の課題が日本。これが最も広範な研究となった。

ベネディクトは戦後最初の一年を費やして、OWIで集めた資料を基に『菊と刀』（1946）を執筆、刊行した。（同書の内容については、以下の「『菊と刀』はどんな本か」「『菊と刀』が描いた日本と日本人」の項で詳述する。）彼女は1946年、コロンビア大学に戻り、47年には同大現代文化研究プロジェクト総括責任者となり、またアメリカ人類学協会会長に選出された。48年7月、同大人類学教授に昇進。しかしヨーロッパ旅行から帰国した二日後の9月17日、彼女は冠状動脈血栓で倒れ、六一年の生涯を閉じた。

『菊と刀』はどんな本か

ルース・ベネディクト（Ruth Benedict）著 *The Chrysanthemum and the Sword — Patterns of Japanese Culture* は1946年秋にアメリカで出版され、その二年後、長谷川松治[11]の翻訳による日本語版『菊と刀 ― 日本文化の型』が刊行された。

本書は原著で324頁（Tuttle Publishing版、1989）、訳書で424頁（講談社学術文庫、2006年第7刷）に及ぶ大作であり、緻密な学術調査研究であるため、その概要を限られたスペースでまとめることは不可能である。そこで各論的な内容の紹介は「『菊と刀』が描いた日本と日本人」の項に譲るとして、ここではいくつかの資料を参照して、本書の特徴を大づかみにしておくこととしたい。

戦後世に出た「日本人論」の数はおびただしい[12]が、そのどれもがほぼ例外なく『菊と刀』の影響を受けた痕跡を残している[13]。その代表例を挙げる。

ルース・ベネディクトが文化の類型を「罪の文化」と「恥の文化」の二つに分け、日本の場合を後者の典型としてあげて以来、それについて日本の学者の側から若干の批判があるにも拘わらず、外国の日本研究者たちは大体それを承認しているように思われる。私自身は、どちらかといえば彼女の肩を持ちたい気がするが、それは日本人の心理に対する彼女の鋭敏な感覚に教えられることが多かったためで、彼女の理論をそのまますべて鵜呑みにするつもりはない。〈土居健郎〉[14]

ルース・ベネディクトの心理学的案内書『菊と刀』は、日本人のこの契約と義務の網について外国人が書いた最高の研究書である。私がまだ日本にこなかった第二次大戦中、一種の「汝の敵を知れ」の作業として書かれた本だが、いまもって最高の調査の名を失わない。彼女は同書で西欧の罪の観念と日本に強い社会的な恥の感情を見事に区別し、日本人の集団意識を明らかにしている。〈フランク・ギブニー〉[15]

アメリカ人はプラグマティックな国民で、危機になると強くなるといわれるが、…徹底的に敵国のことを知ろうとした。……ルース・ベネディクトという一文化人類学者に、日本についての調査を依頼し、その結果生まれた日本人の国民性の研究『菊と刀』は、戦争中、実際に日本に行くことなく

して書かれたにもかかわらず、冷静に日本をとらえ、多くの洞察に満ちている。〈広中和歌子〉[16]

この項のまとめに代えて、『世界大百科事典』(日立デジタル平凡社)のデジタル版が現在掲載している「菊と刀」の項目を引用する。

アメリカの文化人類学者R・ベネディクトによる日本文化論。1946年刊。日本人の〈義理〉〈恩〉〈恥〉といった観念の解釈をめぐって、戦後日本の思想界に大きな波紋を投じた。第2次大戦中、米軍の攻勢が確実になったころ、政府、戦時情報局は彼女に日本研究の仕事を委嘱した。現地調査が不可能であるため、彼女は、日本に関する書物、日本人の作った映画、在米日本人との面接等を材料として研究をすすめ、対象社会から文化類型を抽出しようとする方法に基づいて、日本文化の基調を探求し、執筆した。日本人は礼儀正しいといわれる一方、不遜で尊大であるともいわれ、固陋であると同時に新しい事物への順応性が高いともいわれる。また美を愛し菊作りに秘術を尽くす一方では、力を崇拝し武士に最高の栄誉を与える。それは欧米の文化的伝統からすれば矛盾であっても、菊と刀は一枚の絵の二つの部分である。民族の思考と感情から出た習慣と行動には必ず一貫性があるという、ベネディクトの文化統合形態の理論に彼女の直感的な人文学的才能がプラスされ、欧米人による日本文化論として名著との評価が定着した。この著作に対して日本では川島武宣、津田左右吉、和辻哲郎、鶴見和子らの批判と評価がなされた。〈松園万亀雄〉

『菊と刀』が描いた日本と日本人

『菊と刀』は日本社会と日本人の多岐にわたる分析なので、その内容を限られた紙幅でダイジェストすることなど、文化人類学者でもない私には到底できそうにない。そこでここでは、章ごとに注目すべき叙述を取り上げ[17]、それぞれのいわば現代的な意味を考えてみたいと思う。

第1章　研究課題 —— 日本

① 日本人はアメリカがこれまでに国をあげて戦った敵の中で、最も気心の知れない敵であった。……われわれは、敵の行動に対処するために、敵の行動を理解せねばならなかった。(講談社学術文庫版、11頁)

② 美を愛好し、俳優や芸術家を尊敬し、菊作りに秘術を尽くす国民に関する本を書く時、同じ国民が刀を崇拝し武士に最高の栄誉を帰する事実を述べた、もう一冊の本によってそれを補わなければならないというようなことは、普通はな

いことである。ところがこれらすべての矛盾が、日本に関する書物の縦糸と横糸になるのである。（12頁）

★一見意味不明瞭な本書の題名は、読み始めると冒頭にその説明が出てくる。また第1章末尾の以下の記述に、彼女の研究態度と研究成果への感慨が端的に表現されている。

③日本はその根本的な仮定（ある国民が生活に関して作り上げる仮定や、その国民が是認している解決法）を探求する価値の十分ある国であった。……（日本人の）徳と不徳とは西欧人の考えているものとはまるで違ったもので……その体系は全く独特のもので……仏教的でもなく、また儒教的でもなかった。それは日本的であった ― 日本の長所も短所も含めて。」（32-33頁）

★さらに、その体系は「日本的であった」との指摘は、後年『日本人とユダヤ人』[18]を皮切りにイザヤ・ベンダサン[19]が論じた「日本教（徒）」にも通じるものがある。日本人の「無宗教性」が早くも指摘されている。

第2章　戦争中の日本人

①日本人がその戦争遂行中、……始終口にした文句の一つは、「世界中の眼がわれわれの一挙一動の上に注がれている」ということであった。……その行動が世界の人びとにどう思われるかということ……この点に関する懸念がまた、日本文化の中に深くうえつけられた関心の一つであったのである。（44頁）

★自分が他者からどう見られているかを極度に気にするのは、われわれ日本人の気質の著しい特徴といえるだろう。ベネディクトは「日本人が部隊に下した命令は……『（立派な態度で戦わなければ）世界中の人びとに笑われる。アメリカ人はお前たちの醜態を映画に撮って、ニューヨークで見せるぞ』というのであった」（44頁）と書き、敵にどう思われるかが戦意高揚のポイントになっていたことに注目している。この点は第10章などで彼女が日本文化を「恥の文化（shame culture)」と呼んだ、有名な分析にもつながるところである。

第3章　「各々其ノ所ヲ得」

①……「各人が自分にふさわしい位置を占める」ということの意味について、日本人はどう考えているか……。日本人は国内問題を階層制度の見地から眺めてきたのであるが、国際関係をもまたすべて同じ見地から眺めてきた。（60頁）

②日本では世代と性別と年齢の特権はこのように大きい。しかしながらこれらの特権を行使する人びとは、専横な独裁者としてでなく、重大な責務を委託された人間として行動する。（73頁）

③天皇はその使節たちが中国から伝えた官職位階の制度

や律令を採用した。世界の歴史の上で、主権国家による計画的文明輸入がこれほどうまくいった例を他に見いだすことは困難である。(77頁)

★「計画的文明輸入(planned importation of civilization)」の指摘は鋭い。和魂洋才の成果は、戦後の「経済大国化」にもつながったと見ることができる。

④ 徳川時代の武士は……しだいに彼らの主君の財産を管理する執事、能楽や茶道のごとき平和な芸能の専門家となっていった。……武士もまた、いつでもその刀を抜く用意をしながらも(商人と同様)平和の技術を発達せしめた。(84頁)

★武士が「平和の技術」を磨いたとの評価は、意外性と含蓄に富んでいる。

⑤ この革命を好まぬ日本の国が、方針を一変して西欧諸国の模範に従おうとは、さらにわずか五十年の後に、西欧諸国の本領とする分野において西欧諸国と競争するようになろうとは、全く思いもよらぬことであった。…… 階級制度に押しひしがれた民衆は急転回して新しい進路に切り換え、かつその進路を保ったのである。(96頁)

★日本人の「切り替えと立ち直りの早さ」が注目されている。

本章では明治維新までの歴史をたどりながら、日本の封建制が浮き彫りにされている。「孝行」、「刀狩り」などが取り上げられており、特にベネディクトが日本人の「平和志向」に着目しているところが印象的である。

第6章　万分の一の恩返し

① 1945年8月14日に日本が降伏した時に、世界はこの「忠」がほとんど信じがたいほどの大きな力を発揮した事実を目撃した。……アメリカ人は、「忠」を勘定に入れていなかったのである。天皇が口を開いた、そして戦争は終わった。……いったんそれ(停戦宣言)が読まれると、何人もそれに承服した。(162-163頁)

★ここでもベネディクトが驚いたのは、日本人の「切り替えの早さ」である。

② 日本は西欧諸国の最後の頼りである革命を用いなかった。……日本は日本固有の強み、すなわち、まだ戦闘力が破砕されていないのに無条件降伏を受諾するという法外な代価を「忠」として自らに要求する能力を用いたのである。……日本人は、たとえそれが降伏の命令であったにせよ、その命令を下したのは天皇であった、と言いうる権利を獲得したのである。敗戦においてさえも、最高の掟は依然として「忠」であった。(164頁)

★カミカゼ特攻隊という名のいわば「自爆テロ」攻撃で、徹底抗戦する日本軍の姿を見せつけられていたアメリカ側からすれば、玉音放送の「威力」は理解を超えるものがあったようだ。

第8章　汚名をすすぐ

①日本人は従来、……極力直接的競争を避けるようにしてきた。日本の小学校では競争の機会を、……最小限にとどめている。……この直接的競争を最小限にとどめる努力は、日本人の生活のあらゆる面にゆきわたっている。（191頁）

②どんなところにも姿を現す仲介者の制度は、日本人が互いに競争しあう二人の人間が直接顔を合わせることを防ぐ顕著な方法の一つである。（192頁）

★日本でトラブルの当事者が直接対決を好まず、裁判を避けて「世話人」に収拾してもらいたがる傾向は、弁護士の人数の少なさにも反映されていそうだ。現在、日米間の人口比は1対2.3だが、弁護士は1対20（約5万人対約100万人）の開きがある。

③日本人の恒久不変の目標は名誉である。他人の尊敬を博するということが必要欠くべからざる要件である。…事態が変化すれば、日本人は態度を一変し、新しい進路に向かって歩みだすことができる。……敗戦後の日本人のこの百八十度の転向は、アメリカ人にはなかなか額面通りには受け取りにくい。……これらの日本研究者たちは「義理」を理解していなかったのである。（211-212頁）

★私はかねてから、日本が敗戦から復興、発展した最大の理由の一つは思想的「豹変」、あるいは「節操のなさ」だったと考えているが、その根拠を「義理」に求めたベネディクトの分析に、今回改めて感銘を受けた。日本人は世界の人びとから尊敬を受けるため侵略に走ったが、それは名誉に到る道ではなかった。敗戦に際して、日本人は侵略行為の行使から敬譲関係の遵守へ方向を転じたが、目標は依然として名声を博することだ、というのである。

第9章　人情の世界

①日本人は自己の欲望の満足を罪悪とは考えない。彼らはピューリタンではない。彼らは肉体的快楽をよいもの、涵養に値するものと考えている。……しかしながら、快楽は一定の限界内にとどめておかなければならない。（217頁）

②ロマンチックな恋愛もまた、日本人の涵養する「人情」である。……情死は日本人が好んで読み、また好んで話題にのぼすテーマである。十一世紀の『源氏物語』は、……傑出した小説である。（224頁）

③彼らは妻に属する領域と、性的享楽に属する領域との間に垣根を設けて、明確に区別する。……日本人はわれわれアメリカ人のように恋愛と結婚とを同一視する理想を掲げな

い。（225-256頁）

④ 日本人は……義務の遂行を人生最高の任務と定めている。……幸福の追求を人生の重大な目標とする思想は、彼らにとっては驚くべき、かつ不道徳な教説である。（234頁）

⑤ 日本の小説や演劇の中で、「ハッピー・エンド」に終わるものはきわめて稀れである。（235頁）

★本章では、日本人の温浴好き、睡眠好き、食い気、情欲好きのことが列挙されている。ここでの描写は二十一世紀の現代風俗に当てはまらないものも少なくないが、日本人の伝統的気質を解説した部分は、「援助交際」「失楽園ブーム」といった現象を予言しているとも言えそうだ。

第10章　徳のジレンマ

① 日本人は罪の重大さよりも恥の重大さに重きを置いているのである。（272頁）

★これが本書を有名にした「恥の文化（shame culture）」と「罪の文化（guilt culture）」を対比した個所である。「恥の文化には、人間に対してはもとより、神に対してさえも告白するという習慣はない。……贖罪の儀式はない。」「恥は他人の批評に対する反応である。」「日本人の生活において恥が最高の地位を占めて（おり）、……その他人の判断を基準にして自己の行動の方針を定める。」という記述もある。

② 外国人がこれらの礼節を一切無視しているのを見て、日本人は途方に暮れる。……西欧人が生活の基準にしている、日本人の場合と同様に綿密な礼節を見つけ出そうとする。そしてそんなものがないことがわかった時、……ある日本人は愕然としたと言っている。（275-276頁）

★両文化の比較のため、結論的に紹介されているのがミス・三島の自叙伝『わが狭き島国』[20]（276頁）である。戦前、アメリカに留学した日本人女子学生が告白する。

③ 彼女が（日本で）受けてきた訓練は無益であった。アメリカ人はそんなものはなくとも結構うまく生活していた。……かつて彼らが日本で送ったあの窮屈な生活を、再びくり返すなどということはとうてい考えられないことである。……これらの人びとこそ、最も尖鋭な形で日本人の徳のジレンマを経験した人びとである。（277-278頁）

★1945年8月15日の「終戦」は、広島県の片田舎に疎開していた小学三年の私にも強い衝撃を残した。ひもじさ以上につらかった「軍国教育」の怖さから、一挙に解き放たれた自由の感覚。民主主義が全体主義をしのぐことを、本能的に感知した瞬間だった。ミス・三島の「あの窮屈な生活」を、私は百パーセント理解できると思う。

第13章　降伏後の日本人

①日本人は……けっして革命家にはならない。…かつて明治時代に行なったように、制度そのものには少しも非難を浴びせずに、最も徹底した変革を実現することができる。（370頁）

②最良の場合においても、普通選挙は、将来永遠に、日本を平和国家として再建するに当たって、さほど枢要な地位を占めないであろう。（372頁）

★ベネディクトの将来予測は概して日本に好意的[21]で、しかもその確度が高い。その中にあってこの普通選挙に関するコメントには、強烈な皮肉の響きがある。戦後期、日本の運命を左右したのは選挙より戦争と外圧だったが、近年ではかなり様相が変わってきており、この予測は長期的には外れるかもしれない。

③日本が平和国家として立ち直るに当たって利用することのできる日本の真の強みは、ある行動方針について、「あれは失敗に終わった」と言い、それから後は、別な方向にその努力を傾けることのできる能力の中に存している。日本の倫理は、あれか、しからずんばこれの倫理である。（373頁）

④日本人が辱めを受けたと思いこんだ時には、復讐が徳となる。……アメリカの日本占領が効果を収めるかいなかは、アメリカがこの点において慎重にふるまうかいなかにかかっている。（377頁）

⑤日本は、かつて一度、……戦勝国でありながら、敵がついに降伏し、またその敵国が日本を嘲笑したことがないと考えた場合には、細心の心遣いをして、敗れた敵に辱めを与えないようにすることができるということを証拠立てた。（377頁）

★言うまでもなく1905年、日露戦争でロシア軍が降伏した際の日本側の対応のことである。

⑥もし再軍備のために国費を割かないとすれば、彼ら（日本人）は国民の生活水準を向上する機会が与えられ……健全な経済の基礎を築くことができる。（383-384頁）

⑦そのような平和な国となった日本は、世界の国ぐにの間において、名誉ある地位を獲得することができるであろう。（385頁）

⑧私はけっして、日本が本来、平和国家となる可能性をもっていることに対して、疑いを抱いているのではない。日本の行動は機会主義的である。日本はもし事情が許せば、平和な世界の中にその位置を求めるであろう。もしそうでなければ、武装した陣営として組織された世界の中に、その位置を求めるであろう。（387頁）

★「機会主義的」、つまり日和見主義だという指摘は鋭い。

自衛隊という名の軍隊が世界有数の規模に膨れ上がり、防衛庁が防衛省に昇格する。ベネディクトは六十年後を見通していたかのようだ。

⑨現在、日本人は、軍国主義を失敗に終わった光明と考えている。……もし他の国ぐにおいても失敗したということになれば、日本は、帝国主義的な侵略企図は、けっして名誉に到る道ではないという教訓を、いかによく身に体したかということを証明することとであろう。(387-388頁)

おわりに

『菊と刀』について1949年、川島武宜[22]は「評価と批判」[23]を書き、その冒頭で次のように述べている。

なによりもまず本書について言わなければならないことは、著者がまだ一度も日本に来たことがないのにかかわらず、これほど多くの、しかも重要な……事実を集め、しかもそれにもとづいて日本人の精神生活と文化について、これほど生き生きとした全体像を描きだし、且つこれを分析して、基本的な、全体に対して決定的な意味をもつような諸特徴を導き出したという、著者の全く驚くべき学問能力についてである。……本書は今までの多くの本のどれにもない新しい感覚と深い鋭い分析とをもっている。私はすべての日本人が本書を読むことを希望する。

川島自身もベネディクトの「いくつかの誤解」や「不十分な点」を認めながらも、全体としては最大限の評価をしている。

文化人類学者の青木保[24]はこう書いた。

「日本文化論」を考える場合、1946年に原著が出版され、1948年に邦訳の出た、アメリカの文化人類学者ルース・ベネディクトの『菊と刀』を抜きにすることはできない。

敗戦後の混乱の中で、この翻訳は「日本人とは何か」「日本文化とは何か」ということを、日本人におそらく初めて「外部」から、生活様式から価値観までを含む全体像とし、提示するものであった。[25]

文化心理学者の築島謙三[26]によれば、「この著作の執筆の理由からして女史の仕事は大きな歴史的役割を果たすことになり、ここにまた学者としての功績を指摘できる」[27]という。

和辻哲郎[28]、C・ダグラス・ラミス[29]ら『菊と刀』を厳しく批判した論者もいないわけではないが、同書が戦後の日本に及ぼした影響はおおむね肯定的、建設的なものであったと判定できるのではなかろうか。

最後に私的な感想を述べて、本稿を閉じたいと思う。

『菊と刀』の登場は、自分を客観的に観察、解剖、改良することの不得手な日本人に、歪みを最小限におさえた「鏡」を提供してくれた。学問的に切開された日本人の肖像は、総じて「戦後復興」と「経済発展」へのシナリオになった、といえるのではないか。また広く信じられているとおり、マッカーサー主導の日本占領政策に本書が少なからぬ影響を与えたのだとすれば、彼女による日本人の平和志向の指摘が日本国憲法前文と第9条に結びついたと推測しても不自然ではないだろう。

もう一つ、ベネディクトが指摘する日本人の「極端に走る」（『菊と刀』43頁）傾向、「予見されなかった事柄に最大の脅威を感じる」（44頁）特性について。日本人が内輪社会では「和」を実現できていながら、「世界のひのき舞台」に出ると「暴発」してしまう体質は、現在もほとんど変わっていない。外交べたも対外コミュニケーション不足も、この「内向き志向」に起因するもののようだ。

これは物理でいう「臨界点（critical point）」という概念で、かなりうまく説明できるのではないか、と私は感じている。水という液体が突然気体の水蒸気に変わる１００℃、固体の氷に変貌する０℃が、それぞれ典型的な臨界点。日本は十九世紀以来、明治維新、第2次大戦の敗戦という二つの大きな臨界点を通過して躍進したばかりか、その他小さな臨界点をいくつも踏み越えて発展してきた。

では次の臨界点はどうなるのか。それをつかみ取るヒントが、『菊と刀』に数多く秘められているように思う。

例えば、日本文化の最大の長所が内向き志向なのだと積極的に考えれば、展望は開けるはずだ。ベネディクト女史に触発された多くの問題意識のうち、日本人のこのいわば「非国際性」については稿を改めて考えたいと思う。

注

[1] Office of War Information（実在したのは１９４２-４５）
[2] Ruth Fulton Benedict, 1887-1948
[3] Vassar College: 米国ニューヨーク州ポキプシーにある名門女子大学。１９６０年代末から男女共学。
[4] Stanley Rossiter Benedict, 1884-1936.
[5] John Dewey, 1859-1952: 米国の哲学者・教育学者、プラグマティズムの継承・大成者。
[6] New School for Social Research.
[7] Franz Boas, 1858-1942: ドイツ生まれの米国の人類学者。北米インディアンの文化人類学的研究で貢献。
[8] “The Concept of the Guardian Spirit in North America.”

［9］Margaret Mead, 1901-78: 米国の文化人類学者。代表作に*Coming of Age in Samoa*（1928）, *Male and Female: A Study of the Sexes in a Changing World*（1949）.

［10］Patterns of Culture（1934）.

［11］［ハセガワマツジ］1911～98。東北大学法文学部卒。東北大学教授、東北学院大学教授を歴任。専攻は言語学。

［12］李御寧『「縮み」志向の日本人』（講談社学術文庫、2007）に寄せられた高階秀爾の解説によると、「外国人、日本人の手になるいわゆる『日本人論』は……戦後に発表されたものだけでも千点を越えるという」とされている。（同書340頁）

［13］青木保『「日本文化論」の変容』（中央公論社、1990）、29頁

［14］土居健郎著『「甘え」の構造』（弘文堂、1971）、48頁

［15］Gibney, Frank／大前正臣訳『人は城、人は石垣――日本人資質の再評価』（サイマル出版会、1975）、79頁

［16］Vogel, Ezra F.／広中和歌子・木本彰子訳『ジャパン・アズ・ナンバーワン』（TBSブリタニカ、1979）302頁（「訳者あとがき」から）

［17］引用個所は各章ごとにマル数字（①②…）を付し、山岡のコメントには★を付けた。

［18］イザヤ・ベンダサン『日本人とユダヤ人』（山本書店、1970）。その他の関連図書は、『日本教徒』（角川書店、1976）、『日本教について』（文藝春秋、1972）など。

［19］出版元の山本書店店主、山本七平の筆名と断定されている。

［20］Mishima, Mumie Seo, *My Narrow Isle*, 1941.

［21］ただし彼女が「民主主義は全体主義より優れている」ことを日本分析の大前提としているのは、けだし当然であろう。

［22］［カワシマタケヨシ］1909～92。私法学者、法社会学者。東大教授。

［23］講談社学術文庫版『菊と刀』の末尾（389-414頁）に収録されている。

［24］［アオキタモツ］1938～。阪大、東大先端科学技術研究センター、政策研究大学院大学、法大の各教授を経て、07年4月文化庁長官。

［25］青木保『「日本文化論」の変容』（中央公論社、1990）、30頁

［26］［ツキシマケンゾウ］1911～92。東大、成城大教授などを歴任。

［27］築島謙三『「日本人論」の中の日本人』（下）、講談社学術文庫、2000（ただし初版は大日本図書から1984年に刊行）、188頁

［28］［ワツジテツロウ］1889～60。哲学者・倫理学者・文化史家。京大、東大教授。主著『ニイチェ研究』『古寺巡礼』『鎖国』など。『菊と刀』批判は、『民族学研究』第14巻4号、1950年（特集　ルース・ベネディクト『菊と刀』の与えるもの）参照。

［29］C. Douglas Lummis. 1936‐. 政治学者。1980年から20

００年まで津田塾大教授。以後沖縄を拠点に執筆や講演などを中心に活動。

参考文献

青木保『「日本文化論」の変容』中央公論社、１９９０

American National Biography. Vol.2, Oxford Univ. Press, 1999

李御寧（イー・オリョン）『「縮み」志向の日本人』講談社学術文庫、２００７

International Encyclopedia of the Social & Behavioral Sciences. Vol.2, Elsevier, 2001.

カレル・ヴァン・ウォルフレン／篠原勝訳『日本／権力構造の謎』（上・下）、早川書房、１９９０（Wolferen, Karel van, *The Enigma of Japanese Power*. PAPERMAC, London, 1990.）

エズラ・F・ヴォーゲル／広中和歌子・木本彰子訳『ジャパン・アズ・ナンバーワン』TBSブリタニカ、１９７９

小笠原泰『なんとなく、日本人』PHP新書、２００６

フランク・ギブニー、大前正臣訳『人は城、人は石垣』サイマル出版会、１９７５（Gibney, Frank, *Japan: The Fragile Super Power*. Charles E. Tuttle, Tokyo, 1975.）

グレゴリー・クラーク、竹村健一『ユニークな日本人』講談社現代新書、１９７９

Christopher, Robert C., *The Japanese Mind*. Charles E. Tuttle, Tokyo, 1983

斎藤真ら監修『アメリカを知る事典』平凡社、２０００

『社会科学大事典　16』鹿島出版会、１９７０

杉本良夫、ロス・マオア『日本人論の方程式』ちくま学芸文庫、１９９５

杉本良夫、ロス・マオア編著『日本人論に関する12章』ちくま学芸文庫、２０００

『CD-ROM世界大百科事典（２刷）』日立デジタル平凡社、１９９８

対日貿易戦略基礎理論編集委員会編、テレコムパワー研究所訳『公式日本人論——「菊と刀」貿易戦争篇』弘文堂、１９８７

築島謙三『「日本人論」の中の日本人』（上・下）、講談社学術文庫、２０００

土居健郎『「甘え」の構造』弘文堂、１９７１

中根千枝『タテ社会の人間関係』講談社現代新書、１９６７

『日本大百科全書——*Encyclopedia Nipponica 2001*（電子ブック版）』小学館・ソニー、２００３

『ブリタニカ国際百科事典』ブリタニカ・ジャパン、１９９５

森岡清美ら編『新社会学辞典』有斐閣、１９９３

ルース・ベネディクト、長谷川松治訳『菊と刀——日本文化の型』講談社学術文庫、２００５（Benedict, Ruth, *The Chrysanthemum and the Sword, Patterns of Japanese Culture*, Tuttle Publishing, Tokyo, 1989）

イザヤ・ベンダサン『日本人とユダヤ人』山本書店、１９７０

マーガレット・ミード編著／松園万亀雄訳『人類学者ルース・ベネディクト——その肖像と作品』社会思想社、１９７７

見田宗介ら編『社会学事典』弘文堂、１９８８
C・ダグラス・ラミス／加地永都子訳『内なる外国――「菊と刀」再考』ちくま学芸文庫、１９９７

Ritzer, George, (Ed.), *The Blackwell Encyclopedia of Sociology*, Blackwell publishing, 2007.
Wikipedia, the free encyclopedia.

ジョン・ダワー

『敗北を抱きしめて──第二次大戦後の日本人』（増補版）

抱きしめた敗北の検証

北條文緒

ジョン・ダワー『敗北を抱きしめて──第二次大戦後の日本人』
三浦陽一・高杉忠明（訳）岩波書店，2001；増補版，2004.

北條文緒●プロフィール

1935年東京に生まれる。東京女子大学英米文学科卒業，一橋大学大学院社会学研究科修士課程修了。東京女子大学教授を経て，現在同大学名誉教授。英文学に関する著・訳書のほかにエッセイ集『ブルームズベリーふたたび』，短編集『嘘』，翻訳研究を扱った『翻訳と異文化』など。最近刊の翻訳に，ポリー・ホーヴァス『サリーおばさんとの一週間』，アントニア・ホワイト『五月の霜』がある。

ジョン・ダワー

アメリカ人として「わたしは勝ち誇った文化のなかで成長した」と著者ジョン・ダワー（John Dower）は冒頭の「日本の読者へ」のなかで書いている。ちなみにこの本には三つの序文があり、まず旧版で掲載できなかった写真を収載した増補版のための序文、「日本の読者へ」、そして本来の「序」である。

ジョン・ダワーは1938年ロードアイランドのプロヴィデンスに生まれた。第二次大戦終結時には小学校一年生であったはず、とすぐに換算できるのは、わたしが1935年の生まれだからである。敗戦時に小学校四年生だったわたしたちは、「敗北した国の荒廃のなかで」成長した。だが焼け野原と貧困のなかで誰もが敗北を、敗北のもたらした解放と改革を「抱きしめて」いた。

ダワーの著作の邦訳は本書のほかに数点ある。そのひとつ大窪愿二訳『吉田茂とその時代』の巻末の「訳者あとがき」と袖井林二郎の「解説」から、ダワーの経歴のうち本書とかかわりがあると思われる部分を拾えば以下のようである——アマースト大学ではアメリカ文学を専攻、しかし在学中の1958年の来日をきっかけに日本に関心を抱くようになる。その後ハーヴァード大学院で東アジア研究を専攻、日本文学を手がかりにした日本研究で森鷗外を研究の対象にとりあげ、1961年に修士号を取得する。一年間アメリカ空軍に現役勤務ののち、62年に再び来日して金沢女子短期大学で英語を教えた。その後出版社勤務をへて65年にハーヴァードに戻り、70年まで日本史、特に日米関係の研究に専念、吉田茂の研究によって72年に歴史学および極東語学の博士号を取得する。この論文がのちに『吉田茂とその時代』となる本の前半部を構成している。彼の関心を日本文学研究から歴史と国際関係に転換させたものはヴェトナム戦争であったという。

75年から79年までウィスコンシン大学の歴史学準教授・教授として教育に携わるかたわら、日本占領史、日米関係にかんする論文を書く。*War Without Mercy: Race and Power*, 1986は、戦争期を扱った著書で、『人種偏見』というタイトルで翻訳されている。86年にはカリフォルニア大学サンディエゴ校に移り、91年からはマサチュセッツ工科大学教授である。どちらの大学においても、由緒ある地位（チェア）の教授として迎えられている。その間、靖子夫人とともに一年間の日本滞在もあり、本書の準備が進められていた。本著における広範囲にわたる日本語資料の駆使は、著者自身も「謝辞」の最初に述べているように、靖子夫人に負うところが多大であったと想像される。

『敗北を抱きしめて』は1999年に出版されるや、賞を総なめにした。ピュリツァー賞（ノンフィクション部門）、バンクロフト賞（アメリカ史、とくに外交関係の研究業績に与えられる、アメリカでもっとも権威のある賞）をはじめとする数々のアメリカの賞のみならず、日本でも大仏次郎賞論壇特別賞などを受賞した。

本の概要および特色

この本の原題は、*Embracing Defeat, Japan in the Wake of World War II.* 1945年8月の敗戦直後に始まった連合国軍による日本占領が1952年に終結するまでの時期（実質的には1951年4月の連合国軍最高司令官マッカーサーの解任までの時期）を扱っている。

17章から成る内容をトピックス別に大まかに分類するなら、以下のようになるだろう。占領軍のもたらした諸種の改革、敗戦後の生活と文化、天皇と天皇制、新憲法、戦争犯罪、経済の再建。占領期におけるこれらの問題を著者は、公文書のたぐいのみならず、映画、漫画、投書、手紙など実に多様な資料を駆使して論じている。著名な政治家、学者、財界人から普通の人々にいたるまで、さまざまな階層の日本人たちの姿や感情が描き出されている。

用いられた資料と、とりあげた対象の多様さを第一の特色とすれば、第二の特色は日本や日本人についての何らかの固定観念にとらわれない柔軟な視点である。あるひとつの方向に日本人全部が動いているかに見えるときでさえ、必ずそれに逆行する人々がいる。例えば、ポツダム宣言受諾を告げる天皇のラジオ放送のあと、皇居前の地面にひれ伏して天皇に詫び涙を流す人々の姿が敗戦時の代表的な映像と思われがちである。だが同じとき、同じ場所で喝采している人々がいて、そこには明らかに解放感が見られたことを木戸幸一は日記に書き記しているという。本書はそのような記述に目配りを怠らない。日本は一つではなく、日本人は一枚岩ではない。自分が捉えようとしたのは「日本文化」とか「日本の伝統」ではなく「日本文化たち」「日本の伝統たち」「日本たち」なのだと、著者自身が「日本の読者へ」のなかで述べている。

当然の結果として本書に描かれる日本も日本人も多種多様で、流動的で、あいまいであって、そこがおもしろく魅力的である。ステレオタイプな先入観を日本人にあてはめ、その枠に入るものしか見ようとしない、外国人による日本論、日本文化論に辟易した経験をもつ者にとっては、常に複眼的な著者の態度や、表層の奥に届く著者の視線は快い。敗北の位置づけも微妙である。敗戦は歴史の断絶であった。が同時に、敗戦をまたいで日本人が意識的、無意識的に受け継いだ、戦前・戦時からの遺産も存在した。改革は本物であり、同時に借り物であった。理想への情熱と現実の拘束とが同時に存在した。そのような複雑な様相において本書が捉えた「日本たち」を網羅的にここで紹介するのは不可能だが、敗戦が人生にとってもっとも大きな歴史的事件であった者の立場から、本書のなかでもっとも印象に残った幾コマかを取り上げよう。

もっぱら日本語版に依拠して紹介する以上、翻訳にかんしてもひとことコメントしておく必要があろう。三人の翻訳者の共同作業になるこの日本語版には、誤訳や原文に照らして不適切な表現がないわけではない。注意深く文章を読み、話の流れに多少の不自然さを感じるとき、原著を参照するとそれらに気づくのだが、それらは論旨に影響をおよぼすようなたぐいのものではなく、全体としてこの翻訳は信頼できる。また原著では多くの日本語の資料が英訳されているのだから、日本語版はそれらの資料のオリジナルを示しているという点で、日本の読者にとっては原著にはない利点がある。

懐かしい風景

荒廃と貧窮の風景さえ、歳月を隔てた時点からは懐かしい。『敗北を抱きしめて』がまず呼び起こすのは、敗戦直後の焼け野原、闇市、買い出し、パンパンと呼ばれた米兵相手の売春婦たち、ラジオから流れ出たカム・カム・エヴリボディの歌、街頭録音、東京ブギウギ。若い世代は知る由もない、六〇年前の懐かしい音と風景である。それらを一斉に解き放ったのは、あのガーガーと雑音の混じる天皇のラジオ放送だった。甲高い天皇の声が何を言っているのかはわからなかった。だが日本は戦争に負け、戦争は終わったのだと知ったときの安堵と解放感は譬えようがなかった。

前年の春からわたしは疎開先の小学校に通っていたが、それまでの東京のミッション・スクールと違って、そこではがちがちの軍国主義教育がおこなわれていた。教室では学業の出来の悪い生徒を教師が「往復ビンタ」で殴り、殴られる生徒は無表情な顔に青洟をたらして殴られていた。今考えると草深い田舎では同族同士の結婚などがおこなわれていたのだろう。見るからに正常の知能ではない子どもに、どのような体罰を与えたところで効果がないことはわかっていたはずだが、それにもかかわらず軍隊まがいの制裁が日々おこなわれ、わたしは恐ろしくて生きた心地がしなかった。戦況が悪化するにつれて、朝礼での校長の訓話は悲壮なものになった。来るべき本土決戦にそなえるべきこと、最後のひとりになるまで米兵と戦い日本の名誉を守るべきこと。やがて死ぬのだと脅えつづけた子どもにとって、敗戦は信じられないような解放だった。

不思議なことに、終戦の日から翌年のはじめに東京に戻るまでの数か月の記憶は空白である。あの軍国主義の校長や往復ビンタの教師たちは、どのように戦後の価値の転換に順応したか、記憶はまったくない。もしかすると東京に戻れる目途が立ったころから、疎開地への学校にはあまり行かなくなっていたのかもしれない。

戻ってきた東京には異国のような光景が展開していた。家は空襲で焼かれていたので、落ち着いた先は国立《くにたち》にある一橋大学の官舎だった。隣町の立川の闇市の殺気立った賑わい、真赤なコートに真赤なハイヒールを履き真っ赤な爪をして、アメリカ兵と腕を組んで闊歩するパンパン・ガール。なんてすてきなのだろうと私は見とれた。私も大きくなったらパンパン・ガールになりたい、と言って母にひどく叱られた。普通の叱り方とは違う威嚇のようなものが母の態度にあって、わたしは面食らい、おしゃれをするのがそんなに悪いことなのかと不満だった。情報の洪水に浸された現代の小学生とは違って、本当に無知だった小学生は彼女らが何をしているのか知らなかった。

もっともやがて性にかんする情報は、これも敗戦後の現象のひとつであるカストリ雑誌によって、思いがけぬかたちでもたらされた。中学三年の夏休み、友だちの親の知り合いが熱海の別荘を提供してくれて、八人の中学生だけで一週間そこで過ごしたことがあった。夜布団を敷いたとき、押入れの隅からどぎつい挿絵のついたカストリ雑誌が一冊出てきた。八人は頭を寄せてその雑誌を読み、親たちが知ったら仰天するような数々の性知識を得、神妙な顔で帰京した。

カストリ雑誌に代表されるような戦後の文化は、権威ある伝統的な文化にたいするカウンター・カルチャーであったが、(ダワーによれば)敗戦後の民主主義と物質的困窮のなかで社会主義革命をめざす人々からすれば、占領軍や保守的政治家が黙認する反革命的陰謀でもあった。セックス、スポーツ、スクリーンという三つのSを促進することで、民衆のエネルギーを本来それが向かうべき対象から逸らせた。

ダワーは占領という政治的事件を勝者と敗者のあいだの性的かかわりという点からも考察している。カストリ雑誌の男女の顔は多くの場合白人であり、読者は男性だった。いきおい日本の男性にとっては白人女性が、またパンパンを通じて日本に触れた多くの占領軍兵士にとっては日本女性がそれぞれ性的妄想の対象になったと論じているくだりは、小説のようにおもしろい。

教科書の墨塗り

だが敗戦後の風景のなかで、もっとも衝撃的であり、その後のわたしの核を形成した経験は、教科書の墨塗りだった。ダワーが言うように、ＳＣＡＰ（連合軍最高司令官）によって実施された数々の改革を、日本国民は積極的に受け入れ自主的に推し進めようとした。ときには労働基準法の制定のように、改革を先取りするかたちで実現されたものもあった。同様に教育の自由化は「戦前に天皇制超国家主義の厳格な番人であった文部省」が「終戦後、もっとも生真面目で熱心な『平和と民主主義』の擁護者に変身」して推し進められたのだった。その一環として教科書の墨塗り作業がおこなわれた。

記憶によれば、あれは東京に戻って再開された学校で、終戦の翌年の冬ではなかったかと思う。教室の机のうえにたっぷりと用意した墨に筆を浸しては、国語や修身の教科書の頁の、××行目から××行目までと教師が指示する箇所を塗りつぶした。墨が乾くと次の頁に移る。ほとんど真っ黒になった頁もあった。あの墨塗りの教科書をとっておけばよかったと今では思う。新学期からは粗末な紙の薄い冊子が年間で五冊配られ、五冊合わせると一冊の国語教科書となった。その五冊は残っているのだが、あまりに汚れて無残な墨塗りの本を保存しておこうなどと、当時は思いもしなかったに違いない。

ついこの間まで絶対的に正しいこととして日々教えられてきた教科書の内容が、間違っていたこととして墨の下に隠される。この経験は強烈だった。あの経験をとおしてある懐疑がわたしのなかに深く根を張り、おとなになってからの徹底的なノンポリの態度の土台を形作ったのだと思う。間違ったものに変わって正しいものがやってくるというふうに単純には変化を喜びえなかった。もちろん敗北とともにもたらされた数々の改革は、主権在民にせよ、婦人参政権にせよ、新憲法に謳われた戦争の放棄にせよ、体が浮き上がるような高揚感を与えた。だがそれにもかかわらず、どのように理想的と思われる事柄も、状況次第でいつなんどき墨の奥に閉じ込められるかもしれないというペシミズムはわたしのなかで不動だった。そしてその後の日本の運命を顧みるとき、そのペシミズムを修正してくれるような事態とは出会えなかったといってよい。

初めて知る事実

個人の記憶や感慨は断片的である。『敗北を抱きしめて』

はそれらにコンテクストを与え、整理し、因果関係を示してくれる。懐かしい風景のなかで、あるいはその背後で起こっていたことについて、そうだったのか、そういうわけだったのか、と納得させてくれる。と同時に未知の事実を衝撃とともに知ることもある。

たとえば敗戦時に、本土決戦に備えて軍には食糧や物資の膨大な備蓄があったとは知らなかった。食物は草くらいしか残っていないように見えたあの状況下で備蓄がなされていたことも驚きなら、その食糧や物資が敗戦と同時に軍人、実業家、官僚、政治家によって盗み出され、闇市に流れあるいは隠匿されて、それが産業再建を妨げる一因とさえなったとは、さらなる驚きだった。隠匿物資のなかには、戦時中に女性たちが供出させられた貴金属類も含まれていたという。

本来指導的立場にあった人々によるこの大略奪事件は、日本人の行動について暗澹たる気持ちを抱かせる。昨日まで天皇陛下のために、祖国のために命を捧げようと国民を鼓舞していた人々なのである。だがその目標が消え去ったとき、行動の拠り所となるようなものは何もなかったのかもしれない。当時の日本人にとっては、天皇を仰ぎ見る垂直の関係がすべてで、同胞の権利や平等な分配という観念は、ひどく希薄だったのかもしれない。

敗戦と同時に政府のイニシャティヴで占領軍専用の「慰安施設」が、東京をはじめ各地に設けられたというのも、この本で初めて知った。SCAPとの打ち合わせの結果、政府は直接関与しない方針がとられたが、政府はこの事業のための融資をおこない、警察の協力を保証した。プロの売春婦がアメリカ人を嫌ったので、設立に当たっては一般女性を募集した。「戦後処理の国家的緊急施設の一端として、進駐軍慰安の大事業に参加する新日本女性の率先協力を求む」と書いた巨大な募集の看板が、東京の銀座に立てられたという。「特殊慰安設置協会」の発足式での宣誓は、以下のように締めくくられている。「我等は（中略）止むべからざる儀礼を払い、条約の一端の履行にも貢献し、社会の安寧に寄与し、以て大にして之を言えば国体の護持に挺身せむとするに他ならざることを、重ねて直言し、以て生命となす」

ダワーがたびたび指摘することだが、一大転換を遂げたはずの状況で、戦時下に使われたようなことばがここでも登場している。ことばの連続は観念の連続にほかならない。敗戦は断絶であって、断絶ではなかった、という複雑性は、しかし天皇と天皇制に端的に集約されている。かなりの頁を用いてこの問題を論じているダワーの主張の要点は、そこにある。

天皇

天皇の戦争責任を不問に付し、天皇を占領政策に利用するという方針が、アメリカ当局において終戦以前に決められていたということも、この本で初めて知った。アメリカで戦前からおこなわれていた日本研究についての詳述は、アメリカ人著者によるこの本ならではの特色だが、そのなかにはおもしろいエピソードもある。日本の特攻隊が何がしかの被害をアメリカ軍に与えていたころ、アメリカの戦艦の胴体に天皇の肖像を描いておけば、特攻隊の飛行機は突っ込まないだろうという意見があったというのである。この説を一笑に付すことはできない。小学校の修身の教科書には、それと知らずに習字の練習に用いた新聞紙の裏側に天皇の写真（当時は御真影と呼ばれた）を発見し、自責の涙にくれる小学生の話が出ていたのを思い出す。天皇の肖像はそれほど侵すべからざる権威をもっていたのだから、それを破壊することは大罪悪と感じられたことだろう。

天皇の戦争責任を問い裁判にかけたり処罰したりすれば、日本国民は一斉蜂起して抵抗し、ゲリラ戦に対抗するのに占領軍は多大の犠牲を払わねばならないだろうというのが、当時もっとも有力な日本人心理研究者の見解であり、ＳＣＡＰはそれに従った。だがそれは天皇の影響の過大評価であって、戦後の混乱のなかで日本人はそれほど天皇に畏敬の念をもち続けていたわけではない、という証言にダワーは言及している。確かに天皇崇拝は教え込まれ刷り込まれたものであったから、自発的な敬愛や尊敬ではなかった。だがそうであったにしても、否そうであったがゆえに、天皇が犯罪人として裁判にかけられ処罰されたならば、教科書の墨塗りよりもひどい衝撃を小学生のわたしは受けただろう。割り切れない嫌な気持ちを、あとあとまで引きずり続けたことだろう。

ダワーは天皇にたいして終始批判的である。マッカーサーによって命を助けられ、それと引き換えに占領軍の政策に協力をした変わり身の早い、したたかな順応力のある人間として天皇を捉えている。たとえば、終始天皇にたいして同情的な、半藤一利『昭和史』とその点で対照的で、天皇を語るさいのダワーの冷たい視線はかすかな不快感を呼び覚ます。だがその不快感は、あまりに本当のことを指摘されるときに感じる不快感に通じており、天皇が退位せず、天皇制が保持されたことが、戦後日本の歴史に不透明な部分を残したことは否定できないだろう。天皇に好意的な半藤一利さえ、天皇の名において戦死した幾多の兵士への責任として、退位はするべきであったと述べている。天皇の身近にいる人々のあいだにも退位を進言する者がいた。だが適当な後継者がいなかったことに加えてマッカーサーは天皇を退位させるつもりはなく、当時の吉田首相はそのことでマッカーサーに深く感謝していた。終戦春の食糧メーデーでは、共産党の指導者の示唆で人民代表が上奏文というかたちで要求を皇居にもっていったとか、主権在民を謳った新憲法の公布式典で「天皇陛下、万歳!」で天皇の入場が迎えられたことなど、ダワーは天皇をめぐる日本人の矛盾を描き出している。

歴史上類のない占領

占領当初の目的は日本の非軍事化と民主化であり、占領軍は使命感をもってそれらを推し進めた。武装解除や軍備解体はスムースに進み、新憲法は戦争放棄を謳った。占領軍の指令によって民主主義のための改革は続々と実施された。治安維持法の廃止、財閥の解体、女性に参政権を与え、労働組合運動を促進し、教育を自由化し、国家神道を国家から分離し、軍にかかわった者たちを公職から追放した。敗者にたいする報復的な傷めつけがなかった点で、この占領は前例のないものだった。だが同時に、本来主体的に勝ち取るものであるはずの民主主義が上から与えられ、しかも新憲法によってもはや天皇の臣下ではなくなった国民が、なお占領軍当局の臣民であったという点で根底に矛盾が存在していた。

このような日本の占領を、ダワーは同じく敗戦国であったドイツの占領と対比させて論じている。ヨーロッパ重視主義に基づいて連合国の関心はもっぱらドイツに向かっており、東洋の日本は二の次で、日本研究がさかんにおこなわれていたとはいえ、日本語のわかる人も少なく軍政は無理だった。そこでSCAPは日本の政府を用い、そこにむかって指令を発する間接統治のかたちをとった。SCAPは好きなようにできた。だから本国でさえ実現していないほどの改革に着手したのだ、とダワーは言う。

日本人は改革を歓迎し、熱意をもって民主化を推し進めた。敗戦直後の配給の遅延で深刻な食糧難のなか、政府に対する国民の要求はデモのかたちで盛り上がり、企業では労働組合運動が活発となり、1946年は日本がもっとも社会主義に近づいた時期だった。占領軍はしだいに共産主義化への危惧を抱く。1947年2月、マッカーサーによるゼネスト中止命令は、占領軍を解放軍のように思いなしていた社会主義者たちに多大の幻滅をもたらした。

国際情勢の変化にともなってやがて生じる占領軍の政策の変化は、さらに多くの人々に幻滅をもたらすことになる。中国大陸では1949年に中華人民共和国が成立し、翌年には朝鮮戦争が勃発する。東西冷戦が深刻化するなかで、日本はアジアにおける反共の砦として重大な意味をもつようにな

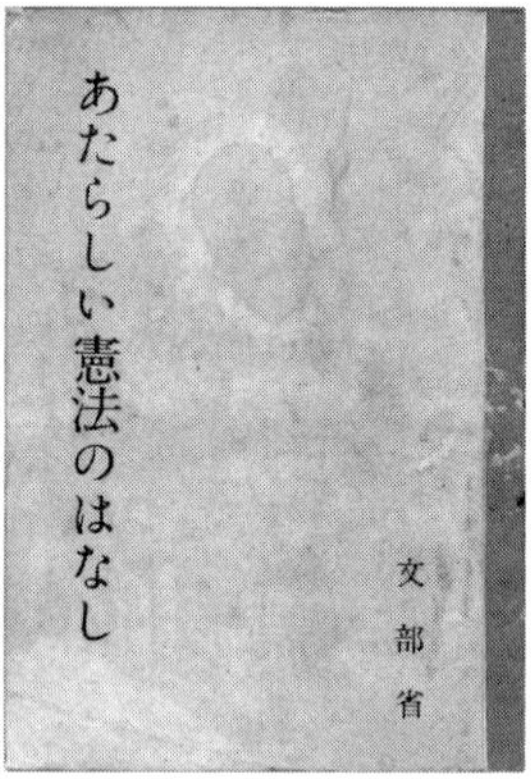

り、ＳＣＡＰは日本に再軍備を促す。非軍事化という占領当初の目標は「逆コース」をたどりはじめる。戦争放棄を宣言した新憲法の公布から五年も経っていなかった。戦力を保持せず、紛争解決手段としての武力行使は永久に放棄するという方針は、そもそもＳＣＡＰが示唆したものであった。あまりに身勝手な、と言いたくなるにしても、占領下に置かれるとはそういうことであったのだ。１９５０年にはＳＣＡＰの指令によって現在の自衛隊の前身である警察予備部隊が生まれた。時を同じくして戦争犯罪人の起訴の取り下げ、公職追放の解除、共産党の弾圧が進行した。

　日本の再軍備への圧力をもたらした朝鮮戦争は、しかし一方で低迷する日本経済の救いの神となった。戦争を放棄した日本は皮肉にも他国の戦争によって経済的に蘇生した。戦時下に培われ、新憲法のもとでは二度と日の目を見ないはずだった軍需産業の技術力が再び出番を迎えた。アメリカと日本の複雑で解きほぐしがたい利害の絡み合いは、これ以後日本が経済大国になる過程でますます深化してゆく。

　ダワーはある子ども向け小冊子の運命を取りあげて、そこに「真の解放と草の根民主主義という夢の終焉」があからさまに映し出されていると述べている。問題の小冊子は１９４７年に発行された『あたらしい憲法のはなし』で、中学一年生の社会科の教科書として使われた。主権在民、象徴天皇、戦争の放棄などを解説したこの本は、１９５０年には副読本に格下げされ、１９５１年には完全に使われなくなった、という。１９４８年に中学一年生だったわたしはこの本を使った。

　今も手もとに残る粗末な紙のこの小冊子の、戦争放棄を解説した箇所にはこう書いてある。

「これからさき日本には、陸軍も海軍も空軍もないのです。これを戦争の放棄といいます。『放棄』とは『すててしまう』ということです。しかしみなさんは、けっして心ぼそく思うことはありません。日本は正しいことを、ほかの国よりさきに行ったのです。世の中に、正しいことぐらい強いものはありません。」

　なんと臆面もない理想主義と楽観なのだろう。だがおとなたちがこれを本気で信じ、中学生にそれを伝えようとした短い時期が存在したのだ。そもそも絶対的に正しいことがありうるのだろうか。あらゆる事象は関係性のなかにたゆたい、すべては認識の問題に帰着するという思考法に慣れた現時点からは、確信にみちたこの小冊子のことばは別世界からのことばのように聞こえる。

この一冊

数年前に職場を定年退職して時間のゆとりができたとき、自分の生きてきた時代を振り返りたいとしきりに思うようになった。同じ気持ちの同年代の者が四人集まって読書会を始め、昭和史とかかわりのある本を次々に読んだ。そのなかでもっともおもしろく印象に残ったのが、ジョン・ダワーのこの本だった。

わたしの専攻分野はイギリス文学だから、以上に書いたことはすべて歴史学とは無縁の素人の立場からの紹介である。わたしがイギリス文学を専攻したのも、時代の勢いだった。文学少女だったから、いずれにせよ文学を専攻しただろうが、これからは英語でなければ駄目だ、という空気のなか、英語をやっておけば将来の職業にも有利だろうというもくろみもあってイギリス文学を選んだ。

専攻分野の選択などは比較的小さな部分だが、時代が人間を形成する力は大きい。わたしの人生のなかで最大の歴史的事件は太平洋戦争と敗戦だった。敗戦という途方もない解放と、教科書の墨塗りという衝撃の経験だった。あのときに自分のなかに根づいたペシミズムと諦観は、戦後の諸改革や新憲法がもたらした希望や理想によっても消し去られることがなかった。大人になってからは、安保闘争にもその他の政治運動にも一切加わることをしなかった。

「増補版への序文」でダワーは書いている。

> 日本占領は多くの問題を残した。しかしあの時代は、今のわれわれが大部分失ってしまった、素晴らしいものに満ちていたようにも思われる。よりよい世界をつくりたいという心底からの願い、「民主主義」は実現できるのだという本気の理想主義、かつての敵同士が急速に善意と信頼をとりもどしていった姿。そして私がもっとも感銘を受けるのは、あれほど多くの日本人が、社会のあらゆるレベルで粘り強さと明るさを発揮したことであった。たんに以前よりも自由な社会を作ろうとしただけではなく、日本人は暴力の愚かさをよく理解し、軍事に頼らない平和という理想を、大切に胸に抱いたのであった。これらすべてが、もはや過ぎさった歴史なのであろうか?

このような問いかけにもかかわらず、何らかの希望的観測を抱かせるほどの材料は『敗北を抱きしめて』から出てこない。最終的に語られているのは非軍事化と民主化の挫折なのだから。

それでもなお理想の灯を消すことなく、未来にそれを伝えようとしている人々がいる。事実、受講者のなかから、共有する敗戦経験は同じだが、自分は今までずっと平和運動に参加してきた、という発言があった。その志は尊い。私にはそのエネルギーがなかった。平和を願う気持ちが希薄なのではない。ただ経済的利害関係にがんじがらめになった国際政治はなるようにしかならないのだという、抜きがたい不信感と諦観がどっしりと根をおろしている。そんな人間にとって、ダワーのこの一冊は懐かしく、苦く、自分の原点を改めて考えさせてくれた本である。

土居健郎

『「甘え」の構造』

人生の方向を「科学」から「こころ」へ転換させた本

山田和夫

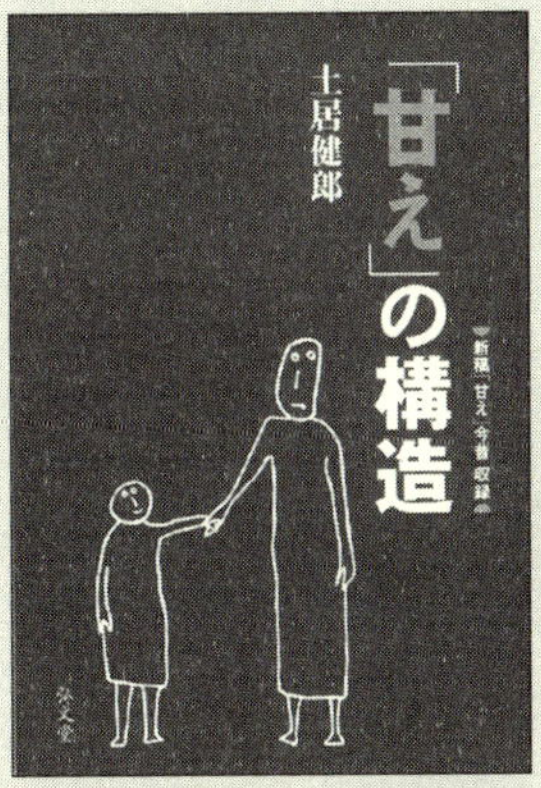

土居健郎『「甘え」の構造』
弘文堂，1971；新装版，2001.

山田和夫●プロフィール
横浜市立大学医学部卒業，精神科医。国立横浜病院精神科医長，横浜市立大学医学部附属市民総合医療センター精神医療センター部長を経て，現在東洋英和女学院大学人間科学部教授。日本病跡学会編集委員長・理事，多文化間精神医学会理事，日本自殺予防学会理事，日本不安障害学会理事，日本うつ病学会監事等を務める。著書『不安・うつは必ず治る』『抗うつ薬の選び方と使い方』（編著）他多数。

本と無縁の小・中学生時代

私は高校に入学するまで、参考書、図鑑以外で本を読んだことが無かった。我が家にもほとんど本らしい本は無かった。小学校は地元の東京都港区立東町小学校に昭和三四年に入学した。ここは一学年に二クラスしかない小さな小学校だったが、小説家高見順の母校で、その後高見順文庫が開設されたりした。小学校六年の時東京オリンピックが開催され、東京は大いに盛り上がった。

昭和四〇年港区立城南中学に入学した。毎日麻布十番商店街を通って通学した。右手に鳥居坂があり、その上に東洋英和女学院があった。学院は別世界の閑静な高級住宅地の中にあった。私は中学に入学した時、高校は都立日比谷高校に入りたいと思っていた。しかしその頃、大きな教育改革が進められていた。東京都の小尾教育長が受験教育の過熱の元凶を優秀な都立高校にあるとし、都立高校を平準化する制度を編み出した。これは見事に成功し、都立高校は凋落していった。現在、都立高校に夢を抱く中学生はいないのではないだろうか。この一事を顧みても、壊すことは簡単だが、優れたものを作ることはとても難しい。もう一度かつての日比谷高校を再建しようとしても、既に多くの実績を積み上げてきた私立、国立高校の存在する中で不可能である。都立高校の平準化は別な形での教育における格差社会を形成し、現在に至っている。

私が中学二年の時に学校群制度が出来上がった。私はその制度の二期生である。第一学区第11学校群（都立日比谷高校、三田高校、九段高校）を受験した（新聞［1］）。私は学校群には合格したものの、入学先は九段高校と指定された。生徒の努力や希望は全く忖度《そんたく》されなかった。この制度は突出している都立高校を引き吊り落とす事が目的であったから、その目的は達せられた。私の人生においては、最初の大きな挫折体験であった。日比谷高校はかつての府立一中であった

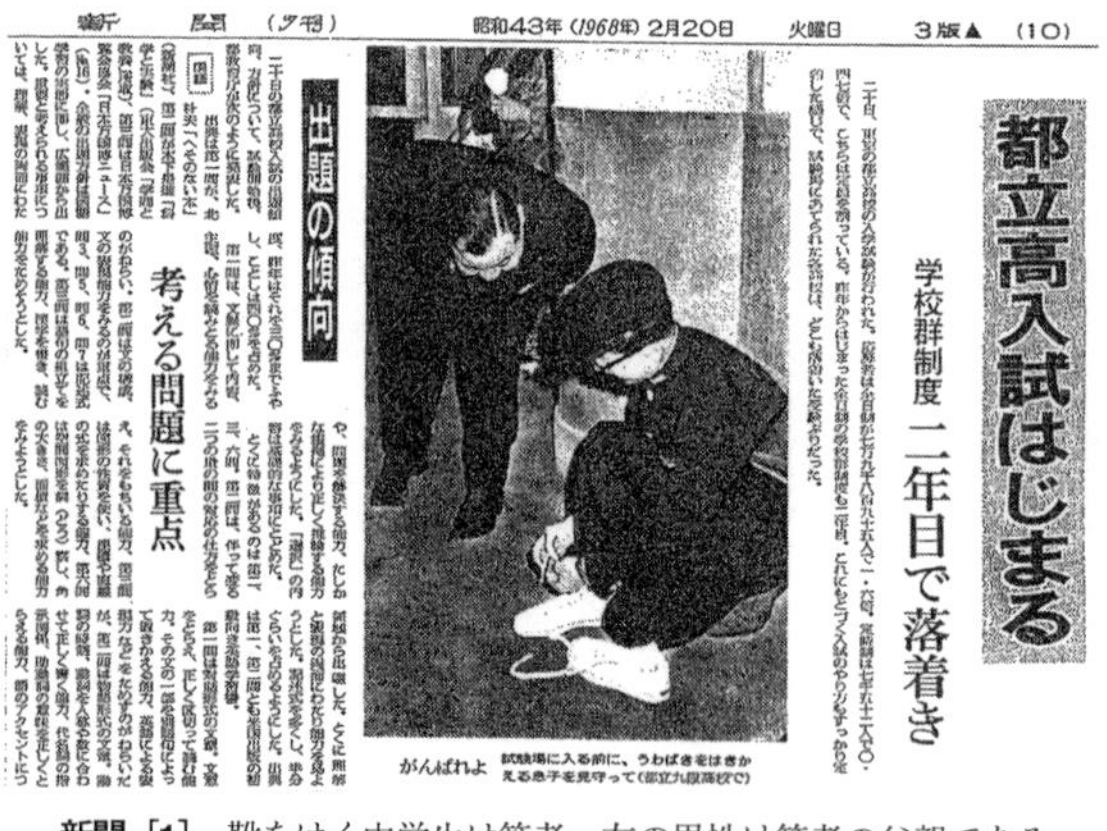
新聞（夕刊）　昭和43年(1968年) 2月20日　火曜日　3版▲　(10)

都立高入試はじまる

学校群制度 二年目で落着き

出題の傾向

考える問題に重点

がんばれよ　試験場に入る前に、うわばきをはきかえる息子を見守って（都立九段高校で）

新聞［1］ 靴をはく中学生は筆者。左の男性は筆者の父親である。
（朝日新聞昭和 43 年 2 月 20 日夕刊）

が、九段高校は東京市立一中であった。歴史や伝統が全然違っていた。私の兄妹三人は、同じ小学校、中学校出身だが、高校は妹が日比谷高校、弟が三田高校と綺麗に母校が別れてしまった。

嵐の都立九段高校時代

九段高校入学前に読書感想文の課題が与えられた。私は本を読む習慣は無かったから、読書感想文は最も苦手な課題であった。中学の時、やはり読書感想文の課題が出た際、困って絵が多いSF小説を買ってきて読み感想文を提出したら、「これは小説ではない」と国語の教師に呆れられ、叱られた記憶がある。高校に入ったら頑張ろうと思った矢先に、出鼻を挫かれた感であった。それでも課題図書の中から何とか自分でも理解できそうな武者小路実篤の『友情』を選んで購入した。読み出すと、しかしこれが思わず引き込まれ、何度か涙も流し胸を打った。多感な時期になりかかった中で、純文学を読む初体験であった。作文も下手だったので、とにかく、ここが「泣けた」とか感情のままに書いてしまった。全く初心で、初体験であった。しかし、これが最初の国語の授業の時間に「感情のこもった良い感想文」として紹介された。単純なもので、急に国語や小説が初めて少し好きになった。

九段高校に入学してまず感激したのは、千鳥が淵に咲く満開の桜並木であった。堀に伸びた大きな満開の桜は圧倒的な美しさであった。桜のトンネルを歩いた時は心がときめいた。高校の隣の靖国神社の桜からは教室の中によく花びらが舞い込み、入学の春を実感した。この穏やかな学園生活が突如中断する大きな事件が、翌年の秋に起きた。高校二年の二学期の最初に、高校が九段高校全共闘によってバリケード封鎖されてしまったのだ（新聞［2］）。全共闘の中心メンバー7人は、私がいた2年7組のクラスメート達であった。これは全くの青天の霹靂であった。クラスメート達がいつの間に全共闘に変貌していったのか全く気付かなかった。青いジャケット・スーツ型の制服だったクラスメート達がヘルメットを被り、口にはタオルを巻き、ゲバ棒を持ち、教室の机を何重にも重ね校門や職員室、校長室などをバリケード封鎖してしまった。机の上に立ち、ハンドマイクを持って、アジ演説をしていた。数年前東京大学から始まった、全国的な大学解体全共闘運動が昭和四四年頃全国の高校に一斉に下りてきたのだ。同じ頃、日比谷高校や青山高校など多くの高校がバリケード封鎖された。まさに嵐の時代に突入していった。結局二学期、三学期はバリケード封鎖されたままで授業が開かれることは無かった。人生はレールに乗って進んでいくものと無意識に思っていたが、そのレールが破壊された感じであった。

昭和44年(1969年) 9月1日 月曜日 朝日新聞(夕刊)

新学期 波乱含みのスタート

新潟大は授業中止

広島大 機動隊が出動

始業式も荒れる

ヘルメット姿が"乱入"

老院長に退職勧告

日赤産院 手術の"ミス"続く

助手席の2000

十和田 現金

始業式を前にビラを配る高校生＝1日午前8時半、東京・千代田区の九段高校で

新聞［2］ バリケード封鎖を伝える報道
（朝日新聞昭和44年9月1日夕刊）

初めてものを考えるようになった。連日夜遅くまで講堂で全校集会が開かれ、社会、高校、受験の問題等が話し合われた。気の毒だったのは、高齢の井上速雄校長であった。世界史の先生でもあり、大変物静かな学究肌の先生だった。生徒達のこの行動に対して、真摯に向き合い、連日夜遅くまで壇上に立ち、話し合いを続けた。教育的な応答に対しては「ナンセンス!!」と言う怒号が飛び交い、吊し上げのような討論であった。議論に疲れたのか、昭和四五年の春にバリケード封鎖は消えるように解除された。一応全員進級し、高校三年となった。高校は再開されたが、学校の様子は全く違う雰囲気であった。長い議論の末、「受験体制の打破」が一つのスローガンとなり、受験的教育は無くなり、高校は全く自由となってしまった。制服・制帽の着用は自由となり、出席も取らなくなった。いろいろな「自主ゼミ」が開かれた。このバリケード封鎖中、学校が無いためよく近くの神田古本屋街を歩き回った。店頭には文庫本が一冊10円位で並んでいた。そんな時代・環境で結果的に本に親しむようになった。時間があるのでよく友達と喫茶店に行った。一杯のコーヒーで三、四時間位いていろいろな事を情熱を持って話し合った。特にお店の人からも嫌がられず、時々水を足して行ってくれた。学生の街でもあった。「学生街の喫茶店」といった歌も流れていた。古き良き青春時代であった。その時の友人と同人雑誌を作り、数本小説を書いた。その友人は現在早稲田大学文学部の教授となり、昨年ある文学賞を受賞した。時代は続いている。このような時代に本の街で生活していたため、いろいろ

な本を読んだ。小説のほかに社会科学、人文科学の本もたくさん読んだ。毎日一冊は読んでいると豪語する先輩がいて、負けないで読もうとしたりもした。当時の流行は、吉本隆明、高橋和巳、小田実など全共闘、べ平連関連だった。東大全共闘と激論しあった三島由紀夫の本も話題だった。その三島由紀夫が私が高校三年の二学期に衝撃的な事件を起こした。軍服を着て「楯の会」のメンバー数名と市谷の自衛隊駐屯地の長官室に乗り込み、長官に日本を憂いクーデターを起こすように決起を促した。バルコニーに出て、日の丸の鉢巻きをし、拳を振り上げて演説をするが、長官や他の隊員も受け入れなかった。そのため取って返し、その長官室で割腹自殺した事件である。割腹後、同士の森田が日本刀で介錯し三島の首が長官室に転げ落ちた。全共闘に対峙する衝撃的事件であった。三島は日本の伝統的な美を追究していったが、社会からは遊離していた。三島由紀夫の小説もよく読んだが、一番影響を受けた小説家は夏目漱石である。特に『こころ』は深く心に残った。人間の究極にエゴがあり、心の深淵を見た。この本によって人間の心に強く関心を持つようになった。私にとって、もう一つの「一冊の本」である。理科系を目指していたが、「文学」にも強く関心を持つようになった。こうやって見ると紛争があって、人生・社会を見つめ直し、本に深く親しむ事ができたのは九段高校に入学したお蔭である。挫折と思った道が、逆に自分を開花させてくれた。どのような不本意な体験も、それが刺激になって自分発見に繋がり、自己実現の一歩になる事が今振り返って見ると判る。嵐のような高校時代だったが三年で卒業し、昭和四六年に東京大学教養部理科Ⅱ類に入学した。

東京大学教養部時代

全共闘運動は東京大学のバリケード封鎖されていた安田講堂が機動隊によって陥落し、敗北の形で終焉した。大学紛争が最も激しかった昭和四四年は東京大学の入試が中止になるまでであった。昭和四五年に入試が再開し、私はその翌年の四六年入学である。教養部のあった駒場は、どことなく戦後の疲れが漂う雰囲気があった。喧騒と熱気が消え、戻った健全さの中にどことなく挫折と諦観が漂っていた。理科Ⅱ類は取り敢えず入学するには良いが、一年半のうちに専門学部、即ち人生の道を決めなければならなかった。高校時代に紛争後の規制の無い自由な空気を体験しただけに、好きな事をやって自由に生きようと考えた。とにかく一番興味の持てる道に進もうと考えた。当時、いろいろな学問領域の中で文化人類学、比較文化領域に強い関心があり、二年生のゼミは人類学の寺田和夫教授のゼミに入った。今西錦司、梅棹忠夫、祖

表1　『「甘え」の構造』

・昭和46年1月初版出版
・編集者：重松英樹
・平成19年5月増補普及版
・著者：土居健郎
　東京大学医学部保健学科精神衛生学教室教授
　精神分析家、精神科医
・100万部越える大ベストセラーに

・筆者、昭和47年8月に読む
・筆者、昭和47年9月横浜に引っ越す：一人暮らしを始める

表2　土居健郎の主要著書

・『「甘え」の構造』
・『続「甘え」の構造』
・『表と裏』
・『「甘え」の周辺』
・『「甘え」さまざま』
・『「甘え」の思想』
・『「甘え」雑稿』
・『漱石の心的世界 ―「甘え」からの考察』
・土居健郎全集全8巻（岩波書店）

父江忠男、泉靖一、中根千枝、小田実等の本を読んでは、世界の文化、民族の精神性の違いに強い関心を持った。当時、個性的な文化人類学者が大勢いて、多くの名著が出版されていた。その中で、その年ミリオンセラーになった話題の本が昭和四六年に発行された土居健郎著『「甘え」の構造』（表1、2）であった。「甘え」という言葉は英訳できない、日本人独特の人間関係を表す、日本人の心性を捉えるキーワードとあり、驚きと共に強く興味を持った（表3）。最後まで読み終えた後、巻末に著者土居健郎氏の略歴（表4）が載っていた。現在は東京大学医学部保健学科精神衛生学教室教授とあった。驚くと共に、とても嬉しかった。保健学科は理科Ⅱ類の進学コースの一つだったからである。保健学科には他に「人類生態学」という教室もある。進むべき道は「これだ」と思った。

東京大学医学部保健学科時代

昭和四八年に保健学科に入学し、土居健郎先生の教えを受けることになった。土居先生は当時、日本では数少ない著名な精神分析家であった。著名な精神科医が集まり土居ゼミが開かれていた。しかし、土居先生の最初の講義は意外な言葉から始まった。「君達は精神分析に関心があるのだろうが、大学時代はフロイトは読まないように。大学時代に読むとかぶれてしまうから。」と言われた。これは正しかった。精神医療には色々な手法があり、色々な学派がある。まずは幅広い、偏りの無い精神医療を学ぶ事が必要だろう。全体の中からフロイトの精神分析の位置付けを知り、その上で精神分析を深めていく事が肝要だろう。もし

最初に精神分析にのめり込んでいたら、薬物療法などに対しては「心を薬で治すなんて」と、強い偏見を持ったに違いない。

精神衛生学の実習で関東労災病院神経科に派遣された。先輩の臨床心理士から心理検査の方法を教わり、その後は新患患者の予診を取り、それを部長の畑下一男先生に報告し、今度は畑下先生の診療に陪席した。患者の興味深い話が実は「妄想」という事に驚き、その妄想が薬物療法で消失していく事に更に驚いた。薬物療法に強く興味を覚えたが、薬物は精神科医しか投与できない事を初めて知りショックだった。

実習が終わっても、更に畑下部長に御願いして夏休み中陪席を続けさせてもらった。それ程、精神科臨床は面白いものだった。そして夏休みが終わった時、精神科医になろうと決心した。

表3 『「甘え」の構造』の内容

・はしがき
・第一章：「甘え」の着想
・第二章：「甘え」の世界
・第三章：「甘え」の論理
・第四章：「甘え」の病理
・第五章：「甘え」と現代社会
・文献
・〔付〕「甘え」再考
・〔付〕再刊 20 周年に際して
・〔増補普及版〕「甘え」今昔

表4 土居健郎教授の略歴

・大正 9 年東京生まれ：87 歳
・昭和 17 年東京大学医学部卒業
・昭和 25 年 - 27 年アメリカ・メニンガー精神医学研究所留学
・昭和 30 年 - 31 年アメリカ・サンフランシスコ
・精神分析協会留学
・昭和 32 年 - 昭和 46 年聖路加国際病院精神科医長
・昭和 36 年 - 38 年アメリカ NIMH に招聘
・昭和 46 年 - 50 年東京大学医学部保健学科精神衛生学教室教授
・昭和 50 年 - 55 年東京大学医学部精神科教授
・昭和 55 年 - 57 年国際基督教大学教授
・昭和 57 年 - 60 年国立精神衛生研究所所長
・土居健郎全集全 8 巻（岩波書店）

精神科医になって

保健学科を卒業する昭和五〇年二月に、一九歳より独りで住んでいた横浜にある横浜市立大学医学部を再受験して合格し、精神科医になる道を歩み出した。

昭和五六年三月に医学部を卒業し、医師となり、精神科医となった。その後精神医学の中で、多方面からアプローチをしてきた。現在日本病跡学会の編集委員長をしている。病跡学とは天才人の創造性と心の病の関係を調べる学問である。天才的な仕事をした人は大抵心の病を有していて、その心の病を克服していく過程で創造が成されていく事が多い。高校時代に読んだたくさんの小説家を病跡学的視点で調べ直している。駒場時代に強い関心を持った比較文化の延長上で多文化間精神医学会の執行委員をしている。日本特有の「甘え」「いきがい」「対人恐怖」「ひきこもり」といったテーマで比較文化精神医学的視点から調査研究をしている。とにかく調べていて面白い。

不本意に行った九段高校でたくさんの本に出会い、「人間」「心」に関心を持った。九段高校に入学するという挫折体験で初めて心が傷ついた。傷ついたために「心」の存在「人生の悩み」を初めて感じ、それに呼応するように小説や様々な本があった。傷つきが無ければ小説にあれ程感動しなかったと思う。東京大学で『「甘え」の構造』に出会い精神科医、精神医学の道を歩むことになった。たくさんの本との出会いの中から、一冊の本に収斂していき、自身の本当の興味を知り、その延長上に遣り甲斐のある仕事を見出して行った。だから有り難い事に今は、日々の仕事、人生がとても楽しい。収斂していった一冊の本を基点に、今度はたくさんの専門書を読む事になった。九段高校に入学し、学園紛争を体験した事は、負の体験のように見えるが、負の体験こそが本当の人生を生み出してくれると実感した。

本年五月に『不安・うつは必ず治る』(勉誠出版)という本を出版する。この本の編集者は年配の重松英樹氏である。この方が、実は『「甘え」の構造』の編集者である事を最近知った。

山本周五郎

『ながい坂』他

そんな生き方もあった、と思い出させてくれる山本周五郎

宮下充正

山本周五郎『ながい坂』

新潮社，新潮文庫，1971.
（単行本初版，1966；『山本周五郎小説全集　第19巻，第20巻』1967.）

宮下充正●プロフィール
東京の下町で育ち，泳ぐ，歩くなどさまざまな運動を実践しながら，スポーツ科学，健康科学の研究と教育に従事。現在東京大学名誉教授，ボランティア活動として（社）日本フィットネス協会会長，（社）日本ウオーキング協会名誉会長など。東京大学教育学部定年退職後1997年から東洋英和女学院大学人間科学部に4年間勤務，人間福祉学科の創立に協力した。

はじめに――私の読書

思い返しても、〝この一冊で私の世界が開けた〟といえるほどの感銘を受けた本に出会うことはなかった。というのも、私はそれほどたくさんの本を読んだことはなかったからである。若いころには、読書そのものがそれほど好きでなかった。若いころというのは、今から五十年以上の昔になるわけだが、思い出される本は、尾崎士郎の『人生劇場』、中里介山の『大菩薩峠』という長編小説であり、何日かかけて一気に読み終えたという印象だけが残っている。今思い返しても、吉良常、飛車角とか机竜之介といった主人公の名前を思い出すだけである。

その後の学生時代は水泳に明け暮れ、大学の教員になってからは、自分の研究に関連する研究論文を読むのが精一杯であった。

一人の作家の作品を続けて読む

本格的に読書を始めたのは、研究をそれほどやらなくてもよくなった、言い換えれば、それまで勤めていた大学を定年で辞めた、六〇歳をすぎてからの十年間である。何がきっかけであったか忘れたが、まず、内田康夫の推理小説を読み始めた。次々と買い求め、続けざまに読みとおした。今でも、自宅の本棚に数十冊が並んでいる。読んだ人はわかると思うが、内田康夫の推理小説の主人公である浅見光彦とその家族の年齢が、何年経ってもずぅーと同じであることがおもしろい。最後は、どうまとめるのであろうか。

その後、池波正太郎に移り、「剣客商売」「鬼平犯科帖」「仕掛人藤枝梅安」などの長編、短編を問わず一～二年かけてほとんど読み終えた。

このように、同じ作家の小説を読み続けていると、題名と中身の記憶があいまいとなって二冊目を買ってしまうことがあった。そこで、買った本の名前をメモ書きして、絶えず持ち歩くようになった。

内田康夫も池波正太郎も、小説そのものは、ストーリーが面白いので、旅行中や就寝前に気軽に読めた。しかし、一～二年もすると、読んだ小説の内容はほとんど忘れていて、何度か同じ本を読み返すことがあったが、それほど飽きることなく読めるのが不思議である。

下級武士を描く藤沢周平

その後、市民のスポーツ振興を手助けするため、たびたび山形県鶴岡市へ訪れるようになった。そして、鶴岡市の出身である藤沢周平の小説を読むようになった。そのころから、新本を買うよりは、古本を買うほうがはるかに安いことに気がつき、古本屋であさるようになった。ちょうど、〝ブックオフ〟という古本を扱うチェーン店があちこちに見られるようになったころで、文庫の古本が手に入りやすくなった。

池波正太郎と同じように藤沢周平にも、江戸時代を舞台とした小説が多く、中でも江戸の町の描写は、とても身近に感じられる。というのも、私は成長期に浅草や深川に近い下町に住んでいたし、成人してからは小石川に住んでいるからである。また、よく訪れる鶴岡市の周辺も藤沢周平の小説の舞台になっていて、読みながら物語の場面が現在の鶴岡市の風景とダブってとてもおもしろい。最近、『蝉しぐれ』などいくつか映画化され、評判となり観る機会があったが、なぜか小説の方がはるかにおもしろかった。

作家の能力は必ずしも同じではない

藤沢周平の小説をほとんど読み終えたころ、自分が趣味としている〝釣り〟を題材として小説を書く太田蘭三に目が移った。特に渓流釣りは、釣りを含めてそれなりに面白かったが、ストーリーの展開があまりに殺伐としていること、そして、文章もあまり洗練されていないという印象であった。そのためもあってか、古本屋に出てくる本の数も限られていて、50冊ぐらいで終わってしまった。

山本周五郎という人

山本周五郎と出会う

次に、だれの小説を読もうかと思ったとき、山本周五郎の小説が目にとまった。上記の三人、内田康夫、池波正太郎、藤沢周平の古本は何冊も並んでいるので、次々と購入するのに困ることはなかった。しかし、山本周五郎の古本は、どこでも10冊より少ない数しか書棚に並んでいない。そのため、あちこち行ったときに目につく古本屋へは、かならず寄るようにしている。

最近ウォーキングに関しての講演をするとき、〝高齢になると歩幅が狭くなる。それは、六〇歳を超えるころから、ももにある筋肉の細胞が目だって減少するからである〟、と説明している。そして、〝その減少は、遺伝的プログラムに基づいて筋肉の細胞の自滅によるためである。これを、秋になると木の葉が散るという意味のアポトーシスと呼ぶ〟、と話している。

ところで「季節のない街」の中で、「くに子のやつはいきなりへんなことを云いだすんだ。ねえあんた、秋になると木の葉はどうして枝から落ちるんでしょうって、……」と書かれていて驚いてしまった。山本周五郎は〝アポトーシス〟という言葉を知らなかっただろうし、答えて、それは〝アポトーシス〟というんだと説明を続けては、おもしろくもなんでもありはしない。

下町人生を的確に表現した山本周五郎

『季節のない街』の中に、「世間にはくらしに困って、親子心中をする者がいくらもあるんだよ、可哀そうだね」「そういう人からみれば、生きてゆけるだけまだあたしたちは仕合せさ、ほんとに、親子心中する人の気持ちはどんなだろうね」という場面がある。山本周五郎は、この小説のあとがきで、次のように書いている。

わが国ではもちろん、世界のどこでも、極貧者は自分たちの街を作るようだ。計画的にそうするのではなく、あたかも風の吹き溜まりに塵芥が集まるような、いつ、そうなったともわからないほど自然な成り立ちであり、経済的にも感情的にも、自分たちの〝街〟以外の人間とは、交渉を持とうとしないのが一般的である。

そして、さらに次のように書いている。

私がこれらの人たちに、もっとも人間らしい人間性を感ずるのは、その日のかてを得るため、いつもぎりぎりの生活に追われているから、虚飾で人の眼をくらましたり自分を偽ったりする暇も金もない、ありのままの自分をさらけだしている、というところにあると思う、——

私の家は貧しいというほどではなかったが、住んでいた街には貧しい人たちが身近にたくさんいた。そして、小学校や中学校の同級生のほとんどが貧しかった。そんなことからだろう、『季節のない街』の登場人物には親しみを覚えるのである。そして、「この〝街〟で厚化粧をしたり、ばかげて派手な着物をひけらかしたりすれば、反感をもたれるか、〝おきちさん〟と呼ばれるか、いずれかの難はまぬがれないのだが、……」とか、「こういう長屋に住む以上は、長屋どうしのつきあいというものがある。」といった記述は、五十年を過ぎた今となっても、〝そうだったなあ〟という共感を覚えるのである。

開高健は、この本の解説を次のようにとてもうまく書いている。

〝季節のない街〟は解説を必要とする作品ではありません。こころ滅びる夜にゆっくりと読まるべきものの一つですが、文章の背後のそれほど遠くない場所につつましくかくされたものを読みとる静かな眼、この世のにがさに多少なりとも訓練をうけたことのある人なら誰にでもわかる作品と思えます。

現代女性には受け入れられない女性の生き方

山本周五郎の『小説日本婦道記』は、昭和一七年から昭和二一年にかけて、主に『婦人倶楽部』に発表された作品のうち11編が〝新潮文庫〟に組み入れられ昭和三三年に出版された。直木賞の受賞が決まったが、それを固辞したのは有名な話である。

そのはじめの「松の花」には、上級武士の妻の次のようなつつましい話が書かれている。紀州徳川家の千石の食禄をとる藤右衛門の妻やすが、がんで死んだ後かたみわけの品の「取り出されるものみな木綿で、どれもいくたびか水をくぐり、なんどか仕立て直された品ばかりで」あった。「どれかひとつとして新しいものはなく、まして絹物はひと品もなかった。」新しい品は、祝儀不祝儀につけて家士やしもべの女房たちに分け与えていたというのである。

『箭竹』では、些細なことから抜き合わせ、勝ちはしたが勤務中での不始末の責任をとって切腹した。その後、幼子をかかえ苦労を重ね、ついに息子の帰参がかなうという未亡人の子育ての成功話である。

『梅咲きぬ』では、「妻が身命をうちこむのは、家をまもり良人に仕えることです。（筆者加筆：笛、鼓、連歌、絵などのお稽古にはげんで）そこから少しでも心をそらすことは、眼には見えずとも不貞をいだくことです。」と、姑にさとされ嫁が納得する話である。

『不断草』では、良人から突然離縁された菊江が、一人住まいとなった目の不自由な元の姑の世話を、名前を変えてするという話である。そして、数年過ぎ良人が帰参できるようになってから、お家のために騒動を引き起こすので、前もって迷惑がかからないように離縁されたのを知り、涙にくれるという筋書きである。

以上の例をあげたように、「日本の女性たちの道を示す」、あるいは、「現代の女性が読んで、不満と感じるのはノーマルだ」という批判を受けたようである。解説者木村久邇典は、山本周五郎自身の反論を、次のように紹介している。

……あれは格別に意識して日本の女性たちの道を示すというふやうな大それた気持ちで書いたものではありません。わたしの好きな女性をあのようなテーマに置いて、読者には寧ろないしょで、いっしょに悲しみや悦こびを味はった、このくらいの意味の小説なのです。

あるいは、

僕は女性だけが不当な犠牲を払っているような小説は書いたことがない。

私自身も読み終えたとき、自分の二人の娘の日頃の振る舞いや東洋英和女学院大学で接した学生たちの言動から、ほとんど無視されるか、反感を買う内容であろうと思った。しかし、今頃の若い女性の行動をみるにつけ、「いつの世にも、つつましくけなげに生きた、おおくの日本の母や妻たちへよせた讃歌である」と木村久邇典が大げさにほめた気持ちも否定できない。〝そんな生き方もあった〟と、私に思い出させてくれたことは確かである。

しかし、豊かになり、便利になった時代に育った女性に期待することは無理かもしれない。それでも、現代といった時代の「婦道記」を、誰かに書いてもらいたいと思うのである。

箴言の多い山本周五郎

「山本周五郎ほど箴言（いましめのことば）の多い文学者は、昭和の時代に限ってみても珍しいのではないか、……中略……〝青べか日記〟は、叙事的な記述を除いては、ほとんどが箴言から成り立っているといってもよい。」と木村久邇典は「泣き言はいわない」の解説で述べている。最近のように、〝ライブドア〟とか〝村上ファンド〟とか優れた頭脳を使って金儲けに走った話や、事務所の経費をごまかして請求するといった政治家の卑しい生き方を見聞きすると、山本周五郎の次のような箴言に納得するのである。

世の中というものは人間が集まって出来ている。どんな生業をしようとも、世間と関わりなしに自分ひとりで生きられるものではない。梅八はいましみいるようにそのことを思った。……人間は生きているというだけで誰かの恩恵を蒙っている。他人の造った家に住み、日々欠かせない有ゆる必要な品々が、すべて見も知らぬ他人の丹精によって出来たものだ。……中略……世の中に生きて、眼に見えない多くの人たちの恩恵を受けるからには、自分も世の中に対してなにか返さなければならないだろう。自分はそれをしただろうか。（昭和一八年に書かれた『新潮記』）

人間が生まれてくるということだけで荘厳だ。しかしもしその生涯が真実から踏み外れたものなら、その生命は三文の価値もない。狡猾や欺瞞はその時をごまかすことはできても、百年歴史の眼をもってすれば狐の化けたほどにも見えないぞ。大臣大将の位に昇るものは星の数ほどあるが、青史に名を残した人物がどれだけあった……来栖、きさまはいくら長生きをしても百年とは生きられないんだぞ。終わっていく一日一日は取返すことができないんだぞ。そんな卑劣な、醜汚なことをしていて、きさま人間に生まれてきたことを誇れると思うか。（昭和一五、一六年に書かれた『夜明けの辻』）

権勢や名誉や物欲のために、恥を忘れて狂奔し、やっきとなって卑劣な術策を弄する人たちにも、彼は同じことを問いかけた――それで満足ですか。その富や名や権力が、あなたを本当に幸福にしていますか。これは間違った、こんな筈ではなかった、と思うようなことはありませんか。（昭和二六年に書かれた『山彦乙女』）

身について能の、高い低いはしょうがねえ、けれども、低かろうと、高かろうと、精いっぱい力いっぱい、ごまかしのない、嘘いつわりのない仕事をする。おらあ、それだけを守り本尊にしてやって来た。ところが、それが間違いだっていうんだ、時勢が変わった、そんな仕事はいまの世間にゃあ通用しねえ、そんなことをしていちゃあ、女房子が可哀そうだっていうんだ。

そんなこっていいと思うか、みんなが流行第一、売れるからいい、儲かるからいいで、まに合せみたような仕事ばかりして、それで世の中まっとうにゆくと思うか、――それあ、いまのまに合う、そういう仕事をすれあ、金は儲かるかもしれねえ、…後略…（昭和三三年に書かれた『ちゃん』）

『ながい坂』の概要

『ながい坂』は、昭和三九年から四一年にかけて『週刊新潮』に連載された小説である。『虚空遍歴』『樅の木は残った』と並んで、山本周五郎の三大作品の一つである。

主人公（小三郎、後に主水正）は、二十石ばかりの徒士組頭の次男に生まれた。八歳にして、一生を決定するような出来事を経験し、父親から「たとえ学問や武芸でかれらに勝っても、身分の差ということは動かしようがない、これが武士の定めというものだ」と言われながらも、学問と武芸に専念するようになった。そして、生まれながらに家柄のよい権力者や富者からいろいろと差別、軽侮される主人公が、実力と努力によって立身出世を志し、三八歳にして城代家老にまで昇りつめ、初登城の日に「おれは少年のころから、脇見をする暇さえなく、けんめいにながい坂を登ってきた」と歩きながらつぶやくところで終わっている。

『ながい坂』は、単純にいえば立身出世物語である。しかし、妻を含め女性とのかかわり、止むに止まれず切りあう場面、それぞれ特徴を持つ人物とのつき合いなどが、彩りを添えている。「このくらいロマンティシズムを抑えた立身出世小説を、…中略…知らない。」と奥野健男が末尾の解説で述べている山本周五郎晩年の長編小説である。

『ながい坂』の箴言から

明治三六年生まれで昭和四二年、六二歳で没する前年に完成した『ながい坂』は、子どものころから老年に達するまでの山本周五郎自身の〝生きざま〟をなぞりながら書き上げたように、私には思われる。その後日本人の寿命が十年ぐらい延びたとすると、ちょうど今の私と同じ歳くらいで書き上げたことになるだろう。私自身の感性に共鳴した箴言を順次紹介してみたい。

成長

——なにごとにも人にぬきんでようとするのはいい、けれどもなあ阿部、人の一生はながいものだ、一足跳びに山の頂点へあがるのも、一歩、一歩としっかり登ってゆくのも、結局は同じことになるんだ、一足跳びにあがるより、一歩ずつ登るほうが途中の草木や泉や、いろいろな風物を見ることができるし、それよりも一歩、一歩を慥かめてきた、という自信をつかむことのほうが強い力になるものだ、わかるかな

生まれか、育ちか

——滝沢さまの若旦那は、生れの素姓がいいから立派だ、阿部主水正は平侍の倅だから、成上り者のいかがわしい人間だって、小屋頭がそう思うのは間違いだというわけじゃあねえが、人間のことをあたまからそうきめちまうってことは本当じゃあねえと思う、大きな酒屋のおやじにだっていやな野郎もいるし、乞食にだっていい人間がいるもんだ

教育

朝顔でもないし犬や猫でもない、ことに孤児という恵まれない境遇にある子供たちだから、その扱いかたによって、よくなる者と悪くなる者との率も、一般の恵まれた環境にある子供たちよりは振幅が大きいであろう。これは単純なことではない、心からかれらの味方になり、かれらの悲しみや苦しみや、愛に飢えたかれらと同化して接する事ができなければ、決して効果のあがらない仕事だ。けれども、はたしてそういう人間はいるだろうか、という段になると、主水正はいつもゆき詰まるのであった。

努力

あなたは学問にも武芸にも抜群な人だ
——けれどもそれは、あなたが名門に生まれ、生まれなが

らの才能があり、さらにその才能を選りぬきの教官師範によってみがきあげられたのだ、けれども私は違う
私は平侍の子に生れ、貧しく育った、生れながらの才能もなく、庇護されたこともない、いま私の身についた学問や武芸は、一つ一つ自分のちからで会得したものだ、あなたに感じられないもの、見えないものを、私は見ることができるし感じ取ることができる

人間のできること

「自然の容赦のない作用に比べれば」「貧富や権勢や愛憎などという、人間どうしのじたばた騒ぎは、お笑いぐさのようなものかもしれない」
「そら、ぼつぼつ出てきたな」主水正はすぐ舌打ちをし、自分に対して眉をしかめた、「同じようなことをずいぶん聞いたものだ、人間のすることなどたかの知れたものだとか、この世でおこなわれていることはみな道化芝居だとか、――人間は少しばかり成長すると、すぐそんなえらそうなことを云いたがる、おい、主水、恥ずかしくはないか」

子を思う

おまえは生れてきて、ようやく立ちあるきができるようになったときに、死んでしまった。これは溺死ではない、水に落ちたとき心臓がいかれたのだ、その証拠には水を飲んでいない、と関蔵は云った。とすれば、おまえは苦しまずに死んだのだろう、そのほうがよかったのだ、小太郎、と主水正は心の中で呼びかけた。この世には、人間が苦労して生きる値打なんぞありはしない、権力の争奪や、悪徳や殺しあい、強欲や吝嗇や、病苦、貧困など、反吐の出るようないやなことばかりだ、そんなことを知らずに死んだおまえは、本当は仕合せだったんだよ、小太郎

老人の食事

枯れかかっている老木に、濃い根肥をやればどうなると思う、老木にはその根肥を吸いあげる力はない、余った養分には虫が付くか、木そのものを腐らせるか、いずれにせよ逆に、老木の枯れるのを早めるばかりだ
これは木には限らない、生命あるものすべてに通ずる原則だと思う。ちかごろ新らしがる医者の一部に、老人ほど食事に厚味の物をとるがよい、それが躰を若わかしく保つ法だ、などと云う者がある。しかし老躰は老躰であることが自然であり、厚味の食をとることによって若わかしさを保つとすれば、それは反自然であり、老躰に鞭打つ結果になる。そこまで云って、主殿は右手を大きく左右に振った

森林浴の効能

兵部はまた、樹が呼吸することに気づいた。陽が昇ってから森へはいると、檜も杉も、その幹や枝葉から香気を放つが、その匂いかたには波があり、匂わなくなったり、急にまた匂

いはじめるのである。里では桃が咲き、桜も咲きだしていたようだ。…中略…樹幹の発する香気が一定ではなく、弱くなり強くなるのは、それらの樹が明らかに呼吸していることを示している

さまざまな老い方

書物に始まり書物に終わる
それが先生の一生だったし、いかにも小出先生らしい生きかただった、しかし最後に会ったときのように、老い衰えた先生を見ることは耐えがたい、――人間はみな、必ず老衰し、死んでいく、同時に滝沢主殿のように、老病に倒れながら少しも気力の衰えがなく、城代家老であった面目を些かも崩さない人もいる、小出先生のように老衰するのも人間らしいし、滝沢主殿さんのように姿勢を崩さないのも人間らしい、どちらが仕合せであるかは、当人だけが知っていることだろう、――おれは小出先生の御臨終は見たくない、もう私の知っている小出先生ではないのだから

おわりに――早起きと仕事

山本周五郎は、執筆ノートに次のように書いている。

午前三時起床。なんのためにこれほどの仕事にとらわれるのか。家族をやしなうためか。各社への義務感か。人の好評をあてにしてか。いな、ただ〈したいから〉というにすぎないだろう。
人間は仕事をすることにもっとも深いよろこび――他人には無用にみえても――と生きがいを感じる動物なのだ。

私も毎朝4時ごろ起床して、この文章を書き上げた。山本周五郎のように深く考えたこともないが、同じ思いをしたことはある。しかし、早起きは高校生のころからの習慣であって、朝早く起きてもやることがないので、書きものをするというのが本当のところのように思うのである。

参考文献

山本周五郎『季節のない街』新潮社　１９７４
山本周五郎『小説日本婦道記』新潮社　２００５
山本周五郎『青べか物語』新潮社　１９８４
山本周五郎『新潮記』新潮社　１９７０
山本周五郎『夜明けの辻』新潮社　１９８６
山本周五郎『山彦乙女』新潮社　１９７４
山本周五郎『大炊介始末』新潮社　２０００
山本周五郎『ながい坂（上）』新潮社　１９９４
山本周五郎『ながい坂（下）』新潮社　１９８８
（ただし　発行年は私が読んだ本のもの）

ことば、文学、思想

『ヨブ記』

永遠の問いと答え

渡辺和子

「ヨブ記」

後藤光一郎（訳）／関根正雄（監修）『聖書の世界　第4巻　旧約Ⅳ』講談社，1970，pp.107-201.

新共同訳『新共同訳　聖書』日本聖書協会，1987.

渡辺和子●プロフィール

東京大学文学部卒業。同大学院修了。ハイデルベルク大学修了（Dr. phil.）。専攻は宗教学，アッシリア学，旧約聖書学。著書に『世界の歴史1　人類の起原と古代オリエント』（共著，中央公論社，1998年），『異界の交錯』上下巻（共編著，リトン，2006年），『神話と現代』（共著，リトン，2007年）などがある。古今東西の死生観，神話，儀礼などに関心をもつ。東洋英和女学院大学・死生学研究所所長。

はじめに

キリスト教の正典である『聖書』は「旧約聖書」と「新約聖書」から成る。『ヨブ記』は「旧約聖書」に含まれるが、一つのまとまった話であるので今回の「私の一冊」とした。この講座で取り上げられた本のなかで最も古い作品であり、唯一作者不明の作品である。

私が最初に『聖書』に触れたのは、小学校の友人に連れられて行った教会学校であった。高校生のときに洗礼を受け、大学に入ると自分自身が教会学校の教師になった。大学では「旧約聖書」が学べる宗教学科へ進学したが、決め手となったのは『ヨブ記』や預言書の内容の深さであった。勉強するうちに広く古代オリエントについて学びたいと思い、ドイツに留学して楔形文字で書かれたアッカド語文書の研究をした。帰国後の1990年、開学したばかりのこの大学で宗教学を担当することになって今日に至る。今ふりかえると『ヨブ記』が私の生涯を方向づけたともいえる。しかし今でも『ヨブ記』は読みかえすたびに新鮮であり、授業でも『ヨブ記』について学生と討論しながら新たな気づきを与えられている。

『ヨブ記』とは

「旧約聖書」に集められた書物が「律法」「歴史書」「預言書」「諸書」の四つに分類される場合、『ヨブ記』は「諸書」に属する。そのなかでさらに『コヘレトの言葉』、『箴言』などとともに「知恵文学」の一つとされることがある。『ヨブ記』は一般的には紀元前4－3世紀頃に成立したといわれるが、誰がまとめ、どのようにして現在の形になったのかなどの詳細はわかっていない。

『ヨブ記』の主題は、正しい人であるヨブがなぜこれほどの苦しみを受けるのかという問題、そしてそのような苦しみを与える神は正しいのかという問題（「神義論」ともいう）を扱っているといわれる。しかし『ヨブ記』から読みとれることはそれだけではない。ここでは登場人物の性格やヨブの死生観などについても考えてみたい。本文として主に『新共同訳　聖書』を使うが、他の訳も必要に応じて参照する。

『ヨブ記』は次のような戯曲（対話劇）の形式をもつ。

Ⅰ　序幕　1－2章

Ⅱ　本幕　3－42章6

a　ヨブの嘆き　3章

b　友人たちとの議論　4-27章
第一回4-14章　第二回15-21章　第三回22-27章
c　神の知恵の賛美　28章
d　ヨブの神への訴え　29-31章
e　エリフの発言（後代の付加とされる）　32-37章
f　神とヨブの問答　38-42章6
Ⅲ　終幕　42章7-17

序幕にあたる部分でナレーターが登場して「事の起こり」（1-2章）を説明する。終幕にもナレーターが「結び」（42章4-16）を述べる。これらの語りは散文で書かれているが、その間に置かれた本幕の大部分は、登場人物（ヨブ、三人の友人、エリフ、神）の発言であり、詩文の直接話法で書かれている。

序幕（1-2章）

序幕で説明される「事の起こり」の内容は非常に重要である。設定されている場所は二つ、ヨブとその家族が住む「ウツの地」と神が会合を開く「主の前」である。

ヨブとその家族

ヨブはウツの地（東の国）で「無垢な正しい人で、神を畏れ、悪を避けて生きていた」（1章1）とされる。彼には息子七人、娘三人があり（1章2）、財産としての家畜は多く、使用人も多数あり、「東の国一番の富豪であった」（1章3）。家族の暮らしぶりを伝えるわずかな章句として、ヨブの「息子たちはそれぞれ順番に、自分の家で宴会の用意をし、三人の姉妹も招いて食事をすることにしていた」（1章4）とあるが、それに対するヨブの行動は次のようなものである。

> この宴会が一巡りするごとに、ヨブは息子たちを呼び寄せて聖別し、朝早くから彼らの数に相当するいけにえをささげた。「息子たちが罪を犯し、心の中で神を呪った（讃えた）かもしれない」と思ったからである。ヨブはいつもこのようにした。（1章5）

傍点部分は、原文には通常「讃えた」と訳される語（語根 *brk*）が用いられているが、その婉曲用法として「呪った」と訳す慣例がある。序幕の六箇所でこの語が用いられているが、婉曲用法とされるのはこの箇所のほかに三箇所ある。この語の用法については後に検討する。

ヨブの行動からは、息子たちが実際に罪を犯したかどうかということよりも、とりあえず神にいけにえを捧げて神の怒りを前もって鎮め、災いを未然に防ぐことに努めていたことがわかる。「いつもこのようにした」という付言は、ヨブはこの予防措置を規則正しく行っていたということを強調している。ヨブは用心深く、幸福に安全に暮らすための教えに忠実に従って生きる人間、いわばマニュアル人間であり、完璧主義者ともいえる。それでもヨブは神から「正しい人」とされていた。

神とサタンの会談（第一回）とヨブの災難（第一回）

次に場面が変わって「ある日、主の前に神の使いたちが集まり、サタンも来た」（1章6）といわれる。「主の前」が「天界」かどうかは言明されていない。「主」と訳されている原語はヘブライ語の神名「ヤハウェ」であるが、「あなたの神、ヤハウェの名をみだりに唱えてはならない」（『出エジプト記』20章7、「十戒」の一つ）という戒めがあるために翻訳でも「（わが）主」（ヘブライ語で「アドナイ」）とする慣例がある。「主の前」での会合の頻度は、目的は、「神の使い」とは、「サタン」とはどのような者か、など多くの疑問がわく。しかしこの会合に関しては神とサタンの会話だけが記されている。まず神の方から語りかけてヨブの話題を持ち出す（この点は学生の指摘によって気づかされた）。

> 主はサタンに言われた。「お前はどこから来た。」「地上を巡回しておりました。ほうぼうを歩きまわっていました」とサタンは答えた。主はサタンに言われた。「お前はわたしの僕ヨブに気づいたか。地上に彼ほどのものはいまい。無垢な正しい人で、神を畏れ、悪を避けて生きている。」（1章7-8）

神の言葉に挑発されたかのようにサタンが答える。

> サタンは答えた。「ヨブが、利益もないのに神を敬うでしょうか。あなたは彼とその一族、全財産を守っておられるではありませんか。彼の手の業のすべてを祝福なさいます。お陰で、彼の家畜はその地に溢れるほどです。ひとつこの辺で、御手を伸ばして彼の財産に触れてごらんなさい。面と向かってあなたを呪う（讃える）にちがいありません。」（1章9-11）

ヨブは幸福な生活を送るために注意深く神を敬っている。そのためもし全財産を失うならば神を敬うことをやめるのではないかという疑問が出されても不思議ではない。また、ここに登場する「サタン」はまだ神に敵対する「悪魔」ではなく、人間の行状を調査して神に報告する役目を持っていたとも考えられる（並木訳、２００５、３０９頁参照）。

神は、ヨブ自身には危害を加えないことをサタンに約束させて、ヨブの財産を失わせることに同意する（1章12）。サタンはヨブの財産と息子、娘たちを失わせる。この災難の知らせにヨブは「衣を裂き、髪をそり落とし、地にひれ伏して」（1章20）、すなわち激しい悲嘆を体で表現して次のように言う。

私は裸で母の胎を出た。裸でそこに帰ろう。主は与え、主は奪う。主の御名はほめたたえられよ。（1章21）

このあとには「このような時にも、ヨブは神を非難することなく、罪を犯さなかった」（1章22）というナレーションが続く。

神とサタンの会談（第二回）

「またある日、主の前」で集まりがあり、地上を巡回してきたサタンに神が語りかける。

主はサタンに言われた。「お前はわたしの僕ヨブに気づいたか。地上に彼ほどのものはいまい。無垢な正しい人で、神を畏れ、悪を避けて生きている。お前は理由もなく、わたしを唆して彼を破滅させようとしたが、彼はどこまでも無垢だ。」（2章3）

サタンは答えた。「皮には皮を、と申します。まして命のためには全財産を差し出すものです。手を伸ばして彼の骨と肉に触れてごらんなさい。面と向かってあなたを呪う（讃える）に違いありません。」（2章4-5）

主はサタンに言われた。「それでは、彼をお前のいいようにするがよい。ただし命だけは奪うな。」（2章6）

神は「理由もなく、わたしを唆して彼を破滅させようとした」というが、前述したようにヨブの話題を出したのは神の方であった。サタンの疑問と提案に対して神は許可を与え、サタンはその許可の範囲を忠実に守って働いている。あるいは人間を試すというのも、神から与えられたサタンの任務なのかもしれない。サタンは命じられた通り、ヨブの命は奪わないが、「ヨブに手を下し、頭のてっぺんから足の裏までひどい皮膚病」（2章7）にかからせた。

ヨブの災難（第二回）と妻との会話

ヨブは更なる災難によって自分の健康を失い「灰のなかに座り、素焼きのかけらで体中をかきむしった。」（2章8）このあと初めてヨブの「妻」が登場するが、名前も挙げられていない。「妻」の言葉はこの箇所だけに記されている。あるいは妻についての記事は、ある時点で縮小されたのかもしれない。

彼の妻は、「どこまでも無垢でいるのですか。神を呪って(讃えて)死ぬ方がましでしょう」といったが、ヨブは答えた。「お前まで愚かなことを言うのか。わたしたちは、神から幸福をいただいたのだから、不幸もいただこうではないか。」

(ナレーション)このようになっても、彼は唇をもって罪を犯すことをしなかった。(2章9-10)

この訳からはひどい悪妻を想像してしまう。十人の子どもと財産を失い、そして重病にあえぐ夫に対して「神を呪って死ぬ方がまし」という冷酷な言葉を投げつけるとはなんという妻なのか。このようにヨブの妻は邪悪であり、悪魔(サタン)の影響を受けているという解釈は、今日でもキリスト教会で支配的である。ところが原文には「呪って」ではなく、「讃えて」とある。この問題についても後に検討する。

友人三人の登場と悲嘆(2章11-13)

ヨブに大きな災難がふりかかったと聞いて、テマン人エリファズ、シュア人ビルダド、ナアマ人ツォファルがそれぞれの国から見舞いに来る(2章11)。ヨブだけでなく、友人三人とも外国人であるという設定は、『ヨブ記』が特定の地域や文化に縛られない、いわば当時の「世界文学」を意図して書かれたことを窺わせる。また外国の伝承も取り入れられている。

友人たちはヨブの変わり果てた姿を見て慟哭し、衣を裂き、塵を浴びて悲嘆を表現する(2章12)。そして「彼らは七日七晩、ヨブとともに地面に座っていたが、その激しい苦痛を見ると、話しかけることができなかった」(2章13)。友人たちは無言のまま、ヨブとともに地面に座って七日七晩を過ごす。このように同じ位相に身を置き、無言で苦しみを共有する七日間があったことは、大きな意味をもっていたのであろう。続く本幕の冒頭でヨブの態度は大きく変化する。

本幕(3-42章6)

ヨブの嘆き(3章)

七日間の沈黙をヨブが破る。そして自分が生まれた日を呪う(3章1)。この場合の「呪う」は序幕で用いられる *brk* ではなく、通常「呪う」と訳される動詞(*qll*)である。

わたしの生まれた日は消えうせよ。(3章3)

なぜ、わたしは母の胎にいるうちに死んでしまわなかったのか。せめて、生まれてすぐに息絶えなかったのか。(3章11)

友人たちとの議論（4－27章）

ヨブの苦悩を前にして言葉がなかった友人たちも、ヨブの嘆きの言葉にさらなる衝撃を受けて語ることを決意する。友人一人が語るごとにヨブが答えるという一巡りの議論が三巡り行われる。友人たちは仏教用語でいうならば「因果応報」という考え方を表明するが、これはヨブ自身ももっていたものである。

一人目の友人エリファズは、完璧主義者であったヨブの変化を理解することができずに「神を畏れる生き方があなたの頼みではなかったのか。完全な道を歩むことがあなたの希望ではなかったのか」（4章6）という。さらにエリファズの次のような言葉に、ヨブはかつての自分を鏡で見るように感じたことであろう。「考えてみなさい。罪のない人が滅ぼされ、正しい人が絶たれたことがあるかどうか。私の見てきたところでは災いを耕し、労苦を蒔く者が災いと労苦を収穫することになっている」（4章7－8）。「見よ、幸いなのは神の懲らしめを受ける人。全能者の戒めを拒んではならない。彼は傷つけても、包み、打っても、その御手で癒してくださる」（5章17-18）。

序幕では本音を吐かず、「罪を犯さなかった」ヨブであるが、本幕では友人たちに挑発されたかのように怒り、憤り、あからさまに不当感、絶望感などを表現するようになる。ヨブの最大の苦悩は、自分の創造主である神によって、理由もわからないままに激しい苦痛を与えられていることにある。ヨブは死をもたらしてくれることを神に祈る。しかしヨブはそれでも自分の正しさを信じている。

神よ、わたしの願いをかなえ、望みのとおりにしてください。神よ、どうかわたしを打ち砕き、御手を下し、滅ぼしてください。（6章8－9）

仮借ない苦痛のなかでもだえても、なお、わたしの慰めとなるのは、聖なる方の仰せを覆わなかったということです。（6章10）

ヨブは「自分の正しさ」と「神の誤り」という大きな問題を抱えたまま死ぬことはできないのであり、神が殺してくれればよいというのは本心ではない。ヨブは混乱して友人に問いかける。

間違っているなら分からせてくれ、教えてくれれば口をとざそう。率直な話のどこが困難なのか。あなたたちの議論は何のための議論なのか。言葉数が議論になると思うのか。絶望した者のいうことは風にすぎないと思うのか。（6章24－26）

考え直してくれ、不正があってはならない。考え直してくれ、私の正しさが懸かっているのだ。わたしの舌に不正があろうか、わたしの口は滅ぼすものをわきまえていないだろうか。（6章29－30）

ヨブは友人たちと議論しながらも、次第に神への直接的な訴えをするようになる。

あなた（神）は夢をもってわたしをおののかせ、幻をもって脅かされる。私の魂は息を奪われることを願い、骨にとどまるよりも死を選ぶ。もうたくさんだ、いつまでも生きていたくない。ほうっておいてください。私の一生は空しいのです（7章14－16）。

人を見張っている方よ、わたしが過ちを犯したとしても、あなたにとってそれが何だというのでしょう。……なぜ私の罪を許さず、悪を取り除いてくださらないのですか。今や私は横たわって塵に返る。あなたが探し求めても、私はもういないでしょう。（7章20－21）

ここでヨブは「死を選ぶ」「ほうっておいてください」「塵に返る」と言ったりするが、これも本心ではない。このような作品では「行間」も読まなくてはならない。

二人目の友人ビルダドもまた応報思想をかざして迫る。「あなたの子らが神に対して過ちを犯したからこそ、彼らをその罪の手にゆだねられたのだ」（8章4）。ヨブは神の超越性と自分の無力感を表現しながらも、次第に神への不信感を表し、神の不当性を主張し始める。

わたしのようなものがどうして神に答え、神に対して言うべき言葉を選び出せよう。わたしの方が正しくても、答えることはできず、わたしを裁く方に憐れみを乞うだけだ。しかし、わたしが呼びかけても返事はなさるまい。わたしの声に耳を傾けてくださるとは思えない。神は神の毛一筋ほどのことでわたしを傷つけ、理由もなくわたしに傷を加えられる。息つく暇も与えず、苦しみに苦しみをくわえられる。力に訴えても、見よ、神は強い。正義に訴えても証人となってくれるものはいない。わたしが正しいと主張しているのに、口をもって背いたことにされる。無垢なのに、曲がった者とされる。無垢かどうかすら、もうわたしは知らない。生きていたくない。だからわたしは言う、同じことなのだ、と。神は無垢な者も逆らう者も同じように滅ぼしつくされる、と。罪もないのに、突然、鞭打たれ、殺される人の絶望を神は嘲笑う。（9章14－22）

ヨブはとうとう本音を語る。ヨブは神を被告としたいのである。しかしその時には、誰が裁判官になるのかという深刻な問題に直面する。

このように人間ともいえないような者だが、わたしはなお、あの方に言い返したい。あの方と共に裁きの座に出ることができるなら、あの方とわたしの間を調停してくれる者、仲裁する者がいるなら、わたしの上からあの方の杖を取り払ってくれるものがあるなら、その時には、あの方の怒りに脅かされることなく、恐れることなくわたしは宣言するだろう。わたしは正当に扱われていない、と。(9章32-25)

自分に生を授けた者からの虐待をうけること、しかもその理由が全くわからないという人間の苦しみが切々と訴えられる。親から虐待を受ける乳幼児も、もしヨブのように語ることができればこのように訴えるのかもしれない。

わたしの魂は生きることをいとう。嘆きに身をゆだね、悩み嘆いて語ろう。神にこう言おう。「わたしに罪があると言わないでください。なぜわたしと争われるのか教えてください。」手ずから造られたこのわたしを虐げ退けて、あなたに背く者のたくらみには光を当てられる。それでいいのでしょうか。(10章1-3)

なぜわたしをとがめ立てし、過ちを追求なさるのですか。わたしが背く者ではないと知りながら、あなたの手からわたしを救いうる者はないと知りながら。御手をもってわたしを形作ってくださったのに、あなたはわたしを取り巻くすべてのものをも、わたしをも、呑み込んでしまわれる。(10章6-9)

三人目の友人ツォファルも、正しい者を神が見放すはずはないと論じる。

神は偽る者を知っておられる。悪を見て、放置されることはない。(11章11)

もし、あなたも正しい方向に思いをはせ、神に向かって手を伸べるなら……人生は真昼より明るくなる。暗かったが、朝のようになるだろう。(11章13-17)。

ヨブ自身が親しんできた応報思想を展開してみせる友人たちに対して、ヨブの苛立ちはつのってゆく。とうとうヨブは友人たちに「黙ってくれ」と迫り、どんな犠牲をはらっても神に自分の潔白を訴えようとする。

あなたたちの知っていることぐらいは、わたしも知っている。あなたたちに劣ってはいない。わたしが話しかけたいのは全能者なのだ。わたしは神に向かって申し立てたい。あなたたちは皆、偽りの薬を塗る役に立たない医者だ。どうか黙

ってくれ、黙ることがあなたたちの知恵を示す。（12章2‐5）
見よ、わたしは訴えを述べる。私は知っている、私が正しいのだ。（13章18）
この皮膚が損なわれようとも、この身をもって、わたしは神を仰ぎ見るであろう。このわたしが仰ぎ見る。ほかならぬこの目で見る。腹の底から焦がれ、はらわたは絶え入る。（19章26‐27）

ヨブと神の新たな関係（29‐31章、38‐42章6）

とうとうヨブは果敢にもたった一人で神に訴え出る。その究極的な表現は「証言」の形をとる（31章）。「証言」とは過去の事柄についての「誓い」である。「私は決して……していません」という場合、ヘブライ語を含むセム系言語ではしばしば「もし私が……したのであれば、私は災いを受けてもよい」と表現される。「新共同訳」ではヨブの証言の一つは、「わたしが裁きの座で味方の多いのをいいことにしてみなしごに手を振り上げたことは、決してない。もしあるというなら私の腕は肩から抜け落ちてもよい。肘が砕けてもよい」（31章21‐22）と訳されている。しかし原文は条件節で始まり、「もしわたしが裁きの座で味方の多いのをいいことにしてみなしごに手を振り上げたことがあるなら、私の腕は肩から抜け落ちてもよい。肘が砕けてもよい」（31章21‐22）となっている。このように証言は決死の覚悟で行われるものであり、ヨブが全身全霊をかけていることが読み取れる。そして「ヨブは語りつくした」（31章40）。

28章の「神の知恵の賛美」と32‐37章（エリフの言葉）はここでは考察の対象としない。ヨブの訴えに対する神の答えは38‐39章におかれている。このクライマックスで神は壮大な宇宙論を展開し、世界の創造者であることを見せつける。そしてヨブに答えるように命じるが、ヨブの答えは短い。

（神）これは何者か。知識もないのに、言葉を重ねて神の経綸を暗くするとは。男らしく、腰に帯をせよ。わたしはお前に尋ねる、わたしに答えてみよ。わたしが大地を据えたとき、お前はどこにいたのか。知っていたというなら、理解していることを言ってみよ。（38章2‐4）
（ヨブ）わたしは軽々しくものを申しました。どうしてあなたに反論などできましょう。わたしは口に手を置きます。ひと言語りましたが、もう主張いたしません。ふた言申しましたが、もう繰り返しません。（40章4‐5）

神はさらに言葉を続け（40章6‐41）、再びヨブに答えることを要求する。

（神）お前はわたしが定めたことを否定し、自分を無罪と

するためにわたしを有罪とさえするのか。（40章8）

（ヨブ）あなたのことを、耳にしておりました。しかし今、この目であなたを仰ぎ見ます。それゆえ、わたしは塵と灰の上に伏し、自分を退け、悔い改めます。（42章5－6）

ヨブは確かに変わったのであろう。自分の生き方に疑問を持たなかったヨブであるが、理不尽な災難にあい、友人との議論の中から自分をみつめ、自分の思いを神に直接訴えた結果、神と直接出会うことができた。ヨブ自身の苦しみの意味も違ってきたことであろう。

終幕（42章7－17）

終幕では再びナレーターが登場して説明する。まず神がヨブの友人エリファズに語りかけていう。「わたしはお前とお前の二人の友人に対して怒っている。お前たちは、わたしについてわたしの僕ヨブのように正しく語らなかったからだ」（42章7）。序幕でもヨブは神から「正しい」とされていた。本幕でヨブは神に対して激しく抗議し、神から叱責されたにもかかわらず、終幕で再び「正しい」とされた。それはヨブが、神への不信感をもちながらも誠実に神に問い続けたからではないだろうか。友人たちはそれまで信じてきた教えをヨブに繰り返したに過ぎない。

さらに神は、友人たちがヨブのところにいけにえの動物を引いていって、ヨブに祈ってもらうことを命じる（42章8）。それはヨブが、神と友人たちとの間を「とりなす」行為であった。ヨブが友人たちのために祈ると神はヨブの幸福を元に戻し、ヨブを以前にもまして祝福したという（42章10－16）。苦しみを経たヨブは、他の苦しむ人のためにとりなす役割を担えるようになったということであろう。

「讃える・祝福する」と「呪う」

ここでもう一度、序幕での *brk* の意味について考えてみたい。先に示した「新共同訳」のように、伝統的な翻訳では文脈によって「讃える、祝福する」、あるいは「呪う」と訳し、後者を *brk* の「婉曲用法」としてきた。しかし異なる訳の試みもなされている。

並木訳

並木訳（２００５年）は当該箇所を「讃える、祝福する」の意味で統一している。

①ヨブは、もしかすると私の息子たちは罪を犯し、心のな

かで神を讃えたかもしれない、と思ったからである。（1章5）
②あなたが彼の手の業を祝福するので、彼の家畜は地に満ちています。（1章10）
③彼はあなたに面と向かって讃えるに決まっています。（1章11）
④ヤハウェの名は賞め讃えられよ。（1章21）
⑤彼はあなたに面と向かって讃えるに決まっています。（2章5、③に同じ）
⑥あなたは依然、自分の高潔さを固持されます。それなら、神を讃えて死になされ。（2章9）

このように訳語をそろえると①、③と⑤、そして⑥では訳文が不自然になる。並木はこれらの訳に対して注釈を施しているが（並木訳、309-311頁）、明解とはいえない。

後藤訳

後藤訳の『ヨブ記』（1970年）は「敷衍訳」であり、原文に忠実でありながら、理解を助けるために言葉を足している。

①わたしの息子たちはまだ年が若いのに、裕福になれ安逸に流れ分不相応の享楽にふけって、神に心から感謝し祝福することを忘れているのではないだろうか。それどころか神をないがしろにして罪を犯したあげく、愚かにももったいをつけて神をたたえ、あのかたを侮辱したりするのではないだろうか、とヨブは考えたからである。（1章5）
②あなたがかれの手のわざを祝福したので、かれのもっている家畜はあの土地にふえひろがったのではありませんか。（1章10）
③きっとかれはあなたに向かって悪態をつくでしょう。（1章11）
④ヤハウェの名こそほめたたえられますように。（1章21）
⑤きっとかれはあなたに向かって悪態をつくでしょう。（2章5、③に同じ）
⑥あなたはこんなになってもまだご自分の完ぺきにかじりついているのですね。どうなりと心にもなく神を祝福なさるがいい。そうして死んでしまったらいい。（2章9）

①では「もったいをつけて神をたたえる」、⑥では「心にもなく神を祝福なさるがいい」などの言葉を足して意味の幅を持たせている。「祝福する」という原語を生かしながらも「心にもなく」と付加したことは、「悪妻」であることを表そうとしたためかどうかは明確ではない。③と⑤では

「婉曲用法」を想定しているように見えるが「呪う」とは異なる意味合いをもたせている。すでに1970年に出されていた後藤訳は、原語を活かしながら文脈にそった敷衍訳であり、世界的にみても革新的なものである。並木訳とその注釈は、後藤訳とその解釈を踏まえていると思われる。

brk の婉曲用法はあるか

なぜ同じ語が「讃える」と「呪う」の両方の意味をもち得るのかという問題はいまだに解決していない。*brk* の婉曲用法とされる例は『ヨブ記』序幕での四例を除くと、『列王記上』21章10と13だけである。この二箇所は同じ言葉の繰り返しであるため、実質的には一箇所といえる（伝統的にはもう一つの婉曲用法の例とされた『詩編』10：3は「新共同訳」でも「主をたたえながら、侮っている」とされ、もはや婉曲用法とはされていない）。そして『ヨブ記』の本幕では「呪う」という意味では別の語が使われていることから考えても、*brk* の婉曲用法を想定することは不自然である。

ここでは *brk* の語源から考えてみたい。ヘブライ語と同じセム系言語であるアラビア語では *brk* は「祝福する、誰かのために祈る」という意味をもつ。ちなみに後藤は『ヨブ記』にはアラビア語からの借用語が多いことを指摘している（後藤訳、430頁）。重要なことは「祝福する」と「呪う」の双方には、「（何かを）祈る、願う」ことが共通しているということである。ある立場から見て良いことを願えば「祝福する」のであり、悪いことを願えば「呪う」のである。近代において「旧約聖書」の研究は欧米の言語で始められたために欧米の言語の中で *brk* の意味に近い「讃える、祝福する」が訳語とされ、その反対の意味と思える用例には婉曲用法が想定されたということである。

「旧約聖書」の中でも「祝福の言葉」と「呪いの言葉」が組み合わされている箇所がある（たとえば『申命記』28章）。それらは内容的には対照的であるが、それぞれに「祝福」あるいは「呪い」と異なる名称が与えられているわけではない。（「新共同訳」では理解を助けるために『申命記』28章ではそれぞれの箇所の前に「神の祝福」と「神の呪い」という小見出しがつけられている。）当時も今も、それらの言葉の内容から「祝福」あるいは「呪い」と受け取るのである。それらに共通するのは「……になるように」という願望である。このことは『ヨブ記』が置かれていた古代オリエント世界でも同様であった。

このように考えると *brk* は、「讃える、祝福する」か「呪う」かのどちらかで訳すべきでも、「讃える、祝福する」に統一して訳すべきでもなく、やはり後藤訳のように、語の元の意味を考えながら文脈に即して訳すべきであろう。あらゆる翻訳において、すべての語が完全に訳出されるということはない。さらに訳者が原文の背後にあるものをどのように見定めるかによっても訳文が異なってくる。ヨブの妻の言葉を訳すためには、女性観や死生観をも考慮しなければならない。

ヨブの死生観

ヨブは自分の生まれた日を呪ったが、自分から死のうとはしていない。ヨブにとっては生も死も創造主である神が決めることであり、自殺も他殺も同じように大罪であったであろう。ヨブにとっては死ぬ時期でもないのに死ぬためには、神に願うほかにはない。このように考えると、ヨブの妻は、夫の苦しみを見かねて「思いのままに神に願って死になさい」と言ったととらえられるのではないか。このことは本幕でのヨブの発言「神よ、わたしの願いをかなえ、望みのとおりにしてください。神よ、どうか私を打ち砕き、御手を下し、滅ぼしてください」（6章8-9）と呼応する。

神はサタンにヨブの命を守るように命じていた（2章6）。つまりヨブの命は守られていたのであり、死のうとしても死ねなかったはずである。口では神に死を願ったヨブであるが、それ以上に、自分の正しさを神に認めさせることにかけていた。

おわりに

『ヨブ記』の主題は一つではない。神とは、友人とは、苦しみの意味とは、共に生きるとは何かなど、現代人にも通じる多くの問いと、それぞれの答えを見つけることができる。長い歴史のなかでも『ヨブ記』は大きな影響力をもち続けてきた。たとえばゲーテの『ファウスト』にも影響しているという。

この機会にひとりでも多くの方が『ヨブ記』を手にとってくだされば幸いである。私自身はこの機会に「後藤訳」の価値を再認識できたことに感謝している。私が宗教学の勉強を始め、後藤光一郎先生のもとでヘブライ語を学び始めた頃、先生はその少し前に「後藤訳」を出版しておられたことになる。その後アッカド語文献の世界に私を導いてくださったのも後藤先生であった。先生が亡くなられてから十七年が経つが、不肖の弟子はゆっくりと師の歩んだ道をたどっている。勝手ながらこの拙文を後藤先生の墓前に捧げることを許していただきたい。

参考文献（抄）

後藤訳：後藤光一郎訳「ヨブ記」関根正雄監修『聖書の世界　第4巻　旧約Ⅳ』講談社、1970、107‐201頁、「解説」429‐431頁

新共同訳：『新共同訳　聖書』日本聖書協会、1987

並木訳：並木浩一訳「ヨブ記」旧約聖書翻訳委員会訳『旧約聖書Ⅳ諸書』岩波書店、2005、305‐438頁

エドワード・サピア

『言 語』

思索の源

伊勢紀美子

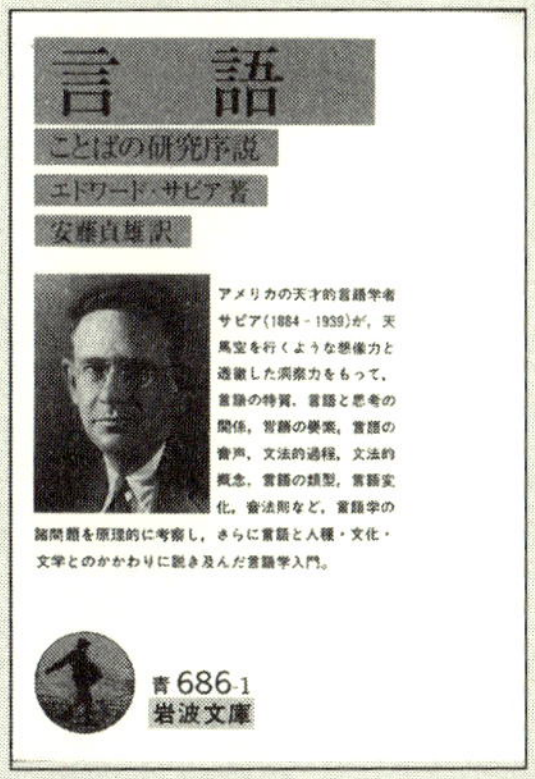

エドワード・サピア『言語 ――ことばの研究序説』
安藤貞雄（訳）岩波文庫，1998.

伊勢紀美子●プロフィール
津田塾大学大学院修了（文学修士），オタワ大学大学院修了（M.A. in Applied Linguistics)」。専門は英語学，社会言語学。日英語対照研究，日英語接触に関する論文がある。最近は世界中のさまざまな英語が生み出した文学作品を言語接触の立場から研究している。さらに『サピア・ウォーフの仮説研究書誌』『日本におけるサピア研究書誌』の作成に従事。日本エドワード・サピア協会会員。

アメリカの天才言語学者・文化人類学者エドワード・サピア

私が二度目の渡加を果たしたのが１９８４年、折りしもエドワード・サピア生誕百年記念国際会議がオタワで開催され、北米を中心に世界中から教え子や言語学者・文化人類学者たちが参集し、言語に関わってサピアが論述したあらゆる分野にわたって論じる会議となった。

エドワード・サピア（Edward Sapir, 1884-1939）は１８８４年に、現在はポーランド、昔プロシアのローエンブルグで生まれ、五歳で両親に連れられて故郷を離れた。イギリスでの短期滞在を経て、最終的にはアメリカに渡った東欧ユダヤ系の移民である。サピアの母語はイディシュであり、ラビである父親と旧約聖書の翻訳を通して七、八歳から使い始めたヘブル語が第二言語であり、標準ドイツ語は高校で学んだ言語であった。ただし、移住後の日常生活の中では、身辺で英語が話されていたので、英語は事実上母語といってよい言語となった。ただ、親戚の話によると、サピアはことばを話し始めるのが遅く、三歳くらいになってようやく話すようになったらしい。

サピアは優秀な学生で、奨学金をとり、一六歳でコロンビア大学に入学し、ゲルマン語族の比較言語学を学んだ。その間、さらにサピアは三年コースの音楽を選択し、最終学年で作曲の授業も取った。ゲルマン語ではオールＡを取り、ゴート語、アイスランド語初級、十九世紀ドイツ文学、中期高地ドイツ語などの大学院の授業にも出て、単位を取った。サピアは１９０４年に学部を卒業、大学院に進んでゲルマン語の研究を続けた。その中で、文化人類学者であり、アメリカ先住民言語研究者の独人教授フランツ・ボアス（Franz Boas）に授業を通じて触れる。サピアの修士論文は“Herder's Prize Essay, On the Origin of Language.”（ヘルダーの懸賞論文「言語起源論」）であったが、博士論文はアメリカ先住民言語について書き、実質上ボアスの学生となっていた。１９０６年に博士課程を終了したあと、ウィッシュラ・チヌーク、タケルマ、ヤナ、パイウート等のアメリカ先住民言語のフィールドワークに従事し、１９１０年にはボアス派の言語学者として名が通っていた。

二六歳で、サピアはカナダの人類博物館に招かれ、カナダの先住民族の言語調査研究の総責任を取ることとなった。こうして１９１０年から１９２５年までの一五年間はオタワで過ごした。その間に、結婚し、子どもをもうけた。

オタワ時代のサピアは、先住民族の言語調査の雑用に追われ、忙しい日々を送った上に、夫人の病気の世話にも忙殺された。しかし、この時期が詩作においても、論文執筆においても一番盛んなときであり、後のサピアの名声の土台が築かれたときでもあった。

　１９１７年には詩集 *Dreams and Gibes*（夢とあざけり）をボストンで出版、そのほか *Poetry* など多数の雑誌に詩を投稿している。また、この間に文化人学者ルース・ベネディクトとは共に詩を書き、その詩作を通して親交を深めている。詩集の二作目もタイプ打ちし、自分で編纂したが、未刊のままで終わり、原稿はオタワの古文書館に眠っている。１９２５年、フローレンス夫人が世を去った日に詠んだ「あなたは美しかった……」で始まる詩も、未完詩集に収められている。

　１９２１年にサピア唯一の言語に関する単行本 *Language An Introduction to the Study of Speech*（木坂千秋初訳『サピア・言語』（１９４３）、安藤貞雄訳『言語――ことばの研究序説』（１９９８））が出版された。サピアの言語に纏わる著作の幅は文学、音楽、心理学、社会学等々と広く、数も多い。死後にも論文出版、*Language* の翻訳が、そして、１９４９年にD. G. Mandelbaum 編選集が出版された。また、生誕百年を記念して全集の出版が始まり、二十一世紀になってもなお出版は終わっていない。多くはアメリカ先住民の言語に関する論文である。

　カナダ先住民の文化研究の基礎を築くためにアメリカからカナダのオタワに招聘されたサピアは、文化研究の方法論として１９１６年に著した有名な "Time Perspective in Aboriginal American Culture: *A Study in Method*"（アメリカ先住民の文化における時間観――方法論の研究）は、師ボアスの研究方法に沿ったものであったが、その後、徐々にボアスから離れ、独自の方法論を展開しようとした。サピアの思索は文化と個人の関係に及び、これを言語ならびに文学を媒体にして心理学と精神分析の手法を取り入れて、さらに詩作をもしながら文化人類学の方法論の確立を追究していたのである。

　ただ本国のニューヨークに比べると、カナダのオタワは田舎であり、サピアの知的欲求を満足させるものに乏しく、学問上の仲間の不在にも寂しさを感じ、オタワ時代には国外追放の感を禁じえなかったようである。

　１９２５年、オタワ時代にやっと終止符を打って、シカゴ大学に招かれたサピアは教育と研究に打ち込み、さらに充実した研究生活の中で力を発揮することができ、幸せを得た。１９３１年に、コロンビア大学とイェール大学から招聘を受けたサピアはイェール大学を選んだ。１９３３年にサピアはアメリカ言語学会の会長、１９３８年にアメリカ人類学協会会長と歴任し、まさに言語学・文化人類学のリーダーとなって、多忙な日を送っていた最中、１９３９年2月4日、五五歳で心臓発作のため、この世を去った。遺言で、その遺骨はサピアの夏の別荘内の大木の根元に散骨されたとのことである。(Darnell, pp.1-15, pp.65-86)

わたしが選んだ一冊の本・E・サピア『言語――ことばの研究序説』

本書は専門家だけを対象にした言語の入門書ではないと著者は言う。たしかに言語データをこまごまと挙げて、例証する論文ではない。しかし、幼少の頃から種々の言語を学び、時代の潮流であった比較言語学を修め、詩を作り、未知のアメリカ先住民の言語をたくさん収集し、記述し、体系的分類を試みる中で言語について洞察を深め、心にためたものを凝った独特の文体で述べているので、英文の難しさには定評がある。よって必死に思索しながら深く読む必要があり、また、その味わいの楽しさもある。読後には人間と言語、言語と文化、言語と社会を広く自由に思索する世界を残してくれる一般言語学書である。本書は11章からなり、それぞれに思索の源になる言質が詰まっている。

第1章　序論：言語の定義

「歩けるようになること」と「ことばが話せるようになること」は別のプロセスであり、言語は、生物学的に遺伝によって受け継いでいる人間の機能でなく、文化的機能を有するものである。したがって、言語は恣意的な記号体系の機能と形式であると定義できる。思考は言語なしでは可能ではなく、言語は普遍性と多様性を持つと述べる。

第2章　ことばの要素

音は元来ことばの要素ではない。音の連続が事実や思考と結びつき、有意味な要素となり、語や文の形態をとってことばの要素となる。したがって、ことばの要素である語は心理的実在なのである。

第3章　言語の音

Stingの語中のｔとteemの語頭のｔは同じ音ではなく、単なる歯を使って出した破裂音でしかない。しかし、その音の価値を考えると、心理的機構である音体系が個々の言語に型（パタン）としてあり、音の要素の数、関係、機能を決める。そして、たとえ音の内容が変わっても型は残る。言語には、同じ音の要素を持っていても型が違うこともあれば、同じ音の要素を持っていなくても型が同じということもある。（結局、最初の二つのｔの音が同じと考えられるのは英語音素体系の型によるからというのである。）

第4章　言語の形式：文法のプロセス

文法のプロセスを語順、複合法、接辞法、内部音変容、重複、強勢と声調の六つの主要タイプに分けている。形式のプロセスと文法機能は異なるという。

第5章　言語の形式：文法概念

言語に表現されている概念を四つに分類して、基本概念、派生概念、具体的関係概念、純粋関係概念としている。

第6章　言語の類型

四つ言語の類型、孤立型言語（たとえば中国語）、膠着型言語（たとえば日本語）、屈折型言語（たとえばラテン語）と混合型言語（たとえば英語）が紹介される。

第7章　歴史的所産としての言語：駆流

同じ言語（方言）を話している二人でも細部では無数の差異がある。言語は絶えず新しい特徴を発達させて、新しい言語に変形していく。これを駆流（ドリフト）という。

第8章　歴史的所産としての言語：音法則

音声的な駆流は特定のタイプの調音法への移動であり、母音は高母音または低母音に、二重母音は単母音に、無声子音は有声子音に、閉鎖音は摩擦音にとなりがちである。英語をドイツ語から分化させた音法則の具体例を挙げて説明している。

第9章　言語はいかに影響しあうか

民族の接触は言語上の相互影響をもたらす。文化の中心とみなされる民族の言語は影響を及ぼす可能性が多い。

第10章　言語と人種と文化

形の決まった鋳型に水でも、石膏でも、溶かした金でも流し込めるという例話を挿入して、言語、人種、文化のグループ化は一致すると考える傾向があるが、人種と言語は対応しないし、言語はどれほど深い意味においても文化を反映しない。

第11章　言語と文学

具体的に日本語、英語、フランス語、中国語、何百とあるアメリカインディアン語、アフリカの諸言語などを含む言語というものは、それぞれが単に思想を伝えるだけの道具ではない。いわゆる良く私たちが言う「コミュニケーションの道具、意志伝達の道具」だけではないということである。言語は私たちの精神活動のどの場面でも纏わりついてくるもの、精神活動はある意味で言語活動の形をとっている。言い換えると、精神活動は言語表現に制限されているともいえる。ところが、言語表現が今までにない意味を持ってしまうことがある。そのときその言語表現を文学といってよい。文学者の言語表現はふつうに予想された意味を超えた精神活動を許す、すなわち言語表現自身が新しい精神活動を許すということである。これをわたしたちは創造的表現といって、文学というというのである。（用語の訳語は安藤貞雄訳を借りていることが多い。）

サピアとの出会い

エドワード・サピアとの出会いの下地は、高校生のときにあった。ことばの暴力みたいなものに人格を犯されるような苦痛と反発を感じていたのである。固定観念を人に押し付けるようなことばから自由でありたかった。しかし一方で、みながあまりにも安心しきって、ことばを信頼して、何の不安気もなく、時にうれしそうに、楽しそうに使っているのが大変不思議でたまらなかった。ついに「ことばとは人間にとって何なのか？」とのことばへの関心となっていったのである。

サピアとの本格的出会いは1984年である。サピア生誕100年の年だった。東洋英和女学院短期大学で意味論や言語学史を講義するうちに、「言語と思考」についての諸説は古今東西、あまたあり、その系譜をまとめたいとひそかに考えていた。おりしも、カナダでの研修が許され、「言語と思考」の諸説を通観するという課題を抱いて渡加した。研究の指導教官が、この年、サピアゆかりの地、オタワで「エドワード・サピア生誕百年記念会議」開催を提唱した一人のE・F・K・ケルナー教授で、この世界大会の開催実行委員だった。こうして私の「言語と思考」のテーマは、現代のサピアから始まり、そしてサピアに留まったままになってしまったのである。サピアがあまりにも偉大で抜け出せないのである。

私のいまだ完成していないサピアに関して与えられた研究のテーマは「『サピア・ウォーフの仮説』と言われる説の内容のうち、本当にサピアが考えていたことは何か」というものだった。この研究のためには、サピアの著作を追っているだけでは駄目で、同時代のヨーロッパをはじめ、台頭するアメリカの諸言語学者達のサピア評、さらにサピアに続く言語学者達の成果を踏まえて時代の知的範型を再構築しなければならないのである。サピアの著作は数多く、全集も生誕百年を機に出版をはじめて二〇年たってもまだ完了していない。このサピアの膨大な著作のうち、この仮説に関連する主な著作だけにしぼって辿ってみると、修士論文の「ヘルダーの『言語起源論』について」（１９０７）の中で、ヘルダーが「人間が精神の力で言語の無意識、意識下の世界を発達させた」点を評価して、「知覚と認識が無意識に行なわれる。無意識のうちに言語音を識別する型を有し、概念化し、それを組み立てると言う思考の過程を有する」と言う中に、サピアの「言語と思考」の考えの基礎を見ることはできる。

この「言語と思考」に関する基本的考えは『言語と環境』（１９１２）、『言語　ことばの研究序説』（１９２１）の序章と最後の２章「言語・人種・文化」と「言語と文学」、そして「言語学の学問的地位」（１２２９）、「原始言語の概念範疇」（１９３１）、「アメリカインディアン語学と一般言語学の関係」（１９４７死後出版）を貫いて書かれている。「これは言語は思考であり、言語が違うと考え方も違う」というい わゆる強い仮説で説明される所以になっている。

サピアの『言語』は、どこを読んでも取り上げても深く考えさせられるところが多いが、私がいつも戻ってくるのは、第11章「言語と文学」のこの一節である。

> 芸術はすこぶる個人的な表現なので、芸術が、なんであれ予定された形式に束縛されるのを、われわれは好まない。個性的な表現の可能性は無限であり、言語はとりわけ媒体のうちでもっとも流動性の高いものだ。けれども、この自由さには若干の制限、若干の媒体からの抵抗があるにちがいない。偉大な芸術には、絶対の自由の幻想がある。素材――絵の具、文字、大理石、ピアノの音調、その他なんであれ――によって課される形式的な制約は、知覚されない。まるで、芸術家の盛大限度の形式利用と、素材に本来可能な最大限度との間には、腕を振るう無限の余地があるかのようだ。芸術家は、素材のまぬがれがたい圧制に直観的に屈服し、その野蛮な性質をおのれの着想にらくらくと融合させてきた。（安藤訳、３８１頁）

本文では、冠詞aの付かないlanguageという単数形が使われているが、これは言語というものの総称である。オリジナリティを標榜する芸術が形式の束縛を受けるということは、芸術家には許せないことかもしれないが、いろいろに変えていくことが可能である言語ですら、知覚されないところで形式的制約をあたえている。芸術家は素材の最大限の可能性をそれでも生かしきれないことがある。ここでは、言語というものが、どんどん変幻自由に変化していくものであり、あるとき大衆の好みである方向に向かって変わりうるものであること、これはサピアがドリフト（drift 駆流）と呼ぶ現象であるが、その性質にもかかわらず、個々の言語の形式、すなわち素材の制約を受けていると説明する。

これは翻訳の不可能性という問題を提起する。しかし、サピアは「文学は、媒体としての言語の中で展開されるわけだが、その媒体は、二つの層から成り立っている。すなわち、言語の潜在的な内容――われわれの直観的な経験の記録――と、あたえられた言語の特定の構造――われわれの経験の記録の特殊な様式――とである。生命の糧を主として…深い層から得ている文学は、たとえば、シェイクスピアの戯曲のように、翻訳してもあまりに大きく特質を失うことはない。深い層ではなく、上の層で展開される文学であるならば――スウィンバーンの抒情詩がその好例である――それは、先ず翻訳不可能といってよい。」(安藤訳、383-384頁)とこの問題に答える。

続けて、サピアは文学と科学を比較し、科学的な真理は非個人的である。科学的な真理は特定の言語的媒体によって染め上げられることはない。科学的表現は何らかの形で表現されなければならない。科学的真理の理解は、それ自体が言語的な過程なのだ。思考とは、その外部の衣裳を剥ぎ取った言語にほかならない。科学的な表現の媒体は記号代数と定義してよい。科学的表現自体が翻訳であるという。

一段と深いレベルにある思考関係は、特定の言語の衣裳をまとってはいない。技巧的なめでたさよりは、精神の偉大さでわれわれに感銘を与える。とはいえ、文芸のうちでももっとも偉大なもの――たとえば、シェイクスピアやハイネのような詩人たちは、この一段と深い直観を、彼らの日常のことばの地方的なアクセントに適合することを無意識のうちに心得ていたと述べている。

偉大なる文学者は、自分の言語が本来もっている音声、リズム、それを組み合わせた形態を利用して、潜在的な美を引き出す力を持っている。それに、読者は、観客は感動する。その言語が複合語を作れるか、構造が総合的であるか、文中の位置にかなりの自由があるかなどにより語の組み立てや配置に強制がかかったり、語の音声やアクセントもその言語自体によって定まったりするが、これらを制御する手段を作者が握っているかにかかっている。

ある具体的言語の使い手は、言語の許す限り自分の精神活動を個性的に表現しようとする。ことばはそれを許す。それだけことばは流動性があり、柔軟性があり、順応性がある。

これらのサピアの言語観は、ひとつに、様々な型のあるアメカインディアンの言語の収集、記述、分類に携わり、その方法論や学者の指導に当たったり、博物館での収集のマネジメントに携わった経験の積み重ねから発想されたものであると同時に、自分でも詩を書いている、詩人である自分の詩作過程を見つめた分析からでもあると思われる。
ちなみに、彼の詩を読み、分析して、彼の言語観を成り立たせている言語事実を挙げてみたい。

> Dusk-Weaving（unpublished）第１連、第４連
> Swallows, moon, and a whitish cloud
> And a cloud and a cloud of the woven sky
> Sway uncertainly upon the dusk,
> Like half-arrested, folding, silver on a somber sea.
> ・・・
> Swallows, moon, and clouds of dusk
> Are broidered on falling veil and shroud,
> I am the weaver under the sky,
> I have the strands of mystery
>
> 夕空を織る
> 燕、月、一片の白い雲
> そして錦織の空の一片の雲と雲が
> ところ定めず、夕闇をさ迷う
> なかば囚われの身のように、折り重なり、銀色になり、薄暮の海上を
> （中略）
> 燕、月、夕闇の雲の重なりが
> 垂れるベールと経帷子の上に刺繍される
> 私は天の下の織物師
> 私には神秘の錦糸がある　（筆者訳）

夕空の神秘的な美しい移り変わりを詠っている。その'mystery' の語は４連目の各行に潜む音素から組み立てられている。moon ＋ falling/I/sky+strands ＝ mystery とアナグラムのようになっている。

「通常では押韻は詩作の采配者とならなければならない。しかし、この押韻のもつ強制力が詩人の思考と想像力を形あるものにする大切な刺激剤として作用していることは、想像以上であろう。」（"The Heuristic Value of Rhyme". *Queen's Quarterly*, 27: 309-312. 筆者訳）とサピアが言うとき、詩全体の中にちりばめられ、順序を変え、繰り返された音素がやがて、その詩で決定的な意味を持つ大切な語句の音素配列になる。そこに音素の心理的実在を見ることができる。

オリジナリティを標榜する芸術が言語形式の束縛を受けるということは、芸術家には許せないことかもしれないが、どんどん変幻自由に変化（drift）していく言語が知覚されないところで、型（pattern）をなす形式的制約を与えている。芸術家は素材の最大限の可能性をそれでも生かしきれないことがある。

現代言語学の祖と言われるソシュール（F. de Saussure）は最後にアナグラムの追究をしたが、サピアはアナグラムを解く鍵を音のパタン、音の心理的実在ということばで私たちに示唆してくれていると思うのである。音の連続体としての言語に無意識に潜むわたしたちの精神活動を追究する面白さの根拠となるサピアのことば「言語は私たちの精神活動のどの

場面でも纏わりついてくるもの、精神活動はある意味で言語活動の形をとっている。」は、いつも私の思索の原点となっている。

参考文献

Darnell, Regna, *Edward Sapir: Linguist, Anthropologist, Humanist*. Berkeley, Los Angels, and London: University of California Press. 1990.

伊勢紀美子「サピアの詩作と音素の心理的実在」『研究紀要』東洋英和女学院短期大学、１９９３

Koerner, Konrad, *Edward Sapir Appraisals of His Life and Work*. Amsterdam and Philadelphia: John Benjamins Publishing Co.1984.

Mandelbaum, David（Ed.）, *Selected Writings of Edward Sapir*. Berkeley and Los Angels: University of California Press. 1949.

Sapir, Edward, *Language: An Introduction to the Study of Speech*（1921）New York: Harcourt, Brace & World Inc. 1949.

Daniel Jones

An Outline of English Phonetics

私の英語発音の原点

西野和子

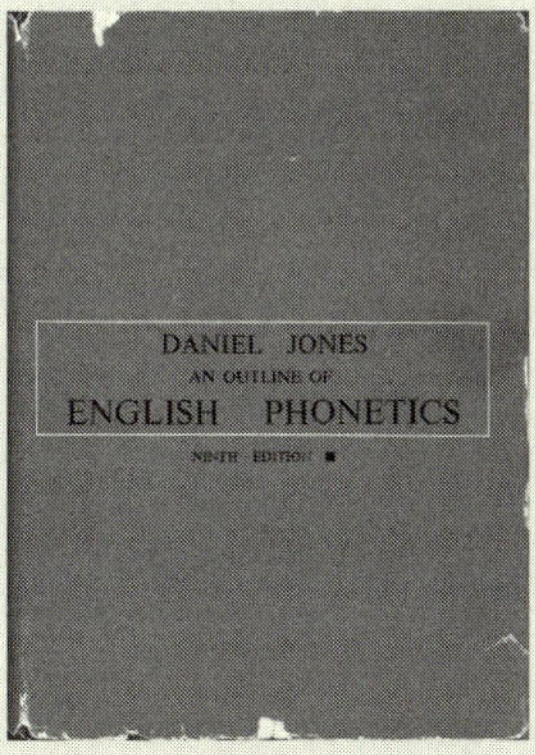

Daniel Jones, *An outline of English phonetics*
Lpz.; Ber.: Teubner, 1918.

西野和子●プロフィール

東洋英和女学院，東京女子大学を経て，米国ミシガン大学，英国ロンドン大学に留学。早稲田大学大学院（修士）卒業後，東京女子大学で教える。東京女子大学・東洋英和女学院理事を経て，現在，東洋英和女学院評議員。クリスチャン。専門は言語学，とくに「音」に興味あり。人生遊びが大切と信じて音楽，芝居を楽しみとしている。東京女子大学名誉教授。無理はせず，一生勉強の 80 歳。

はじめに

「言語」の材料は音である。字が書けない人も、書記言語を持たない民族も、人間である以上、話さない人はいない、つまり、言語の根本は「音」であると言える。コミュニケーションのためにまず必要なのが音を発することだから、「発音」は必須の現象となる。日本の英語教育は長い間「発音」を軽んじてきたが、ここ数十年で大分情勢が変わってきた。果たしてその効果が出るのはいつになるだろう。

私は五十数年前イギリスとアメリカに留学した。その間多くの日本人から英語が通じないと訴えられた。「辞書の通りに発音しているのに」「聴いた通りに発音しているのに」等々。これが実は間違いなのだ。つまり、英語と日本語の音構造が違うために、マネしたつもりがマネになっていないのである。どの国の言葉でも、辞書には書いてない（書き切れない）約束ごとが、こと発音に関しては数え切れないくらいあるからである。しかし、「音声学」の基礎を学んで練習を重ねれば、相手に立派に通じる発音ができる、というお話を今日はしようと思う。

私は授業やクラスでまず尋ねる。中学校か高等学校時代に英語の「発音」を直されたことがあるか、と。多くの人がないと答える。あると答えた人も、その多くは「マネ」をするという方法に頼っていたようである。「マネる」ことはむろん大事だが、それだけではやはりダメ。つまり日本語と英語の音構造が違うので、日本語の耳でマネしたつもりでも英語にはならない、ということだ。

さて、私の「一冊の本」との出逢いまでの遍歴を簡単にまとめてみると、（1）東洋英和女学院小学部四年次に編入。そこで生まれて初めて聞いた英語に非常な好奇心をおぼえた。カナダ人の先生が週一回と、発音のよい日本人の先生がやはり週一回ずつ教えて下さった。その発音練習の方法は「マネ」がすべてだった。もともと子供はマネが上手だし、私は幼少時から音楽に囲まれた環境に育ち、「音」が大好きだったので、学校でも先生のおっしゃるとおりに比較的よくマネができたのだろう。大きな苦労もなく先生からOKが出て、発音の授業は楽しかった。（2）引き続き東洋英和女学院の中高部に学び、卒業後は東京女子大学に入学、英語を専攻した。ちなみに戦時中の日本では敵国語が禁止された一方で、アメリカでは敵国語すなわち日本語修得にせっせと努めていた。私はさいわい朝から晩まで英語漬けのような日々を送り、ここでもカナダ人やアメリカ人の先生のほか、日本人の先生にも恵まれ、素直に「マネ」をして、完全とはいえないまでもOK。大学卒業と同時にミッションスクールの教師になり、同僚となったアメリカ人教師と親しくなり、対話を楽しむことができた。(3) しかしやはり聴いただけの自分の発音の力不足を痛感し、留学試験を受けて奨学金を得、米国ミシガン大学へ留学することになった。さて本場！と張り切ったものの、アメリカ人のおおらかな国民性のせいもあって、話す英語も「通じればOK」という感じで、言語学を専攻しているのに発音を直されることはなかった。(4) 滞米二年目にイギリスに行くことになり、ロンドン大学に送られた。これが大変なことになった。当時のイギリスはアメリカが大嫌い、とあって、とくに英語についてはすこぶるやかましく、米語アクセントはとうてい受け入れられるものではなかった。大学では発音を直されるし、巷では私の英語が通じないフリをされることも一度や二度ではなかった。

　そこで出会ったのがこの「一冊の本」、つまり Daniel Jones: *An Outline of English Phonetics* だった。とはいえこれは教科書として使われたわけではなく、必読図書だったわけでもなく、ただ先生方が当たり前のように言及されるだけ。それを聴く学生の方も当たり前の顔をしている。教室にいる誰もがすでに読んでいるという風だったので、私も大急ぎで本屋で見つけ購入した。

　小学校四年で初めて英語と出逢って以来、実はかなり長い年月、私は英語発音に関する疑問をいくつも抱えていた。どうしてハミルトン先生（カナダ女性で、当時東洋英和女学院の校長。週一回教壇に立って教えて下さった）は、フランス〔fræns〕をフランツとおっしゃるのかしら？　はっきりスって言ってほしいのに……。どうして this〔ðis〕の〔i〕をちょっと〔e〕みたいにおっしゃるの？　ちゃんと「イ」って言ってほしいのに。なぜ 'any bodi' 'any question'〔eni bədi〕、〔eni kwestʃən〕ではっきり「エニ」でなく「エネ」みたいにおっしゃるんだろう、等々。でも私はついぞ先生に質問に伺うこともせず、小さい疑問を無数に抱えながら何年も過ごしてしまった。

　ところがこのジョーンズの本に出逢って人生開眼。今までの疑問が嘘のように晴れ、至福の体験をした。この本はクラシックと呼ばれつつも、長い間健在だったが、何年か前から絶版になり復刻されていない。今回書店で調べてもらったところ、再版の見通しは無く、どうしても復刻するとなると一冊が二万円を超える計算になるとのこと、良い本は古くても新しいのにと残念でならない。

ダニエル・ジョーンズについて

　ダニエル・ジョーンズ（Daniel Jones, 1881-1957）はロンドン生まれのイギリス人。伝記によれば、変化に富んだ面白い人生を送ったようで、始めから音声学を志し直線コースを邁進したわけではなかったようだ。生来音感が素晴らしく鋭かったと言われているが、最初は数学に興味があり、ケンブリッジ大学ではキングズ・コレッジに所属し、数学を専攻して卒業。当然数学者の道を歩むかと思われたが、弁護士だった父親のもとで研修し、弁護士の資格を得た。その後ドイツに渡り、そのおりに音声学と出逢い、以後それを専門とするようになった。１９０７年からロンドン大学のユニヴァーシティ・コレッジの講師となり、以後定年まで同コレッジで教育と研究に当たった。学者として教育者としての功績は大きく、ロンドン大学のみならず、世界のダニエル・ジョーンズとして名を馳せ、世界の音声学者たちと協力して、国際音声学協会（International Phonetic Association：略称ＩＰＡ）を設立、事務長および会長をつとめ、音声学の確立と発展に寄与した。

彼が考案した「基本母音（Cardinal Vowels)」は、特定言語に限らず、世界のすべての言語の母音を把握する上で理論的基準となるもので、世界の言語の音声研究に対する貢献は計り知れない。また母音だけでなく子音をも対象として、音の表記法を考案し、あらゆる言語の音声表記の目安として有用な、国際音標文字（International Phonetic Alphabet：略称ＩＰＡ）を考案した。これによって世界中の言語の音声分析の表記法に光が当てられ、今なお広く用いられている。

同時に彼は理論のみを振りまわす机上の空論的学者でなく、実際的観察を忘れない学者でもあった。様々な発音がある中で、何処であっても一般に受け入れられる発音を提唱した。そして『発音辞典（*English Pronouncing Dictionary*)』を編纂した。日本の英語辞書も、多少の差はあれ、これによるものが大多数を占めている。

彼はさらに、自分の研究のみに没頭する学者ではなく、多くの著名な音声学者を世に輩出した教育者でもあった。彼に育てられた多くの学者が現在も世界中で活躍している。私がロンドンにいた頃は、彼はすでに退職していたので直接教えを受けたことはなかったが、彼の公開講演を拝聴したことはある。前述のように多才な人であり、静かなユーモアにみちたその話しぶりは、聴衆を大いに魅了していた。世界的なエラいジョーンズではなく、そこにいたのは小柄でごく地味なオジさんのジョーンズさんで、大いに好感を持ったことを今も忘れない。本当に力のある人はイバらないのだ、という強い印象を受けた。

An Outline of English Phonetics

では次に今回の本題である、「私の出会った一冊の本」――私の英語発音の原点となった *An Outline of English Phonetics*

に入ろう。これは初版が１９１８年、その後版を重ね、第９版が１９６０年に出ている。そもそも音声学の研究とは、たとえば文学研究などとは違い、小説や詩のような筋があるわけでなく、恋もロマンも悲劇も喜劇もなく、人間や人生を語るわけでもない。ただひたすら言語音の成り立ちを客観的に観察し、分類して言語の音構造を明らかにする学問領域なので、多くの人が飛びつくようなものではない。しばらく前までは、冗談半分に、Phonetics（音声学）を好むような人はeccentric（変わってる）と言われていた。ところがeccentric people（変人）にとっては、これが面白くてしかたがない。私はこの本に出逢った時、前にも記したように本当に目が開け、「眼からうろこ」を実感した。

内容を詳述することは無理としても、英語発音に関するすべてをカバーして、大胆に細部は切り捨て、具体的にわかり易く述べている。私が感動したのは先ず「音」に対する彼の姿勢だった。書物とは、その内容、分野に関係なく、書いた著者の性格や姿勢がにじみ出るものだと思う。ジョーンズの語り口は実に淡々として具体的、無駄もおごりもない。しかも全巻を項目別に１から１０９７に類別してあり、読者にわかり易く書こうという姿勢がよくわかる。必要な図版や写真を随所に入れ、補足のためのアペンディックスもある。なお、10章と11章は、今にしてみれば特殊なので省いて読んでもよいと考える。

私はこの一冊に出逢ってから沢山の専門書を読むことになったが、詳しすぎて混乱したり、必要な点が明白でなかったりで、色々な経験をした。その中でこの本はいまだに私の英語発音の原点であり続けている。もちろん言語は変化し、言語学も発展変化していくので、これですべてというわけにはいかないが、ジョーンズのこのサッパリとした、ハッタリのない、しかも精密で読者に親切な語り口は、すべての書物に見られるものではない。

英語発音のポイント

さて、いよいよ英語発音のポイントに話を進めよう。発音というと、一般には、単音（母音と子音）ばかりが注目されがちだが、その他にも重要なことが多くあり、それが辞書では説明されていないことが多い。ジョーンズの*Outline*から「英語発音のポイント」を次の四点（次頁罫囲み）に絞って紹介しておこう。

この四点については、基礎の基礎だけは解説しておく必要がある。最小限の述語すなわち「専門用語」は理解してしまった方が、将来的には近道となるはず。しかも今、基礎理論を身につけておけば、将来、他言語を学ぶ折にも応用できる

英語発音のポイント

（1）stress（ストレス）→ rhythm（リズム）
（2）individual sounds　　子音（consonants）→ C
　　母音（vowels）→ V
（3）sequence（つなぎ）
（4）conditioned variation（起こり場所による変化、
　　または条件変異とも呼ぶ）

のである。始めに、認識を新たにしなくてはならないことがある。私たちは日本人だから日本語を普通に話す。従って無意識のうちに日本語の音構造に支配されている。しかし英語を話すとなると、日本語とは違った英語の音構造を修得するよう意識を変える必要がある。つまり、言語修得で重要なことは、修得者の母国語と学ぶべき外国語（ここでは日本語と英語）の構造の差を押さえてかかることが重要になる。これをまず念頭において、話を始めたい。

ストレス

「ストレス」は「アクセント」とも言われ、言語学では「強勢」と訳している。腹から押し出す息の力がストレスで、これが英語では欠かせない。一方、日本語ではピッチ（pitch）、すなわち音の「高低」がその重要な要素になる。もちろん、両語ともに、ストレスもピッチも使っているのだが。英語ではストレス、日本語ではピッチのほうが重要ということである。例えば、英米人が「横浜」を「**ヨ**ーコ**ハ**ーマ」と言ったり「鎌倉」を「**カ**ーマ**ク**ーラ」と言う一方で、日本人は「ヨコハマ」（＿￣￣￣ low-high-high-high）、「カマクラ」（＿￣￣＿ low-high-high-low）と、いわば声の高低で発音し、各音節の長さや強さはおおむね均等である。ところが英米人はこれにストレスがつく。ストレスがかかった音節は強くなると同時に長くなる傾向があるので、前記のようなリズムになる。両語はこれだけでも大きく異なるのだ。これは上のようにまとめることができる。

英語　：stress language　→　stress-timed rhythm
日本語：pitch language　→　syllable-timed rhythm

個々の音

個々の音（Individual sound）は、子音（consonant）と母音（vowel）の二種類に大別できる。

言語音は細かく観察すれば無数にあり、かりに英語を見ても地方差、社会差、個人差等々を含め、音として詳細に見れば無数の音が観察可能である。しかしコミュニケーションの現場で、意味を伝える上で欠かせない「音」という意味では、ジョーンズの表を借りることが有効である。この表（表1）によって子音と母音の定義、すなわち「音の生い立ち」について見ていこう。表の上半分が「子音」、下半分が「母音」である。子音と母音とは根本的に性質が違うので、別個に学ぶ必要がある。

表1　英語の音

	Place of Art / Manner of Art	Labial: Bi-labial	Labial: Labio-dental	Dental	Alveolar	Post-alveolar	Palato-alveolar	Palatai	Velar	Glottal
CONSONANTS	Plosive 1*	p b			t d				k g	(?)
	Affricate 3				(st dz)	tr dr	t d			
	Nasal 4	m			n					
	Lateral 5				l				(l)	
	Fricative 2		f v		s z					h
	Semi-vowel 6	w						j	(w)	
VOWELS	Close (High)	(u) (u)						Front Central Back i: u:		
	Half-close	(o)						i u e ə: o		
	Half-open	(ɔ:)						ɛ ə ɔ: æ ʌ ɔ		
	Open (low)	(ɔ)						a a:		

＊番号筆者

まず子音から。子音を定義するには通常、三本柱で見ていく。

（イ）voicing（有声または無声）。声帯が震えれば（喉の前を軽く抑えて発音すると声帯の振動を感じる）、それは有声音（voiced）であり、声帯が振動しなければ、それは無声音（voiceless）である。表の中では、左側が無声音、右が有声音である。

（ロ）place of articulation、別名 point of articulation（調音点）。子音というのは基本的には肺から出てくる空気が口の中のどこかで邪魔されて（obstraction を受けて）出る音のこと。表の左はしが前で唇、右に進むにつれて喉の方へと向かい、「音ができる場所」を示しているので、これを人の横顔と考えると解りやすいかもしれない。例えば〔p〕の場合、空気は両唇で obstraction を受けて発音される。調音点のそれぞれの名称は表の一番上の欄に示されている。

（ハ）manner of articulation、別名 type of articulation（調音様式）。上の表では、左はしに縦に並んでいる述語である。一番上は調音点で空気が完全に止まってから破裂して出来る plosive、別名 stop。説明の都合上、次に2番と記した箇所を見よう。調音点で少し隙間を空けた狭い所から空気をもらす fricative（摩擦音）を見ると、例えば〔s〕は、舌の先を alveolus（上歯の根元より少し後ろ）に近づけて狭い隙間から空気を出す。これは、発音的に弱いサ行を持つ日本人としては、かなり強めに出してサヤサヤという感じに近い摩擦音をきかせると、この音が出る。3番のaffricate（歯擦音）は、破裂するような plosive 要素と、摩擦するような fricative 要素とを同時に発音する音である。「ツとス」〔tsu と su〕、「チとシ」〔tʃi〕と〔ʃi〕などを比べながら練習すると、affricate と fricative の違いが納得できると思う。4番の nasal（鼻音）は、調音点を閉めたまま、空気を後ろから鼻に抜くと出る音である。鼻音を実感するには、鼻をつまんで音が止まれば、それは鼻音ということである。〔m〕と〔n〕は、おおよそ日本語のマ行、ナ行の子音と似ているので、この鼻音は日本人にも比較的わかりやすい。次に5番の lateral（側音）だが、これは英語の重要音としては〔l〕だけになる。うしろの方の velar の欄にも（　）入りで記されているが、今はおいておこう。調音点は alveolar とあるので、〔d〕のときのように、舌の先を上歯の根元より少し後ろにつける。調音様式は lateral なので舌の位置はそのまま、空気は両横に抜いて出る音になる。6番の semi-vowel は専門的には議論のあるところだが、実際面では省略してよかろう。ただ、〔w〕については、日本語のワ行の〔w〕とは違って、唇を強く丸めて発音することだけ留意してほしい。

さていよいよ「母音」である。これも子音の場合と同様、表1を横から見た人間の口の図と考えるといい。まず実験から始めよう。平らに広げた舌の前の部分を上あごにできるだけ近づけて声を出すと、「イ」の音が出る。そのまま余計な力を抜き、両手であごを徐々に下に引っぱり、口が縦に最大限開いた状態になるまで声を出し続ける。それで理論的に前母音（front vowel）が全部出たことになる。次は舌の後ろの部分を使って出す後母音（back vowel）を。まず、あくびをするように、口の後を大きく開く。そして今度は逆に、あごの下に両手をあてがって余計な力を抜き、声を出しながら徐々に押し上げていく。その際、上にいくにつれて徐々に唇を丸めていく。つまり、一番上の〔u〕では、舌の後の部分が上あごの後方（velum）に触れそうになり、唇はウンと突き出た状態になる。日本語の「ウ」はこの lip-rounding がないので、とくに日本人には要注意の音である。これで後母音が全部出たことになる。これまでの説明で central vowel は理論的類推で発音できると思う。これだけを基本として押さえたら、あとは簡単である。英語だけでなく、全言語に起こり得る母音が、理論的にカバー出来たことになる。表の左はしを見ると、口の開き方の度合い、つまり舌の位置に従って名称がつけられている（カッコ内はよく使われる別名）。ただし母音の場合は、子音の場合のように「音ができる場所」として、はっきり定義することができないので、母音は他の母音と比較しながら area（部分）で学んで確かめるという必要が出てくる。

つなぎ

つなぎ（sequence）とは音と音のつながりのことである。これはただ音と音との間に余計な音を入れない、ということに尽きる。しかしこれが意外なことに日本人には難しい。日本人は、律儀な国民性のせいか、単語を一つ一つ切って発音する傾向がある。英語はつながることを考えると、両国語の言語構造の違いは大きい。日本語の場合、ア行は「母音」だけで一音節を作るが、カ行以降は、「ン」を例外として、すべて「子音」のあとに「母音」がつく。この音節構造がどうしても英語の発音に入ってきてしまうのである。そうすると途端に英語の流れが悪くなるので、「絶対に余計な音は入れない！」と決心すること。たとえば、ワールド［-do］カップ［-pu］、バッグ［-gu］など。日本国内ではこれが普通でも、世界的に見ると、これでは英語にならない。

条件変異

条件変異（conditioned variation）とは音の起こり場所による変化のことである。ここには辞書の発音記号で同じ記号が多く出てくるが、実行面で一点だけ、どうしても考慮しなくてはならないことがある。それは同じ記号でも「音の起こり場所」によって微妙に違うということである。表2を参照してみよう。

これは、ある音が一定の場所に起きると（条件がつくと）、

表2　主な条件変異

現象	条件（conditions）	例（examples）
1　aspiration	initial voiceless (vl.) stops	$\underline{p}^{h}$in, $\underline{t}^{h}$aim
2　unreleased	stops before stops	æk̚tə
3　final devocalization	final stops, fricatives, affricates	hæd̥, bæg̊
4　rounded C	stops before rounded sounds	$\underline{k}_{w}$wi:n, $\underline{t}_{w}$rip
5　devocalization	voiced (vd.) sounds after vl.	sm̥ail, kw̥ik
6　dental	al???? Stops before dental	ət̪ ðə desk
7　'clear l' vs. 'dark l'	l before V vs. before C	l̲ait vs. kiɫ̲
8　lateral plosion	stops before lateral	lit̲l̩, rid̲l̩
9　nasal plosion	stops before nasal	rit̲n̩, rid̲n̩
10　vowel length	shorter before vl. (langer before vd.)	hæ̲t vs. hǽ̲d

※ 1) V=vowel　C=consonant　2) vl.=voiceless　vd.=voiced
3) 8と9は syllabic consonant となる

一定の現象が起きる、という事態を図表にしたものだが、言語辞書などでも書ききれない詳細なレベルの問題を扱っている。一番右の欄には代表的な例を示してある。問題となっている記号には注意を引くために下線を施した。小さい記号はdiacritics（付加記号）といって、その詳細な現象を表している。左の欄と見比べてみれば、おおよそのことは推測できると思う。

ただしこの表でconditioned variation（条件変異）として挙げた10項目は、すべてを網羅するものではない。学者によってはもっと多数の現象を観察しているが、私はあえて10項目だけに絞った。これ以上のことはさておいても、日本人が英語を発音するときに、「母音と子音の基礎」を基本として、この10項目に留意すれば、英語らしいキレイな音が出る、と言っていいと思う。なおこの10項目は、順不同であることを補足しておく。

これについて詳述するいとまはないが、英語を話したい多くの人々の理解の一助となるよう、各項について要点だけ説明してみよう。

（1）aspirationとは、その音と同時に空気を出す、ということである。たとえば「タイム、タイム！」などと言って、日本語の対話にもよく出てくるtimeは、〔t〕の音をずっと強く、空気を押し出すように言うと、日本語の「タイム」の〔t〕よりも強い尖った音になり、それが英語のtimeになる。

（2）unreleasedとは、解放しないということで、〔k〕で破裂させずに、舌の後の部分をvelumにつけたまま隣の〔t〕にいくということ。

（3）これは無声化ということで、〔hæd〕の〔d〕が〔t〕に近くなる、ということ。完全に無声化すれば（声を抜けば）〔t〕になるが、〔t〕に近くとだけ言っておく。

（4）「似た者夫妻」という言葉があるように、言語音も「似たもの同士」で、隣接音同士が引き合う場合がよくある。このrounded sound（代表例は〔w〕と〔r〕）の前には、本来ならroundedではない〔k〕や〔t〕からlip-roundingを始める、ということ。

（5）本来voicedである〔m〕がvl.〔s〕の後でvl.になるという現象のこと。なお、（4）と（5）はしばしば同時に起きる現象である。

（6）この例は多くはないが、'-at the -'という音連続は頻発する言語環境なので、よく質問が出る。スムーズに音が出てこないという。〔ət〕のtは、そのあとのdental〔ð〕に引かれて、本来のalveolarでなく歯裏でpoint of art.をつくり、そのまま舌先を少し下げて細い空気の道をあければいい。いわゆるネイティヴ・スピーカーの発音を聞いていると、彼らは無意識に言いやすい形を選んでいるだけで、言いにくい音は出さない、と私は観察している。もっともそれができるのが母語というものではあるが。

（7）〔l〕という音には「母音」的性質があり、alveolar でlateral のままアイウエオ、つまり母音の響きを作ることができる。たとえば、「イ」の響きを持たせれば、いわゆる 'clear l' になり、「オ」か「ウ」の響きを持たせれば、'dark l' velar になる。'dark l' は、〔ɫ〕のようにオビをつけて区別するのが一般的である。

（8）これは、'little' の〔t〕を本来の alveolar でなく、後の、〔ɫ〕にひかれて lateral にすること。つまり舌先を上につけたまま横に空気を抜いて破裂させる、というもの。日本人の私にはあまりきれいな音とは感じられないが、イギリス人はことに好む音である。

（9）これは理屈としては（8）に似ているが、ただ lateral でなく nasal、つまり口の後ろの部分、tongue back を velum につけて鼻に破裂させる音のこと。

（10）これは「母音」の現象である。〔hæd〕の〔d〕の前の母音は〔t〕の前のときに比べて、ほぼ二倍の長さになる、と言われている。だから、たとえば、（3）と（10）の現象を同時に実行すれば、今までとは大分感じの違った英語の発音になるはず、である。

以上で「英語発音のポイント」四点を概観した。もっと詳しい実技指導ができないので、ピンとこない点も多かったかと案じられるが、ことに第四点の条件変異に留意して発音するとグッと上手に聞こえる、ということはぜひ覚えて実行してほしい。第五点として、intonation（音調）に言及したかったが、ここであえて省略したのは、前述したように、日本語は pitch language なので、日本人は音の「高低」には敏感で、「音調」つまり「フシ」を真似るのは、意識さえすればできると考えたからである。

補足事項として、日本人がとくに苦手としている「音二つ」について、最後に述べておこう。それはよく言われる〔r〕と〔l〕ではなく、まず fricative、とくに vd. の音である。何が重要かと言うと、必ず空気を出し続ける、ということである。例えば〔v〕（〔f〕も）の場合、「下唇を噛む」とよく言われるが、それが違う。唇をマジメに噛むと、空気が出なくて、plosive に、つまり〔b〕のようになってしまう。「唇を噛む」のではなく、「唇に上の歯がさわる」くらいにして、空気を出し続けるとよい発音になる。しかもその空気を強く押し出すこと。日本語は概して上品でおとなしい言語であり、空気の出方が少ない。英語はストレスのかかる強い言語だと思うこと。

日本人が苦手なもう一つの音が〔n〕である。このあとに母音が続けば（例えば〔na〕のように）ナ行に近い音になるので、あまり問題はないが、あとに子音が続くと、事情が違ってくる。つまり、日本語はこの環境では「ン」〔n〕と発音するが、「ン」は alveolar でなく、舌先を上につけないで空気を鼻に抜く音である。一方、英語の〔n〕は alveolar だから、必ず舌先を上につけること。だから上述したように、幼い頃の私の耳には「フランス」が「フランツ」と聞こえたのだ。こうした苦労をするのは日本人ばかりではない。外人（English speakers）も逆の苦労をしている。ある著名なイギリス人のジャズ評論家は、素晴らしい日本語を話すが、この〔n〕だけは、どうしても舌が上についてしまい、舌先が離れて次の音に移るときに「余計な音（多くの場合弱い〔t〕）」が入ってしまう。したがって「先週」は「戦中」になり、「練習」は「連中」になる。発音修得の難点は、上手下手というよりも、音構造の差にあるというわけで、言語習得の苦労はみな同じ、あまり心配しないで楽しくやろうと言いたい。

終わりに

以上、英語発音の要点だけを述べてきたが、あくまでも、一般の方々が相手に通じる発音をするために必要最小限の項目を取り上げ、できるだけわかり易く説明を試みたつもりである。文章で発音の解説をすることはむずかしく、また何と言っても実例の不足が気になるが、これだけの知識を得て、あとはよく練習し実行し、色々な場所で「キレイな発音」を目指していただければ幸いである。

ニューヨークにいた頃、私の友人の娘が学校から帰ってきて母親に、「ママ、〝それ好き？〟って何て言うか知ってる？」と聞いたそうである。母親はしばし考え、注意深く、「'Do you like it?' ドゥー　ユー　ライク　イトゥ？じゃないの？」と言ったら、娘は即座に「ジュラーイケッ？」と。これは音声学の立場から見ると非常に面白い実例である。一語一語に注意深く言えば〔du ju laiku it（u）〕となるが、普通そんな風にはいわない。〔dʒu láik it〕はごく当たり前。つまり、（1）まずストレスを意味的に大事な〔laik〕だけに入れる。ストレスのある音節は強く長めに発音する。（2）この文は4拍でなく1拍で発音し、ストレスの無い音節は弱く短くなってリズムの勘定には入れない。（3）〔du ju〕はつまって〔dʒə〕になり、〔laiku it（u）〕はしっかりつなげると〔laiku〕の〔u〕は不要。（4）〔it〕や〔itu〕の〔t〕は末尾に起こると大抵は破裂させない。（5）この娘の発音の最後の「ライケッ？」は、〔laik it〕のkとiを余計な音を入れないで（3）、そして、〔i〕が日本語の「イ」ではなく、「イとエの間」くらいの音になり、どちらかと言えば「エ」の方に近いことが多い（1）ということである。こんなに短い文章でも、（1）から（4）までの要素が同時に起こっているということがわかっていただけたかと思う。

以上の説明の中で､私は専門用語を英語のまま使ってきた。日本語にしたほうがわかりやすい方もあるかとは思ったが、元の英語がわかったほうが理解し易い方も多かろうと考えたからだ。言語習得は地味な作業の積み重ねを必要とするが、とくに発音は、頭だけでなく口の運動が大事。口が動き過ぎても不自然だし、動かなければ相手には何も通じない。頭で知識を得て考え、口で正しく実行する。これは何度やってもやりすぎることのない練習である。英語を読む時に必ず声に出して読む。私はよく言うのだが、「やさしい英文を50回ずつ read aloud（朗読）したら、自然と口からこぼれるようになる」と。自分の好きな英語の文章を見つけて、どうかこれを実行してみて頂きたい。

アンブローズ・ビアス

『悪魔の辞典』

新冨英雄

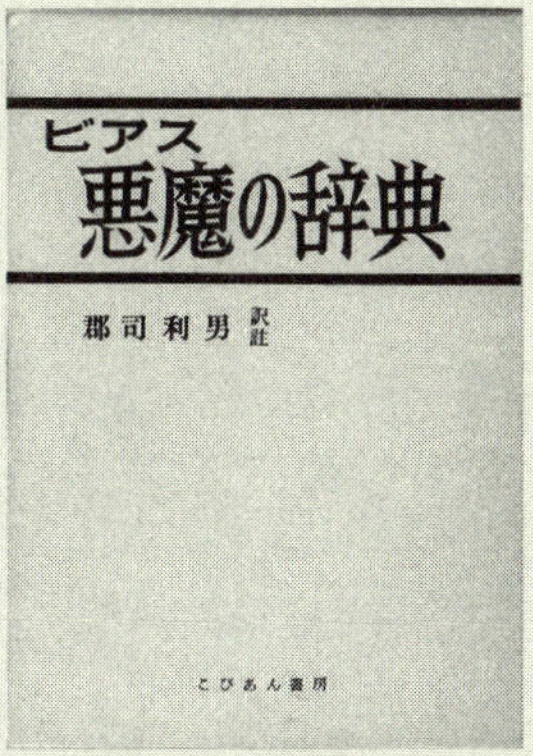

ビアス『悪魔の辞典』
郡司利男（訳註）こびあん書房，1974.

新冨英雄●プロフィール
『悪魔の辞典』の訳者で今は亡き恩師 郡司利男先生に巡り合ってから半世紀以上に及ぶ。徹底的に英語を読むという，ゲンコツ付録付きの厳しい作業であった。ご指導いただいた英語学専門の名著は十数冊に及ぶであろう。今一つ残念に思うことは出藍の誉れに至らなかったことである。先生の「まだまだ修行が足りないぞ」というおしかりの声が，今も草葉の陰から聞こえてくる気がする。

アンブローズ・ビアス

やがて「冷笑家ビアス」とか「毒舌家ビアス」、あるいは「サンフランシスコで最もつむじ曲がりな男」などビタービアス（Bitter Bierce）の異名を戴くことになるアンブローズ・ビアス（Ambrose Gwinnett Bierce, 1842-1914?）は、１８４２年6月24日オハイオ州の貧しい農家に生まれた。13人兄弟（うち一人の弟と二人の妹はいずれも幼い頃死んだ）であったが、結果的には末っ子として育った。ビアスの育った家庭は躾が厳しく宗教的雰囲気が強かったため、宗教にも両親にも反発しながら生きていて家庭環境には恵まれなかった。純情な心を持たないわけではなかったが、自らに対しても他に対しても厳しかった彼の心は（信仰に反発しながらもピューリタンの影響を受けたのであろうか）、他人の言動に傷つけられ易く、それを裏切り行為と見做して自らの殻を固く閉ざし、感情を内に押し殺す傾向が強まったため、他人の目には冷酷な人間と映るようになったようである。

ハイスクールを終えてからのビアスは両親の元を離れ、小さな新聞社で印刷所の見習いとして働き始めるが、その後しばらくしてからケンタッキー陸軍士官学校に入学する。しかしこの学校も一年足らずで退学し、後に、ある食堂の給仕として働く。１８６１年南北戦争が始まると直ちに自ら進んで従軍を志願した。四年近い年月を軍隊で過ごした。１８６５年二三歳の時に除隊し、二四歳の時ヘイズン将軍の招きに応じて、将軍と共に西部視察の旅に出、長い旅の終わりにサンフランシスコに到着する。その翌年、政府の処置に不満を覚え、ヘイズン将軍と別れ一人でサンフランシスコに留まり、財務省の分局の夜警となると同時に、文筆で身を立てようと決意し独力で文学の勉強を始める。サンフランシスコは１８４８年以降のゴールドラッシュで活気に満ちた町となっており、新聞・雑誌が発刊されるに及んで文筆界も活気を呈していた。二五歳の春であった。翌年12月、ある新聞の編集を担当することになり、同時に「タウン・クライヤー」欄で諷刺の筆をふるい始める。

１８７１年二九歳の時、鉱山技師の娘メアリ・エレン・デイと結婚し、サンフランシスコで新婚生活を始める。この年、初の短編『呪われた谷間』を発表する。１８７２年4月、ニューヨークから船でイギリスへと新婚旅行に出かける。

イギリスに渡った直後のロンドンでは当地のジャーナリストたちと親交を持ち、雑誌『ファン』や週刊誌『フィガロ』に筆を執り始める。諷刺雑誌『ザ・ランタン』の編集にも携わり、１８７５年、サンフランシスコに戻る。この文学界の中心地ロンドンでビアスが獲得したものは、自分の関係するジャーナリズムから得た敵に対する論駁攻撃の技術と、交わった芸術家仲間から自然に会得した明確で正論的な散文の書き方であった。このロンドン時代は、いわば彼の修業時代とも称すべく、その持ち前の本能と素質に磨きをかけた時期であって、ロンドン時代に身につけた武器をふるってその異名ビタービアスの本領を発揮するのは帰国してからの1876年以後のことである。

1887年からはウィリアム・ランドルフ・ハーストに誘われて『イグザミナー』の編集に関係はするが、その他の新聞・雑誌の忙しい編集の仕事はやめ、創作活動に力を注いだ。1896年にハーストの『ニューヨーク・ジャーナル』紙に社説を書き始める。1899年、『ビアス寓話集』を出版。この年の暮れにサンフランシスコを離れて東部のワシントンへ向かう。1906年、『冷笑家用語集』を出版、1908年六七歳の時に、新聞社の仕事から手を引き、三〇歳ほど年齢差のある女性秘書キャリー・クリスチャンの献身的な協力を得て、『アンブローズ・ビアス全集』の編集に着手し、1911年七〇歳の時にビアス全集12巻が完結する。

最後にわが国にビアスを紹介した芥川龍之介について簡単に触れよう。

芥川がビアスの愛読者であったことは、芥川の死後、書斎からこの全集12巻が発見されたことがその一つの証になろう。ビアスの短編の技法を取り入れ、芥川自身が短編小説の多くの名作を世に問うたことも明白である。しかし『悪魔の辞典』に言及する多くの識者が芥川の『侏儒の言葉』もこの辞典を基にして書かれたものであると指摘している。確かにこの作品は、ビアスと同じように辞典形式をとってはいる。つまり項目を挙げ、それに対する定義・解説を行っている点も類似しているが、ビアスのそれと比較する時、その定義のあり方にかなりの相違を感じるのは小生だけであろうか。鋭いペン先は人生の皮肉に向けられ、そこから痛烈な嘲笑を誘うユーモアを生んだビアスの定義・解説には友人たちからビタービアスと呼ばれていた理由が明らかであるが、二人の生い立ちに起因するのであろうか、芥川のそれには余り冷笑家の雰囲気は見て取れない。参考までに二人が取り上げた共通の項目「政治家」「結婚」「運命」の三つを比べてみよう。

〈ビアス〉

政治屋〔名詞〕― 組織社会という上部構造が建てられる土台の泥土に住むウナギ。のたうち回る時、自分のシッポの動きを、その構造の自律の震動と間違えたりする。

結　婚〔名詞〕― 共同生活体の一つの場合で、一人の主人と一人の主婦と二人の奴隷から成り、それでいて全部合わせて二人にしかならない状態。

運　命〔名詞〕―失敗をしでかした時に持ち出す口実。

〈芥川〉

政治家―政治家の我我素人よりも政治上の知識を誇り得るのは紛紛たる事実の知識だけである。畢竟某党の某首領はどういう帽子をかぶっているかと言うのと大差のない知識ばかりである。

結　婚―結婚は性欲を調節することには有効である。が、恋愛を調節することには有効ではない。

運　命―遺伝、境遇、偶然―我々の運命を司るものは畢竟この三者である。自ら喜ぶものは喜んでも良い。しかし他を云々するのは僭越である。

類似した点は『悪魔の辞典』の形式にならって芥川も『侏儒の言葉』を辞典形式をとって表現した点である。ひねりにひねった定義の仕方には類似性は見られないように思われるが、みなさんのご判定は？

七〇歳になったビアスの心に二つの感情が交錯していた。つまり一つは文壇の名声は得ながらも次第に筆の威力が失われて行ったこと、今一つは刻々と変わり行く社会情勢にも不満を覚え、かつ不幸の集積だった個人生活に対する敗北感であろう。美しい妻とは不和の仲となっており、二男一女の父親ではあったが、父であることを放棄して、女性に対しては幻滅を抱き続けたのである。やがて二人の息子は惨めな死をとげる。ある伝記作家は「結婚の悲惨な失敗こそ、彼の暗澹とした人生の引き金となった」と述べている。ビアスは社会生活には不向きで、結婚の束縛に堪えるようには訓練されていなかったのであろう。不幸な結婚からか、ビアスは「女の中の善と悪を見るのに二人の女性は必要ない」という警句を残している。

ビアスは最後に二つの決断をした。一つは若い頃に戦った南北戦争の激戦地跡を訪れること、もう一つは戦いの中に飛び込み、この世から消え去ること。それは1913年のことであり、その秋、ある朝ビアスはクリスチャンセン嬢にメキシコに行くと告げた。彼はメキシコ軍の中で消えて次の世代にまでなぞとなるような人生からの脱出を、その時決めていたのであろうか。つまり、これは自らの命を絶つための行動である。彼はメキシコに入る直前、「わたしがメキシコの石壁を背にして蜂の巣にされたという話を耳にしたら、思い出して欲しい。それはこの世とおさらばするには願ってもない方法だとわたしが考えていたことを。それは老衰や病、地下室への階段で転落死するよりましだ。メキシコでグリンゴであること―ああ、それは安楽死だ！」と手紙に記す。彼は革命さ中のメキシコに入ったきり消息を絶つ。

このビアスの死への挑戦は小生に、猟銃で自らの命を絶ったアメリカの文豪ヘミングウェーを想起させる。どうして死を選んだのか。その真意を知る術はないが、最近『国家の品格』で「品格」という言葉の火付け役となった数学者、藤原正彦氏は『読売新聞』紙上に長期連載されているコラム「時代の証言者」の中で次のようなことを述べている。「作家はある日突然書けなくなるのではないかという強い恐怖感を持っている。三島由紀夫や芥川龍之介が自殺したのも要するに書けなくなったから死を選んだ。作家というものは死ぬほかないんだ」と、藤原氏の父であり作家でもあった新田次郎氏はのちに語っておられたそうである。芥川がビアスをわが国に紹介したのも、このあたりに共感するものがあったからではなかろうか。ビアスの没年1914?に、常にクエスチョンマークがついているのは消息を絶ったことの証である。

『悪魔の辞典』にある「死」の定義を引いてこの項を終えよう。

「死んだ」〈形〉── 呼吸をやめること、この世のすべてと縁を切ること、気違いじみた人生競走の決勝点まで走ること。たどりついた金色のゴール ─ それは穴!

ビアスの生涯については西川正身氏による『孤独の風刺家アンブローズ・ビアス』がおそらく唯一の詳細かつ正確な評伝であろう。是非一読をお薦めしたい。

作品概要

この『悪魔の辞典（*The Devil's Dictionary*）』は短編小説の名手と謳われ、その鋭い技巧で世に問うた短編代表の名作*In the Midst of Life*などとは異質のもので、文字通り辞典の形式をとった作品である。この辞典はアメリカが保有している数少ない風刺文学の中でも最も傑出した遺産であるとされており、そのためかわが国のジャーナリズム界でも、コラムニストたちはちょっと行き詰まるとこの辞典のページを操ると言われている。その具体例は本論で挙げることにして、ここではこのビアスの『悪魔の辞典』の、わが国の翻訳版について概略することにする。というのは今から挙げる訳書はいずれも原著原文でお読みになる方にとってある意味では原著者、つまりビアスとの一騎打ちに際して大きな手助けとなってくれると信じるからである。活字の背後に潜むビアスの意図を読み取る一つの鍵を与えてくれるからである。

この辞典を翻訳するということは、単に横のものを縦にするということではない。ましてや寝転んで読めるような代物ではない。小生などいろいろな辞典の助けを借りて四つに取り組んでみても、今なお解明できず放ってある項目がいくつもある。

難解と言われるビアスの『悪魔の辞典』の翻訳に取り組んだ四人の訳者は誰一人として気楽にやってのけたわけではあるまい。それぞれの訳書をその出版順に挙げると、西川正身氏が先駆者である。氏の翻訳は旧版（1964）・新編（1983）（岩波書店）で、共に抄訳である。次が奥田・倉本・猪狩（以下奥田）三氏による共訳で『完訳 悪魔の辞典』（創土社、1972）、この他に角川文庫（1975）もある。この奥田氏の訳書に対し三番手の訳書が一つのバトルを展開した。この訳者は郡司利男『悪魔の辞典』（別冊評註編、1974）、続『悪魔の辞典』（1977）、正・続全訳編『悪魔の辞典』（1982）であるが、この後およそ二〇年の年月を経て、筒井康隆『筒井版 悪魔の辞典（完全補注）』（講談社、2002）が出版される。したがって現在までのところ四人による『悪魔の辞典』の翻訳書が存在していることになる。

訳者としては一番後である筒井氏は訳書の序で、それまでの三種類の訳書に対し次のように述べている。「いずれの翻訳も原著の面白さに接近することができなかった。その理由の一つは、ビアスの原文が第一に文体の呼吸が長く、つまり言い回しが凝っていて長く、もってまわった語法を用いているからであり、第二にその文章が深くて重い内容を表現しようとするために重層的になっているから、日本語に訳してしまうとなかなか単純に笑いが爆発しないという弊があったからだ」と。また三者の訳出には不満を持ちながらも「過去の3つの訳書には大いに助けられた。特に郡司利男氏による翻訳はそもそも奥田氏の翻訳に対する批判として出発しているだけに、その別冊の「評註篇」は貴重な参考書となり、ずいぶん重宝させていただいたものである」とも述べている。

筒井氏はまた随筆「狂犬楼の逆襲」（雑誌『噂の真相』に連載）の第27回の中で、次のようにも述べている。

まず断筆宣言直前に講談社からアンブローズ・ビアスの『悪魔の辞典』の翻訳を依頼されながら中断した旨を述べており、執筆再開後大勢の味方を携えて翻訳に踏み切った。歴史・言語学・宗教・天文学などに詳しい教養人が背後にあり助けられたとのこと。一方では、奥田による訳業、郡司による訳業も参考にしている。奥田の訳は西川訳に比べれば、ずいぶんくだけてはいるものの、まだまだ難解である。ところがこの奥田訳は郡司氏によって徹底的に非難されていることを知った。もともと郡司氏の訳業は奥田氏の翻訳に対する批判から発したものであり、その「あとがき」を読むといきさつがはっきりすると述べている。郡司訳の『悪魔の辞典』には別冊として評註篇があり、ここで奥田氏の「誤訳・愚訳・珍訳・脱落」を槍玉に挙げている。これがすごいのである。なにもここまで言わなくとも、と思うほどの痛烈さであり、これはご自分でも「自制のないペンが罵詈雑言のインクを浴びせている」とおっしゃっている。

筒井氏がここで言及しているバトルの詳細は英語・英文学の専門誌『英語青年』(1975年1月号)に譲ることにしよう。郡司の奥田に対する酷評は、まるでビアスの悪魔が乗り移ったのではないかと思わせるほど辛辣なものであり、小生などこの拙稿を書いていても後ずさりしたくなる思いがしなくもない。ユーモア文学の鬼才でもある筒井氏は、「もし郡司氏がおれのいいかげんな創訳を見たらどんなに激怒することか想像してふるえあがったが、郡司氏は昨年逝去されたためその心配はなくなった。多くの立派な訳業を残された郡司利男氏のご冥福を祈りたい。」とその心の内を披露している。私の師である郡司利男は癌という名の悪魔に襲われ1999年10月4日に急逝された。ここに改めて先生のご冥福をお祈りする。(May he rest in peace!)

この筒井氏の言及よりもかなり早い時期、つまり郡司の訳業が完成した直後、『朝日新聞』「読書欄」(1982年3月29日)に掲載された今は亡き東京大学教授、高橋康也氏による書評をここに引用する。

「毒舌の刃　切れ味一段と――『悪魔の辞典』郡司氏の全訳版」という大見出しで、「現代に通じる苦しみ」「表裏の意味　見事に翻訳」などはゴシック体で表現され、郡司氏の訳業を賞讃している。

郡司氏を駆り立てたのは、西川訳への量的な、奥田氏ほか訳への質的な、不満だったらしい。全部で1851項目、相当な量であるが、たとえ玉に石が混じっていようとも、そのすべてを訳出したいというのが、ビアスの悪魔にとりつかれた者として、やむにやまれぬ気持ちであろう。

より重大なのは、質の問題だ。なにしろ、ひねりにひねった観察を圧縮の極致とも言うべき文体で書きとめた原文である。神話や聖書への言及やでっちあげた戯詩のもっともらしい引用もある。表の意味、裏のニュアンスを完全に読みとり、しかも原文に匹敵するような、寸鉄人を刺す日本語に置きかえなければならぬ。郡司氏は、難事業をみごとにやってのけた。

さらに加えて、この名訳の出現によってビタービアスの毒舌の刃がついにその切れ味を曇りなく示すにいたったことは、慶賀の至りである。

ビアスは生まれ故郷のアメリカよりも日本の方で注目されているが、この表裏の意味をビアスが思い描いたように捉えることが出来るかどうかへの挑戦が続く限りは、このビアスの辞典がわれわれの視界から消え去ることはないであろう。そして評者の高橋康也氏が英語読解の腕試しには絶好のおすすめ品であると評していることも、日本人の好みに合っているのかも知れない。

先にも触れたように、わが国では少なくとも四つの『悪魔の辞典』の訳書が存在しているが、その原著とその周辺について概述しておこう。

小生所有の原著はアルバート・アンド・ボニ出版の１９３５年版（*The Devil's Dictionary.* Albert & Charles Boni, 1935）であるが、郡司氏はこの翻訳書を正編と続編とに分冊している。そのよるところは、正編とは１９１１年に出版された『悪魔の辞典』（*The Devil's Dictionary.* Crowell Publishing, 1911）のことで、これはビアス自身が１９１１年に集めた著作集（*The Collected Works of Ambrose Bierce*）の第7巻で、これが直接、間接にその後のすべての版本の定本になっている。

しかしビアス自身の手になるこの辞典に大きな欠落があろうなどとは、誰も夢想だにしないことであった。しかもこの、いわば世紀の大発見に至るきっかけが、ビアスの序文の冒頭の一文であった。つまり「１８８１年に書き始めた」とあるが、この１８８１年という年代には事実との間にずれのあることに気づいたのである。というのはビアスの『悪魔の辞典』の萌芽はすでに１８６９年に見られるらしいからである。この発見者こそホプキンズ教授である。輝かしい新聞人としての一線を引き、アリゾナ州立大学の名誉教授となったホプキンズ氏は、若き日サンフランシスコのジャーナリストたちに受けた影響もあって、ビアスの全集を調べることに着手しその書簡を入念に読んでいくうちに、ビアスの例の序文「１８８１年に書き始めた」という１８８１年には、事実との間にずれがあることに気づいた。

初めホプキンズ教授の頭に去来したことは、ビアスがまとめた『悪魔の辞典』の内容が以前に雑誌に発表したものよりどれくらい多くなっているものか知りたい、ということであった。ところが気をつけて調べてみると、古典とされてきた底本の方が、アルファベット順に並べられた見出し語にギャップのあることがわかった。そこで本格的に、ビアスが寄稿していたすべての刊行紙を調べあげてまとめたものがホプキンズ教授の増補版（*The Enlarged Devil's Dictionary by Ambrose Bierce.* Doubleday & Company Inc., 1967）で、郡司はホプキンズ教授の発見した項目を『続・悪魔の辞典』としている。つまりビアス自身がなぜか１９１１年に収録しなかった項目８５１語が発見され、これを増補版としたのである。このいきさつについては『続・悪魔の辞典』の「ホプキンズ教授の発見」に詳しい。正編の見出し語のＡの項はAbasementで始まり、最後のＺの項はzoologyで終わり、９９７項目ある。さらに続編はＡの項がアルファベットのＡで始まり、終りがＳの項でshoddyとなっている。正編とは異なり、U、V、Wなどの項目は一切ない。このあたりの不統一は、1911年の全集版とホプキンズ教授の発見によるものとの関連によるものであろう。

いずれにしろ重大なのは、ビアスによって取り上げられた項目と、それに盛り込まれた世界中の人に対する軽蔑、鋭いウイット、皮肉、諷刺、毒舌である。これらは圧縮の極地とも言うべき文体で書きとめられた質の高いものである。

次節でビアスの『悪魔の辞典』のいくつかの項目を取り上げ、その意味するところを読み解くことにする。

『悪魔の辞典』を味わう

短編の名手と謳われたビアスだが、これらの種々の名短編小説とは異質の『悪魔の辞典』は、ある意味では彼の短編以上の存在価値があると言ってよい。二一年間にわたってジャーナリズム界に健筆を振るったわけで、その余波は今世紀になっても今なお我が国の新聞のコラム――「天声人語」「編集手帳」「余録」など――に姿を現し、コラムニストたちはその霊感を仰いでいる。『悪魔の辞典』から引用してそれぞれのコラムのパンチラインとして利用した具体例を、小生が現在までに収集した中から面白いものを取り上げ読者の興に報いたい。

電　話〔名詞〕―悪魔の発明品であって、気に食わぬ奴を寄せつけないでおく便利さを、なにがし侵害するもの。

平　和〔名詞〕―二つの戦争の間のだまし合いの時期。

関　税〔名詞〕―輸入品に課する税率のことで、消費者の強欲から国内生産者を保護することを目的とする。

隣　人〔名詞〕―私たちの方では命令に従って自分を愛するように愛そうとしているのに、あらゆる手を尽くしてその命令に背かせようとする人。

運　命〔名詞〕―失敗をしでかした時に持ち出す口実。

一　年〔名詞〕―三六五回の失望から成る一期間。

外　交〔名詞〕―祖国のために偽りを言う愛国的な技術。

宗　教〔名詞〕―「希望」と「恐怖」を両親とし、「無知」に対して「不可知なもの」の本質を説明している娘。

過　労〔名詞〕―身分の高い役人が魚釣りに行きたいと思う時にかかりやすい危険な病気。

日　記〔名詞〕―自分自身について顔を赤らめずに物語る部分を毎日記録したもの。

野　心〔名詞〕―生きては敵にののしられ、死しては味方の物笑いになりたいという、おさえがたい欲望。

歯医者〔名詞〕―手品師であって、金属を人の口の中に入れておいて、硬貨をその人のポケットから取り出すことをする。

いずれの項目も辛辣さや風刺がきいて苦笑させられるものであるが、これらのコラムニストによる辞典からの引用がそのコラムの中でパンチラインとして効果を上げているのは、コラムニストの腕によることは言うまでもない。いや忘れてはならないのは、その引用する際の出典である。言い換えるなら、先に言及した項目が一体誰の訳書によるものなのか、という点である。以後これらのコラムに気づいた時、誰の訳書からの引用であるかを調べてみることも『悪魔の辞典』の別な味わい方の一つになるかも知れない。

　ビアスの『悪魔の辞典』の原著はそう簡単ではない。その裏の裏を読み解くことは容易ではなく、全精神を集中させる心づもりがなくてはならない。ビアスの『悪魔の辞典』の見出し語は執筆にあたって「与えられたもの」ではなくて、ビアス自身が選んだものである。ということは、いずれの項目にも大なり小なり「悪魔」が潜ませてあると考えなくてはならない。その悪魔は様々に姿を変えるけれども、いずれの項目にも「悪魔」が存在しているのであるからその悪魔の正体がわかるように訳す、ということが鉄則となる。しかしそれには当然のことながら、訳者にその「悪魔」を見抜く眼力がなくてはならない。小生にはそのような眼力が十分には備わっていないため、この原著に対して百パーセントはおろか半分も真の理解はしていないと告白しなければならない。読み込めない原因の一つは、ビアスの文才に加え、真偽にまみれた引用文を至るところで自信を持って多用していることによる。

　とは言いながらも、ビアスの原著を読みこなすための一つの手段として小生が自信を持って推薦したいのは、異分析という手法による捉え方である。そもそも異分析（metanalysis）という用語を導入したのはデンマークの偉大な言語学者オットー・イェスペルセンで、彼の著作の中にある（Otto Jespersen, *A Modern English Grammar On Historical Principles*）（次ページ枠囲み）。

　つまり「異分析」とは、単語あるいは単語群が、新しい世代の人々によって以前の時代の分析とは異なった具合に分析されることである。たとえば現代英語の apron（エプロン）は前の時代は napron（ナプロン）と言っていた。その a napron の語頭の n が前の冠詞 a と結合して an と化して an apron となり、今の apron が形成された。同じような語に審判員の a numpire → an umpire（アンパイア）がある。また adder（まむし）も a nadder → an adder で、この類である。これに対し newt（いもり）は an ewte → a newt で、apron とは形成過程が逆である。同様な経緯で生まれた日本語に「綺羅星」があるが、これは「綺羅、星のごとく」が異分析されて「綺羅星のごとく」と形成された例である。このほか

I have ventured to coin the word 'metanalysis' for phenomenon frequent in all languages that words or word-groups are by a new generation analyzed differently from the analysis of a former age. Each child has to find out for himself, in hearing the connected speech of other people, where the word ends, and the next one begins, or what belongs to the kernel and what to the ending of a word, etc.

わたくしは「異分析」（metanalysis）という語を敢えて造った。これは単語あるいは単語群が、新しい世代の人々によって、以前の時代の分析とは異なった具合に分析されることを言う。どの子どもも、他の年長の人々がつながったことばを言うのを聞いて、どこで一つの単語が終わり次の単語が始まるのか、あるいはどこが単語の中核でどこが語尾であるかを、自分の力で見出さざるを得ない。

いわゆる意図的に作られた語ハンバーグ（hamburger）は本来、西ドイツの都市 Hamburg（ハンブルグ）に由来するが、ham・burger と異分析された結果、ham の部分に beef, egg, cheese などの語が入って beefburger, eggburger, cheeseburger などが誕生した。これはそもそも ham がハム肉を連想し、独立した語と考えられたため生じた語である。この意図的に犯す「誤り」で新規な語を生み出すのである。

これらの例は英語の歴史の中で無意識のうちに生じた現象である。とは言っても、言語習得の過程でたいていの場合、子どもは前の世代と同一の分析に到達するであろうが、しかし時として以前の切れ目とは異なる個所に境界を入れることにもなり、この新しい分析が一般化することもある。この一般化は言語の歴史の中にあっては顕著なものではないし、異分析そのものは言語学的には消極的な現象であると言ってよい。

とは言いながら興味あることは、この異分析という手法を意識的にあるいは積極的に用いることによって、聞き手や読み手に「笑い」や「ユーモア」や「諷刺」を引き起こすことを意図するノンセンス的手法もある、という事実である。言語学上の異分析が消極的な現象であるのに対し、いわゆるノンセンス的異分析は積極的な現象であると言えよう。

そう言えば異分析にはいわゆる曖昧性とも重なり合う部分がある。たとえば「ここではきものをぬぎなさい」はその好例であろう。どこで切るかによって二通りの意味が可能である。同様に、小さい頃よく人をかつぐのに使った電報文「ツマデキタカネオクレタノム」も、曖昧性を意図したことば遊びである。The old matron fed her dog biscuits. は英語の曖昧文である。

アメリカで人気のまんがジョニー・ハートの B. C. には、

●ジョニー・ハート：三コマまんがの会話

A ：“I know how we can overcome man!”

B ：“How?”

A ：“We'll girlcott them.”

B ：“The Tower of Babel could make a comeback at our expense.”

異分析で解決してくれるものがよく見られる。上の三コマまんがの会話の部分を見てみよう。

　このまんがのオチは言うまでもなく girlcott のところであるが、これは既存の語 boycott（排除する）を boy・cott と逸出した分析を行ない、boy の部分を対立語 girl に置き換えることにより、女性の主張を意図した笑いである。

　『悪魔の辞典』に取り組むとき、この異分析の手法が効をなす場合が多い。次は上の boycott に類似した異分析の例である。

1. Hebrew（ヘブライ人）〔名〕A male Jew, as distinguished from the Shebrew, an altogether superior creation.

（男のユダヤ人であって、女のユダヤ人（shebrew）と区別されるが、このシーブルーこそは、まったくもって優れた創造物なのである。）

　明らかなように Hebrew を He・brew と分析し、He を対応語の She に置き換え、女のユダヤ人と新造した逸品。Boycott をもとに girlcott を考案した Johnny Hart 同様に、英語圏の人たちの語に対する共通した感覚が根底にはあるように思えてならない。何も言語学者ではなく一般の人でも語（word）に関する文法 ― いわゆる語を構成している個々の要素つまり形態素に対し暗黙の語感が心理的に働いているように思われる。同じくジョニー・ハートは、adamant という語を掲げ、それに the first ant という定義を加えている。多くの読者がなるほどと納得されるであろう。Adam がこの世の最初の人であるので、adamant「この世の最初のアリ」adam・ant と異分析しているのである。

　そう言えばカリフォルニアのある高校の女性教師が、自分のクラスの生徒たちにある語を与えそれを定義させるという作業を行い、その生徒たちの定義を収集して Pullet Surprises というタイトルの本にまとめている。この中で同じ adamant に pertaining to original sin（原罪に関わる）という学生の定義を挙げているが、ここでも Adam（アダム・原罪）を Eve との関連で、また ~ant は「性質」などを表わす形容詞語尾と解釈しての定義である。これは人が語に対してどのような感覚を持っているかの生きた例で、言語学的レベルで言えば、一般に人の語に対する無意識に持っている形態論的知識を反映したものであると言えよう。このタイトルのPullet Surprises自体が異分析を意図したものであるが、読者の皆さん自ら正解を出していただきたい。

　ビアスの項目の中には異分析の手法により解釈可能なものも多く見られるが、紙面の都合上、興味をひきそうなやさしい例を少し挙げておこう。

2. Chimpanzee（チンパンジー）〔名〕A species of pansy cultivated in Africa.
（パンジーの一種でアフリカで栽培されている。）

　本来 chimpanzee は一切 pansy とは関係が無いのであるが、chim・panzee と異分析し、panzee を音声上の類似から pansy として捉え、「アフリカで栽培されている珍パンジー」としゃれている。

3. Misfortune（不運）〔名〕The kind of fortune that never misses.
（けっしてミスする（取り逃がす）ことのない種類の運。）

　つまり miss・fortune と異分析し、決して取り逃がすことのない誰もが経験する運としている。

　異分析を通して読み解く具体例を挙げたが、ビアスのすべての項目がなにも異分析によって読み解けるわけではない。ここではビアス特有の辛らつな定義による他の例を挙げる。

4. Beggar — one who has relied on the assistance of his friends.
（友人たちの助力にすがって生きてきた人間）。

　これをこのまま鵜呑みにしては悪魔が不在となる。普通の英文解釈の域を出ないであろう。つまり「当てにしてきた」から beggar になった。結局、援助の手を差し伸べてもらえなかったと言っているのである。当てにならない友人の援助を当てにしてきたためこのありさま、ということである。

　ビアスはまったく相反するような定義も試みることがよくあるが、その一つは次のようなものである。

5. Rose — Same thing as a skunk. A rose by any other name would smell as sweet. — Moses
（スカンクと同じもの。バラは他の名前で呼ばれようとも香りに変わりはないだろう）— モーセ。

これは筆者の専門から言えば、言語学の入門段階で必ず触れる「言語の恣意性」を論じる際に言及される「言語記号と実体の関係は絶対的なものではない」という必須事項であるが、バラを定義するのにスカンクを引き合いに出し、バラを語るのに「ロメオとジュリエット」の名セリフをモーセからの引用としたビアスの突飛さと辛辣さには驚かされる。

ビアスと真剣勝負を果たすには原文そのものと取り組むのが本筋であろうが、本書の意図から原文とその訳文とを併記した。最後に、次の例だけは自力で読みとっていただきたい。

6. Die v. — The singular of "dice." We seldom hear the word, because there is a prohibitory proverb, "Never say die." At long intervals, however, some one says: "The die is cast, which is not true, for it is cast."

読者のみなさまに、ビアスに関する映画の情報を一つお届けしたい。

「革命の嵐が吹くメキシコ。若き革命家と老ジャーナリストと女教師の壮大なる愛の炎が燃える。」

1913年、メキシコ全土で革命の炎が燃え盛っていた。祖国アメリカを捨てた老ジャーナリスト、ビアスと、彼の出版記念記者会見での印象的な行動に感銘を受けた女教師ハリエット、そして革命軍の若き将軍アローヨ。激動の時代を背景に三人の愛と野心が燃え上がる。

ビアスを演じるのは、今は亡きグレゴリー・ペック、女教師ハリエットをジェーン・フォンダ、若き将軍アローヨをジミー・スミッツが演じる Old Gringo（「私が愛したグリンゴー」）〈1989年、コロンビア映画〉ついでながらグリンゴーとはメキシコ人から見ての白人、特にアメリカ人を指す軽蔑的な意味を込めたことばである。お暇の折にどうぞ！

参考文献

Ambrose Bierce. *The Devil's Dictionary*. Crowell Publishing Comp, 1911.

Ambrose Bierce. *The Devil's Dictionary*. The World Publishing Comp, 1911.

Ambrose Bierce. *Ambrose Bierce's Civil War*. edited by William McCann, NY: Wings Books, 1956.

Charles Fuentes. GRINNGO VIEJO. 1985.（フェンテス著『おいぼれグリンゴー』集英社文庫）

Fromkin, V. & Rodman, R. *An Introduction to Language*. Harcourt

Brace, 1974.
ビアス／郡司利男編『悪魔の辞典』（対訳篇・評註篇）こびあん書房、１９７４
ビアス／郡司利男訳註『続・悪魔の辞典』こびあん書房、１９７７
アンブローズ・ビアス／郡司利男訳『正・続全訳　悪魔の辞典』こびあん書房、１９８２
郡司利男『言語と文化』こびあん書房、１９７８
Ａ・ビアス／西川正身選訳『悪魔の辞典』岩波書店、１９６４
西川正身『孤独の風刺家　アンブローズ・ビアス』新潮選書、１９７４
丹羽昌一『天皇（エンペラトール）の密使』文藝春秋
Ａ・ビアス／奥田俊介ほか訳『悪魔の辞典』角川文庫、１９７５
新冨英雄「悪魔の辞典管見」郡司利男編『悪魔の言語学』開拓社、１９８３
新冨英雄「ことば遊び管見 ―― Ａ・ビアスの異分析」東洋英和女学院短期大学英文科『英米文学研究』第３号、１９８２
谷口睦男『文明憎悪の文学者 ―― アンブローズ・ビアス』研究社英米文学語学選書、研究社、１９５５
アンブローズ・ビアス／筒井康隆訳『筒井版 悪魔の辞典』講談社、２００２

J・D・サリンジャー

『キャッチャー・イン・ザ・ライ』

太田良子

右：J.D. Salinger, ***The catcher in the rye***
Harmondsworth, Middlesex: Penguin, 1994.

左の2冊：J.D. Salinger, ***The catcher in the rye***
edited with notes by Hisashi Shigeo, Tokyo: Eichosha, 1967.

太田良子●プロフィール

1994年のケンブリッジ大留学の一年は我が人生の曲がり角だった。列車に乗ってロンドンに出かけた日のこと，後ろの座席の父親と息子の会話が耳に入った。息子が「お父さまはこの駅には止まらないと言ったけど止まったよ。どうして？」すると父親が "I lied." とひと言。あとは父も子も静かだった。以来イギリスに生まれなかったことが悔やまれてならない。

J・D・サリンジャーとその時代

サリンジャー（J. D. Salinger）は現在八八歳、私たちの同時代人である彼の半生を略年譜（左ページ）で概観すると、『キャッチャー・イン・ザ・ライ（*The Catcher in the Rye*）』（1951）が社会に与えた影響も含めて、現代という複雑な時代があらためて見えてくる。

『キャッチャー・イン・ザ・ライ』について

この小説の主人公のホールデン・コールフィールドは一七歳の今はサナトリウムのようなところに入所している。そして一六歳のときにクリスマス休暇をもって名門ペンシー校を退学になり、ニューヨークの自宅に帰りつくまでの三日間を思い出して語るという枠組みで話が進む。神は細部に宿ると言うとおり、小説の面白さは細部にあるのは周知のこと、セントラル・パークの池のダックたち、ホールデンがホテルに売春婦を呼ぶ場面、白血病で死んだ弟アリーと詩が書いてある彼のミットの話など、読者にはそれぞれに忘れられないシーンがあるだろう。ここではこの小説のタイトルについて確認しておこう。

まず「ザ・ライ」とは「ライ麦畑」のことで、フォースターの名曲として日本でも愛唱されている「故郷の空」の英語の歌詞の一節「イフ・ア・バディ・ミート・ア・バディ・カミン・スルー・ザ・ライ」に由来している。ニューヨークのど真ん中のブロードウェイの喧騒の中で、小さな男の子がこの歌をうたっているのを耳にしたホールデンが、「ミート・ア・バディ」を「キャッチ・ア・バディ」と聞き違えてしまう（ありえない聞き間違い？）。帰宅して妹のフィービーから、退学してどうするつもり、お父さまに殺されるわよと問い詰められたホールデンが、広いライ麦畑で遊んでいる子供が崖から落ちそうになったらつかまえてやる、つまり彼は「キャッチャー・イン・ザ・ライこと、ライ麦畑の捕まえ役」になるつもりだと答える。雑談に夢中な両親を離れて車道に下りてしまった男の子を車で危険な道路から守ってやりたかった、という一瞬の思いが、ホールデンの脳裏をかすめたのか。いずれにしろこれは熟慮の末の計画でもなければ無垢な少年の牧歌的な未来像でもない。大人と子供の中間にいながら、いやおうなく大人に向かって流れていく時間に囚われた一六歳の少年の戸惑いと絶望感が産んだ、根拠も何もないただの夢、そのはかなさに彼は次第に狂気へと追い込まれていく。村上春樹がニューヨークを彷徨するこの少年の話を「地獄めぐり」と呼んだことで、ああこれは『不思議の国のアリス』

1919年1月1日　ニューヨークに生まれ、本名はジェローム・デイヴィッド。父ソロモンはハムの輸入業を営んで成功。八歳上に姉ドリス。

1929年　ウォール街の株式大暴落で「大恐慌」始まる。

1932年　富裕層の子弟が通う有名校のマクバーニー校に入学。学業不良で退学処分。

1934年　ペンシルヴァニアのヴァリー・フォージ陸軍幼年学校に入学。短編小説を書き始める。36年卒業。37年ニューヨーク大学に入るが、自主退学。欧州に渡る。短編を投稿したりする。

1938年　フィッツジェラルドの『グレート・ギャッツビー』に感動する。

1939年　第二次世界大戦勃発。

1941年　真珠湾攻撃で日本宣戦布告、アメリカ第二次世界大戦に参戦。

1942年　入隊し、通信隊の訓練を受ける。数編の短編が文芸雑誌に掲載される。

1944年　対スパイ作戦の訓練のあと、英国に送られる。6月6日のノルマンディー上陸作戦で激戦を経験。従軍記者として英国にいたヘミングウェイに会い、残酷な男という印象を受ける。8月、パリ解放。9月、ドイツ侵攻作戦に参戦、むごたらしい戦闘で死と隣り合わせの数ヶ月を過ごす。

1945年　日独伊敗退、第二次世界大戦終結。復員し、「神経衰弱」で入院。

1947年　雑誌『マドモアゼル』などに短編が掲載され始め、48年には最も権威ある文芸誌『ニューヨーカー』誌と専属契約。

1949年　『キャッチャー・イン・ザ・ライ』の執筆に入る。

1950年　短編の一つ「コネティカットのひょこひょこおじさん」が『愚かなり我が心』として映画化され、原作を無視した映画のストーリーに激怒、以来自作の映画化を断固として拒否。

1951年　『キャッチャー・イン・ザ・ライ』(以下『キャッチャー』)完成。これまでに世界中で6000万部、今も毎年25万部の売れ行き。

1953年　ニューハンプシャーのコネティカットに土地を購入、電話もない自給自足に近い生活。短編集『ナイン・ストーリーズ』出版、ベスト・セラーに。

1955年　ロンドン生れのラドクリフ大の女子学生クレアと結婚、55年長女マーガレット、60年長男マーシュ。地元の高校生の学校新聞取材に応じたところ、スクープ記事として大きく掲載され激怒。以来二メートルのコンクリート塀をめぐらし外界と断絶。妻クレアは精神に異常をきたし、67年に正式離婚。

1960年　『エデンの東』などの名監督エリア・カザンの『キャッチャー』映画化打診を拒否。

1961年　『フラニーとズーイ』発表。たちまちベストセラー。

1963年　『大工たちよ、屋根の梁を高く上げよ・シーモア―序章』発表。

1965年　この前後からサリンジャーの動向の真相は不明となって現在に至る。毎日執筆し、書斎には十数編の完成した小説が積み上げられているという噂もある。

＊　＊　＊

1980年　マーク・チャップマン、ジョン・レノンを射殺。路肩に座って『キャッチャー』を読んでいる彼を警官が逮捕。チャップマンはこの寸前にホールデン・コールフィールドに正式改名。裁判で『キャッチャー』の一節を読み上げる。

1981年　ジョン・ヒンクリー・ジュニア、レーガン大統領を狙撃未遂。その動機は女優のジョディ・フォスターの関心を引くため。彼の所持品の中にはぼろぼろになるまで読み込まれた『キャッチャー』が入っていた。

2001年　長女マーガレット・サリンジャーが *Dream Catcher* を出版、父サリンジャーが家族に与えた功罪について克明に伝えている。

の現代少年版でもあると思った。また村上訳で再読した内田樹はこれを「みごとなアメリカン・ホラー」と呼んでいる(『村上春樹にご用心』、アルテスパブリッシング)。野島秀勝がつとに喝破したように(『ユリイカ・特集サリンジャー』1979年3月号、「『無垢』のダスゲマイネ」)、元歌の「ライ麦畑」は子供の遊び場などではなく、麦畑に隠れて男女が逢引をする場所、そのヤラしい音がライ麦畑を通して聞こえてくるのだと考えると、ホールデンの「インチキな大人たち」との戦いは、彼自身の聞き間違いの「インチキ」によって内側から敗北する。『キャッチャー・イン・ザ・ライ』は今なお色々と波紋を起こす「怖い小説」であるようだ。

伊丹十三と『ライ麦畑でつかまえて』

一冊の本との出会いによって芋づる式に、その後の読書傾向が決まることがある。今回「私が出会った一冊の本」というテーマを、私はそのように解釈して話を進めたいと考えた。1970年の秋に三井物産のロンドン支店勤務のために渡英した夫と合流すべく、1971年の春、私は一歳の娘を連れてロンドンに行った。初めての海外経験だった。当時はまだアラスカ回りで十二時間以上かかる飛行機の旅、長旅の機中は読書で、というので娘のオムツや絵本と一緒に手荷物の中に入れたのが『ライ麦畑でつかまえて』(野崎孝訳、白水社。以下『ライ麦畑』)だった。しかし機中で過ごした長い時間、この本を開いて読んだのかどうか。あまり読まなかったに違いない。

水仙が咲き乱れるロンドンに無事到着。住まいは夫がウィンブルドンのテニスコートの近くに見つけておいてくれたタウン・ハウス。海外駐在員の妻たちの「華やかな生活」の仲間入りをしたが、私は奥さまの雑誌『ミセス』を日本から取り寄せて読んでいた。そこに『ライ麦畑』を絶賛する伊丹十三の一文が載っていた。調べてみると、伊丹十三は1971年新年号から二年間、「のぞきめがね」と題するエッセイを『ミセス』の巻頭に見開きで書いている。そのエッセイとは、『ライ麦畑』でホールデンがニューヨークのセントラル駅のレストランで二人の尼さんと出会う挿話を取り上げたもの、伊丹はそこで二人の尼さんの粗末なカバンと彼女たちが食べる質素な朝食を見たホールデンの胸中に深く共感している。尼さんとカバンと朝食、私は伊丹十三のおかげで、忘れがたいシーンがいくつ心に残るかが本を読む醍醐味なのだということを教えられた。尼さんのカバン、池のダック、壊れたレコードなど、目に浮かぶよう細部の描写によって自由に小説を導く文章の力、細部を描く確かな語彙の美しさにこそ、作家の特質が現れるのだということが納得できた。

それから私は伊丹十三の本を読み始めた。彼の経歴も知った。『女たちよ！』（文春文庫）を読んで、『ライ麦畑』が一番の愛読書であることが彼のお嫁さんになる条件であることを知った。１９７３年に出た『小説より奇なり』（文藝春秋）では、耳で聞いた対話の台詞を再現する彼の才能にびっくりした。話し声まで聞こえてきた。とくに「俳優児玉清氏喧嘩について大いに語る」で大笑い、続く「列車上の争い」と「児玉先生に励ましの手紙を出そう！」「車中の大活劇！！」にいたっては可笑しくて涙が出た。児玉清にはこのとき以来注目しているが、今や周知の本読みの達人技もさることながら、この人には本物のユーモアのセンスがある。最近キムタクの映画『ヒーロー』に出ていた彼を見たが、その持ち味が生かされた彼の映画はまだないと私は見ている。山田洋次さん、いかがですか。ともあれ伊丹十三と児玉清がこういう絆で結ばれていることにも感動した。男同士のネットワークは広くて固い。うらやましい。

伊丹十三『小説より奇なり』文藝春秋，1973.

しかし、１９８４年に伊丹十三が監督した最初の映画『お葬式』は、世間では大評判をとったが、私はやや意外な気持であの映画を見た。はにかんだような笑顔、ハンサムで背も高く、英語もしゃべり、イギリス映画にも出演し、名優ピーター・オトールらとの交友もあり、スパゲッティの食べ方から靴やカバンや食器に至るあの趣味のよさからすると、あの映画は色々な意味でいかにも日本的で庶民的だった。お葬式に集まる人々が、私が抱いていた伊丹十三とは縁のない伯父さんや叔母さんに見えた。お通夜やお葬式の雰囲気も死者への配慮がやや軽すぎるようにも思った。手伝いに来ていた会社の女子事務員が主人公の愛人で、お葬式の最中に畑でセックスをする場面にはビックリした。やはり伊丹ファンだった私の友人は子供四人を全部連れて見に行き、これには怒りすら覚えたと言っていた。その後も彼は多くの映画を撮ったが、私は一つも見ていない。そして１９９７年12月20日、飛び降り自殺。まだ六四歳だった。何が苦しかったのだろう。生涯こよなく猫を愛し、可愛がっていたコガネ丸を描いた素晴らしいスケッチが残っているが、猫の横に「一切空」と書いたものが何枚かあった。

江藤淳　成熟と無垢

帰国して長女が小学校二年になった年に、私は夫に学費を払ってもらい、母校東京女子大学の大学院英米文学研究科に入った。住まいが荻窪だったのも幸運だった。子供を学校に出してから、私も学校へ。大学院は当時、小池滋のディケンズ論、野島秀勝の特殊講義「イエーツと仮面」、亀井俊介のホイットマン論、山内久明のコールリジ論、川本静子のジョージ・エリオット論、清水護の英語学など、豪華絢爛たるカリキュラムだった。川崎寿彦の『マーヴェルの庭』（研究社）には、専門を離れて感動した。同じく彼の『庭のイングランド』（名古屋大学出版会）、『森のイングランド』（平凡社）、そして高山宏の『アリス狩り1、2、3』（青土社）など、大学院はこういう本と出会う場所であり、同時にこういう本は自分には書けないことを知る場所だった。三年間在院し、ヘンリー・ジェイムズで書いた修士論文で東京女子大学学会賞を受賞、当時会長だった斉藤勇《たけし》先生から光栄にも賞状と金一封を拝受した。その斉藤先生が非業の死を遂げられたとき、短大の教員になっていた私は喪服を着て授業をした。

ヘンリー・ジェイムズが小説の中で試みたことの一つに、新大陸アメリカと旧大陸ヨーロッパの相克、つまり「無垢」が「経験」と対峙するときに起きる衝突の分析がある。たとえば彼の『デイジー・ミラー』（1879）のデイジーはアメリカの富豪の娘、ヨーロッパに渡り、旧世界に網の目のように張り巡らされている複雑な慣習を無視してパーティに出没し、舟遊びや夜遊びに出て、結局は熱病にかかって死んでしまう。愛欲に溺れたヒロインたち、ボヴァリー夫人は毒を飲んで死に、アンナ・カレーニナは列車の下に身を投げたように、自由なアメリカ娘も慣習（道徳）を無視すれば罰せられる。それが小説のいいところ、不道徳がはびこる現実の混沌を小説が昇華してくれるのだから。

この前後、私は福田恆存や江藤淳の本をずいぶん読んだ。明快な主張のある内容に学び、美しい日本語と無駄のない達意の文章に魅了された。そして江藤淳の『成熟と喪失――母の崩壊』（河出文藝選）は、「ゆっくり行け母なし仔牛よ」と「母は泪かわくまなく、祈ると知らずや」という二つの歌で、遠いフロンティアに旅立つ孤独なアメリカの息子と、成長して離れていくことを恨み続ける母親がついている日本の息子を対比した「成熟」の問題が、無垢と経験にもつながることを教えられた。また「世界の混濁が彼らの意識に反映しているのか、錯乱した意識に映じる世界がそのように感じられるのか」といった論考に、「無垢」とは「錯乱した意識」であり、「経験」とは「混濁した世界」なのだという認識を深めることになった。修士論文を書くときは若書きのエネルギーに満ちた江藤の初期の名著『夏目漱石』（新潮文庫）を持ち歩いた。その江藤淳が自殺したときはショックだった。彼が死んだのは稲妻が夜空を走り激しい雷鳴がとどろいた夜で、あの落雷がなかったら彼は死なずにすんだのではという追悼文を書いた人がいた。

江藤淳の直弟子ということで福田和也をずいぶん読んだ。今では買うのが間に合わないぐらい盛んに本を書いておられるが、何と言っても『作家の値打ち』(飛鳥新社)は痛快だった。日本の作家をずらりと並べてその作品を百点満点で採点し、「九〇点以上は世界文学の水準で読みうる作品」「二九点以下は人前で読むと恥ずかしい作品。もしも読んでいたら秘密にしたほうがいい」と適切にアドバイスしてくれた。村上春樹は九〇点以上がたくさんあった。福田和也の許可を得て、同じ基準の百点満点方式で文学賞受賞作品を整理整頓してくれているのが豊崎由美と大森望のお二人、いまでは『文学賞メッタ斬り!』(PARCO出版)が毎年出るので、それを読んでから選書するなり立ち読みするなり、いやこれだけ読んでもめっぽう面白く、もう大満足。

朝日カルチャーセンター「英日翻訳ワークショップ」

1981年、色々な人々を介した目に見えない恩寵のもと、私は東洋英和女学院短期大学英文科に奉職した。四二歳の専任講師、あとで異例の人事だったのよと言われた。英文講読には英米の短編小説をテクストにし、英文学史や英米文学特講など、教えることはまさに学ぶことだった。ある年の夏休みに小池滋先生から電話があった。コナン・ドイルの未紹介作品集(全三巻)を訳して中央公論社から出すので、手伝わないかとのこと。教え子である何人かの院生に声を掛けられ、その中の一人に選んで下さったのだろう。私は「ジェレミー伯父の家」「教区雑誌」「危機一髪」の三つを訳した。ジェレミー伯父の家で殺人が起きる。その殺しの方法はインドの殺人集団サグ団のもの、果たして犯人は? サグ団など、調べるまで知らなかった。翻訳は勉強になり、作業はとても楽しかった。その後また小池先生から、G・ギッシングの『余計者の女たち』(秀文インターナショナル)を訳す機会を与えられた。『余計者の女たち』は当時台頭してきたフェミニズムと女性学の「バイブル」と呼ばれた小説で、イギリス小説につきものの女家庭教師の貧しい生活、結婚以外に道がなかった十九世紀の女たちの苦悩と打算、では独身女のほうが幸福なのかなどなど、この翻訳がどれほど勉強になったことか。

そのうち新宿の朝日カルチャーセンターから声が掛かり、「英日翻訳ワークショップ」を開講した。一時は初級と中級と夜間と、三クラスも持っていた。テクストははじめから英米の短編小説、ポーやダールやマンスフィールド、ミュリエル・スパークやフェイ・ウェルドンなどをどんどん訳していった。日本語の勉強が必要になり、副読本を「朗読」するのがクラスの習慣になった。朗読の重要性は、朗読すれば嫌でもわかる。いい本は朗読すればわかる。いい声はいい。できるだけいい声で読むように指導した。「英日翻訳ワークショップ」は一五年続けたので、読んだ副読本は、阿部昭『短編小説礼賛』(岩波新書)、長田弘『私の二十世紀書店』(中公新書)、向田邦子『父の詫び状』と『夜中の薔薇』(文春文庫)、藤原正彦『遥かなるケンブリッジ』(文藝春秋)、村上春樹『村上朝日堂はいかにして鍛えられたか』(朝日新聞社)、デイヴィッド・ロッジ『小説の技巧』(白水社)などなど。ちなみに『短編小説礼賛』は、筒井康隆が『短編小説講義』(岩波新書)を書くきっかけになった人も知る名著。私のクラスに来てすぐやめた人も副読本の『礼賛』を買ったので、全部で百冊くらいになっただろうか、やっと出た復刻版も絶版となり、どうしても入手したい受講生が神田の古書店に二千円で出ているのを見つけたと言っていた。私のクラスのせいか?

久世光彦　日本語危篤

向田邦子の『父の詫び状』は、まず銀座の老舗の広報誌『銀座百点』に連載され、それに目を留めた森繁久弥の推薦で本になったと聞く。私は向田邦子の随筆は全部、短編小説はほとんど読んでいるが、彼女が脚本を書いたテレビドラマはほとんど見ていない。だから、その演出を手がけていた久世光彦《てるひこ》も知らなかった。久世光彦の『ニホンゴキトク』(講談社)を読むと、いい日本語を大切にするという点でも彼と向田邦子は肝胆相照らす仲であることが随所に見うけられる。それにしても、この本の冒頭にある「辛抱」は美しい随筆である。一浪してまた東大に落ちた息子が「サクラハナチリマシタ」と打った電報に、「シンボウシナサイ　ハハ」と打電してきた母。「チリマシタ」と丁寧語で書かないではいられなかった息子の気持に、「シンボウセヨ」と書けば十字以内で料金が安かったのに、やはり丁寧な言葉を使った十一文字で答えてくれた母。誰がおセンチと言おうとおかまいなしに、思ったことを書き上げられる久世の文章は、敗戦以来の日本人がアメリカや英語にかぶれて見捨ててきたことがいかに大事なことであるか、ことに日本語にある、英語などには言い換えられない言葉にこそ日本人のよき伝統と骨格が出ているのだということを、聴く耳のある人に強く訴えている。我慢と辛抱は違う。目論見、息災、宗旨替え、按配、などなど、暖かい気配のする言葉は、暖かい気配をもたらすものだと久世は言っている。

だから久世光彦は、自分で短編小説一つ書いたことのない大学教師が訳す翻訳小説には度し難い疑問を抱き、訳された日本語が信用できず、ほとんど読むに耐えないので読まないと、『日本経済新聞』（２００３年10月19日）のコラムに書いていた。心してこの警告を受け止めなければならない。そう言いながら私は久世光彦の小説はその男女関係のありようが気に入らないので読まないが、彼の随筆はほとんど読んできた。とくに１９９５年に出た『マイ・ラスト・ソング――あなたは最後に何を聴きたいか』（文藝春秋）では、彼が解説する歌の歌詞に涙し、切々とした名文に陶酔した。久世は性格俳優ならぬ体格俳優の小林亜星に何を聞きながら死にたいかとまず聞いたそうだ。小林亜星が何と答えたか。これは雑誌『諸君！』に連載された随筆が単行本になったもの、その後も『みんな夢の中――マイ・ラスト・ソング２』『月がとっても青いから――マイ・ラスト・ソング３』『ダニー・ボーイ――マイ・ラスト・ソング４』と続き、『マイ・ラスト・ソング――最終章』まで続いた。日本のことや戦争のこと、夏目漱石や中島敦のこと、テレビの世界や作詞家の私生活、日本のお祭りや年中行事のことなどなど、この連作でどれだけ多くのことが私の心に刻まれたことか。

１９８１年８月22日、飛行機事故を伝えるニュースでテレビの画面に「Ｋ・ムコウダ」の文字が出て、山本夏彦をして「突然現れてほとんど名人」と言わしめた向田邦子は帰らぬ人となった。向田邦子を失った久世光彦は二五年後の２００６年３月２日に他界、享年七〇歳だった。

村上春樹『キャッチャー・イン・ザ・ライ』

村上春樹にとっての三大小説は、『カラマーゾフの兄弟』『ロング・グッドバイ』そして『グレート・ギャッツビー』である。彼の新訳『キャッチャー・イン・ザ・ライ』（白水社。以下『キャッチャー』）は何番目になるのだろうか。私は村上春樹は小説も随筆も読んでいる。翻訳をたくさんなさるので、『翻訳夜話』や『サリンジャー戦記　翻訳夜話２』（文藝春秋）はもちろん読んだ。『キャッチャー』ではフィービーは兄のホールデンをyouと呼んでいる。これを「お兄ちゃん」とは訳せない、このyouを「お兄ちゃん」と訳せと言われたら、「僕としてはこの本は翻訳したくないですね、断固拒否しちゃいますね」（『サリンジャー戦記』48頁）と言っている。すごいなあ、そのとおりだなあとため息が出る。翻訳に対する基本姿勢もさることながら、対談するときの村上春樹はいつも「ですます調」で話している。とてもいい。上記の『村上朝日堂は』では、翻訳の仕事の醍醐味は、横になっている文字をえいやっと縦にする筋肉運動の心地よさにあるとおっしゃる言葉に共感した。さらに「文学全集っていったい何なんだろう」という章には、村上春樹という人の決意と人間性がよく出ていて感銘を受けた。ある出版社が昭和文学の全集に『1973年のピンボール』を入れると一方的に言ってきた。村上が、全集に入れるなら別の作品に差し替えて欲しい、と言ったところ、もうパンフレットを刷ってしまったとか、別の有力な編集者の口を通して何とか折れてくれと頼んできたり、ついには吉行淳之介からのメッセージという形で懐柔してきた。しかし村上は折れる気にはなれず、あとは放っておいたところ、この全集の企画担当者が刊行途中で入水自殺した。村上はその死の原因の一端が自分にあるとしたら申し訳ないと言いつつ、「ものを書く、ゼロから何かを生み出す、というのは所詮は切った張ったの世界である。みんなににこにこといい顔をするなんてできないし、心ならずも血が流れることだってある。その責は僕ががっちりと両肩に負って生きて行くしかない」と述べる。村上春樹の人間性は、彼の手書き原稿を私蔵し高値で売りとばした編集者について書いた文章にもよく現れている。善悪、正義、誠実、謙譲、自己犠牲など、人間の生活を根本で支えている目に見えない労苦や美徳や価値を一顧だにしない人は、小説の中であれ現実の世の中であれ、やはり不愉快である。村上春樹の本が各国語に翻訳され世界中で読まれているのは、こうした土台に共感が集まるからではないだろうか。しかし村上春樹はどうしてアメリカものばかり読むのか。ホールデンだってイギリスの文豪チャールズ・ディケンズには一目置いているし、一番好きな女の子はトマス・ハーディの『帰郷』に出てくるユースティシア・ヴァイだと言っているではないか。見るべきもの読むべきものはイギリスにあるのに。

エリザベス・ボウエンと小説の翻訳

私が翻訳に関心を持ったのは大学院に入ってからのこと、研究社の学術雑誌『英語青年』は定期購読していたが、その巻末にある翻訳教室というのは、毎月出る課題文を翻訳して投稿すると、何ヶ月かあとでその出来栄えにA、B、Cのランクがつけられ、それ以外はまとめて佳作として発表される仕組みだった。発表された名前を見るとペンネームが多く、発表順はアルファベティカル・オーダーらしい。そこで私はAlice太田で翻訳文を投稿した。結果はAランクの三人に入選、名前は一番前に載っていた。選者の講評に使われたのはほかの人の文章だったが、私は満足だった。訳した文章は忘れてしまった。

英語の本を翻訳したい人はゴマンといて、私が朝日カルチャーで英日翻訳を教えていたときはまさに翻訳ブームの時代、翻訳コンクールも大手のだけで三つくらいあった。翻訳家になりたくない受講生はいない。翻訳雑誌にコンクールの課題文が出ると、それをテクストにして授業を進め、ほとんどの受講生が応募した。一人だけ佳作に入選した。最優秀作に選ばれた人は、受賞感想文が掲載され、それを読むと海外からの投稿も多く、翻訳の修業は短い人で四、五年がかり、家事を犠牲にしてきた恩返しがこれでできたと殊勝な告白をする人もいた。賞品は翻訳小説が一冊出版できること。そのあとにも翻訳の仕事があるかないかは、ご想像におまかせする。翻訳だけで食べている人は果たして何人いるだろうか。久世光彦は大学教師の翻訳に疑問を投じていたが、海外文学のいささかの知識と大学のお給料があればこそ、収入になるどころか持ち出し覚悟の翻訳ができるという側面もあるのだ。だが、野崎孝訳の『ライ麦畑でつかまえて』は2007年12月現在で130刷、聖書の次に売れているのではと思う数字である。村上春樹訳の『キャッチャー・イン・ザ・ライ』も心配はいらない。ベストセラーでロングセラーになるのは間違いないからである。出版界の格差も広がるばかり、中味はどうあれ、売れるものは二百万部、売れないものは初版千部ですら返品になる。翻訳の印税は八～十パーセント、増刷になればこの比率が上がるのかどうか、悔しいけれど私は知らない。それでも今年はボウエンの小説三冊が国書刊行会から出版される。『エヴァー・トラウト』『リトル・ガールズ』『愛の世界』と続き、目下その作業に日夜奮闘中である。どうか買って下さい。

私がエリザベス・ボウエンを知ったのは、何がきっかけだったか思い出せない。ボウエンが他界した1973年に私はロンドンにいたのに、何一つ知らないでいた。ニュースや新聞で大きく報じられたであろうに、イギリス見物が楽しくて、新聞も本もろくに読まなかったに違いない。もったいないことをした。その後東洋英和短大の教員になって英文講読のテクストが必要になり、少しずつボウエンの短篇を使ってみたら、学生が面白いと思ってくれたのがボウエンを読み始めた一番の要因だったと思う。当時の東洋英和短期大学英文科は、英和の高等部からの入学者が一学年に四〇人ほどいたし、受験して入ってくる学生も優秀だった。全部で七四八頁もあるペンギンブック、*The Collected Stories of Elizabeth Bowen* を電車の中で読んでいる英和生はさぞかし美しい眺めであったろう。ボウエンの英語は構文も単語も難しく、登場人物はアパーミドルの洗練されたマナーの持ち主、言いたいことは半分しか言わないし、何も言わないで大事なことを伝えることもある人々。おまけに彼らのお屋敷には先祖伝来の宝物がずらり、それが過去の何かを語っている。それでも英和の学生たちは、辞書を片手にボウエンを読み、終わり方が劇的だとか、冬景色が綺麗と言ってくれた。英語が好きで英和に入った学生が圧倒的に多く、留学英語の判定基準であるトフル五〇〇点という目標を短大の二年間でクリアして、「スチュワーデス」をはじめ希望する企業に就職する学生がたくさんいた。「英語の英和」というのは英和の中高等部と短大生が築き上げ、四八年間守ってきた看板、いまそれは大学に引き継がれている。1998年に英和の短大が停止されたとき、『週刊朝日』は特集記事を組んで、「短大の御三家の一つである東洋英和の短大がなくなるのは、早稲田大学や慶應大学が消滅するに等しい象徴的な事件だ」という意味の記事を書いてくれた。

こうして『キャッチャー・イン・ザ・ライ』に始まる書物との出会いをたどってみると、小説の面白さ、言葉の多様さ、世界の動向、日本語の底力、人間性、仕事、そして人の生き方という風につながっていき、一人の人間がたどるべき道に重なるようにしてそのときどきの書物があったことがわかる。人が書物を選ぶのか、あるいはその反対か。いずれにしろ、いい書物と出会うかどうか、出会いはいつどこで起きるのか、それは私たちの生き方にかかっているようだ。伊丹十三、向田邦子、江藤淳、そして久世光彦なきいま、内田樹《たつる》が忽然と現れてきた。すでに数十冊の書物を出しているとか、いい著作は書店(本は書店で購入せよ!)にあるから、買って読んで空白の時間を埋め合わせる。これも本のいいところだ。内田樹を読んでいると、またきっと誰かにつながる。『ドストエフスキー　父殺しの文学』(NHKブックス)の亀山郁夫もずっと前から読んでいた。この人はすごい人だと思っていたら、『カラマーゾフの兄弟』(全五巻、光文社文庫)で数十万部を売り上げ、しかも勤務校の大学の学長になられた。やはりすごい人だった。この先も書物と作家との出会いは続く。類は友を呼ぶ。だからいい作家といい書物は、いい作家といい書物につながり、面識はなくても片想いでも、私の生涯の友は増えていくばかりだ。

ドストエフスキー

『罪と罰』

私を変え、今も同行する一冊

荒井　献

ドストエフスキー『罪と罰』
江川卓（訳）岩波書店，ワイド版岩波文庫，2007.

荒井　献●プロフィール
1930 年，秋田県に生まれる。東京大学教養学部卒業，同大学院人文科学研究科西洋古典学専攻博士課程満期退学。ドイツ・エルランゲン大学神学部留学。Dr. theol.（神学博士）。青山学院大学助教授，東京大学教授，恵泉女学園大学学長を経て，現在，東京大学・恵泉女学園大学名誉教授，日本学士院会員。著書に『荒井献著作集』全 10 巻，別巻 1，『イエスと出会う』，『ユダとは誰か』などがある。

ドストエフスキー

フョードル・ミハイロビッチ・ドストエフスキー（1821年11月11日～1881年2月9日）は、レフ・トルストイやアントン・チェーホフなどと共に十九世紀後半のロシア文学を代表する文豪である。彼の著作は、「当時広まっていた理性主義万能（社会主義）思想に影響を受けた知識階級（インテリ）の暴力的な革命を否定し、キリスト教に基づく魂の救済を訴えている」と一般的にはいわれている（フリー百科事典『ウィキペディア』）。しかし、少なくとも『罪と罰』から読み取られる限り、彼は当時のロシア帝政とそれを宗教的に支えた正統的ロシア正教に対しては批判的であり、むしろこれら政治的・宗教的体制下に抑圧されていた民衆、とりわけ「娼婦」に代表される被差別民と彼ら・彼女らを精神的に支えた、ロシア正教からの「分離派」に共感している（江川卓『謎とき『罪と罰』』新潮選書、1986年。同『ドストエフスキー』［特装版］岩波新書 評伝選、1994年参照）。

ドストエフスキーはモスクワで貧民救済病院の医師の次男として生まれて一五歳までモスクワの生家で暮らした。彼の少年時代、父親は、農奴たちに加えた暴力行為が基で、ある農奴によって殺害される。この事件が彼の生涯と作品に間接的に影響を与えたものと思われる。

彼は（サンクト）ペテルブルクに出て作家生活に入るが、処女作『貧しき人々』が評論家ベリンスキーに激賞され、華々しく作家デビューを果たす。しかし、続いて発表した『白痴』などは酷評をもって迎えられた。失意ののち、空想的社会主義サークルに入り、その一員となったため、1849年（二九歳）官憲に逮捕され、死刑の判決を受けるが、処刑間際に特赦となり、1854年までシベリアで服役した。この時の体験に基づいて後に『死の家の記録』を著すが、『罪と罰』の主人公ラスコーリニコフのシベリアにおける流刑生活もドストエフスキー自身の体験に基づいている。

刑期終了後、兵士として勤務した後、1858年にペテルブルクに帰る。「この間に理想主義的な社会主義者からキリスト教的人道主義者への思想的変化があった」といわれる（前掲『ウィキペディア』）。しかし、その後に発表された『罪と罰』から判断する限り、後ほど詳述するように、「社会主義者」的発想から殺人を犯したラスコーリニコフは最後までその罪を悔改めておらず、ソーニャやその父マルメラードフに盛られている「キリスト教」は単なる「人道主義」ではない。

ドストエフスキーの賭博好きは彼の生涯に貧困生活を強いた。借金返済のため、出版社との間に無理な契約をして、締め切りに追われる日々を送った。あまりのスケジュール加重のため、『罪と罰』や『賭博者』などは口述筆記という形をとった。速記を担当したアンナ・スニートニカは、後にドストエフスキーの二番目の妻となっている。

その後、『白痴』、『悪霊』、『未成年』など大作を発表し、晩年に彼の文筆生活の集大成ともいわれる長編『カラマーゾフの兄弟』を脱稿。その数日後１８３１年2月9日に家族に看取られながら六〇歳の生涯を閉じる。

小説以外の著作としては『作家の日記』がある。しかし、これはいわゆる日記ではなく、雑誌『市民』で彼が担当した文芸欄に掲載した政治・社会評論、エッセイ、短編小説、講演原稿、宗教論などを含み、これは没後、ドストエフスキー研究の貴重な文献資料となっている。

この『作家の日記』の中に、ドストエフスキーがその作品の中に生涯追究した「悪」の問題について、次のように論じられている。

> 悪は人類のなかに、万病を治すと自称する社会主義者が考えるよりもはるかに深くひそんでいて、いかなる社会組織があっても、悪は避けることはできず、人間の魂は同じままで存続し、異常と罪が生ずるのは人間の魂からだけであり、最後に、かくして人間精神を支配する法則はいまだにまったく不明、不確実、神秘的であるがゆえに、いまだ最終的な治療または決定を言える医者も裁判官さえも存在せずまた存在するはずがなく、唯一の裁き手としては〝復讐《ふくしゅう》はわれにあり、われこれを与えん〟と言う神だけが存在する（１８７７年、8月号、第二章「アンナ・カレーニナ論」）。

そして、『ブリタニカ 国際大百科事典』（ティビーエス・ブリタニカ、１９８５年）で「ドストエフスキー」の項目を担当している新谷敬三郎氏は、「この言葉こそドストエフスキーの信条であり、この信条が彼の全創作の根本的な動機となっていたのである」とコメントしている（５３９頁）。ただ注意すべきは、この「唯一の裁き手」としての神の「復讐」は、少なくとも『罪と罰』の主人公ラスコーリニコフにとってアンビバレント（両義的）であるということであろう。それは一方において、自ら超人の領域に「踏み越え」ようとするラスコーリニコフ自身に対してであると同時に、自らを神の代理人とするロシア正教の大司教に対してでもある、と少なくとも私には思われる。

『罪と罰』のあらすじはほぼ次の通りである。

ナポレオンやマホメットのような「すべてのことはゆるされている」超人は、既成の社会的規範を踏み越えて人類の幸福を構築しうるという理論に導かれて、赤貧の元学生ラスコーリニコフは、貧者の血を吸って暴利を貪る「しらみ」のような高利貸しの老婆アリョーナ・イワノーブナを殺害する。ところがその直後に帰宅したアリョーナの妹、信仰深くソーニャに聖書を託するリザヴェータをも殺してしまう。

しかし、ラスコーリニコフは犯行直後から孤独感に苛まれる。そして、予審判事ポルフィーリの巧妙な心理的追求に脅かされ、地主スヴィドリガイロフの罪意識を欠く醜悪な振舞いを嫌悪する。

やがて娼婦ソーニャのやさしさに満たされた批判に触れて自白に赴き、シベリアに送られ、同行したソーニャへの愛を介して「復活」を経験し、二人で築く「新しい現実」を知るようになる物語を暗示して終幕となる。

私を変えた『罪と罰』

さて、1945年8月15日、私は一五歳、(旧制)中学三年生の時、敗戦を迎えた。そして翌年、中学四年生の秋、敗戦前後の長期にわたる学徒動員(工場労働や農地開拓)の結果、私は栄養失調に陥り、おそらくそれが原因となって結核性肋膜炎を患い、病床に伏せる身となった。その頃私は、(旧制)第一高等学校の入試準備に没頭しており、枕元まで参考書を山積みにしていたのだが、父はそれを撤去して、代わりにアンドレ・ジイドやドストエフスキーなどの作品を並べた。半年間は休学しなければならないのだから、受験は諦めて、この機会に文学作品に親しんだらどうかという父の配慮であったと思う。

私は敗戦を契機として人間不信に陥っていた。例えば中学校では、戦時中あれほど「鬼畜米英」を呪い、敵性言語である英語でさえ授業から外しておきながら、敗戦になると途端に英語ができない者は「民主主義」がわからず、新日本の復興に貢献できないと、同じ校長がことあげする。私の父は秋田県の田舎の牧師であったが、戦争中は戦時体制に一定の抵抗はしたものの(日曜礼拝の式順に「国民儀礼」——国旗に敬礼し、宮城遥拝をするなど——を組み入れなかったのは、秋田県においてはおそらく父の牧する大曲教会だけであった)、私たち兄弟には毎朝玄関前に出て宮城を遥拝させ、礼拝でも日本の「必勝祈願」をしていた。それが敗戦後に一変した。それまでは礼拝出席者が二、三人に過ぎなかったのに8月15日の後の最初の礼拝には会堂が立錐の余地がないほど会衆によって埋めつくされ、父はといえば、説教の中で敗戦を神の摂理として受け止め、会衆に激しく「悔い改め」を迫ったが、同時に断固として、しかも涙ながらに天皇制護持を訴え、会衆の圧倒的支持を得たのである。

私は少年ながら、あるいは多感な少年であったからこそ、大人たちの豹変、しかも本質的には戦中戦後を通じて変わることのない価値観に戸惑うばかりであった。その人の名によっておびただしい数にのぼるアジアの民を殺害しておきながら、その人の責任は問われず、戦後の混乱期に困窮にある人々を欺いて暴利を貪り、富を築いている、時の「新興成金」に私は激しい怒りを憶えていた。時代の体制を糊塗するイデオロギーに、それが民主主義であろうとキリスト教主義であろうと私は一切信用をおかなくなっていた。信頼できるのは自分以外にない。自分が時の規範を超えて生きるしかない。ところがその自分が、当時としてはほとんど不治と思われていた結核性肋膜炎に罹り、しかもこの種の病に罹るとかえって高じてくる肉欲の虜となって、肉欲は悪と教えられていた牧師の家庭では、悶々とする日々が続いていた。

その後、私が『罪と罰』との出会いを介して洗礼を受け、最初期のキリスト教、とりわけ新約聖書を研究するようになった事情については、小著『イエス・キリスト――三福音書による』講談社学術文庫、2001年、20-23頁に書いたので、以下に、若干の加筆をし、一部を省略して、引用させていただく。

当時病床にあってはじめて自ら手に取って読んだ聖書（文語訳）の中に、「噫《あゝ》われ悩《なや》める人《ひと》なるかな、此《こ》の死《し》の體《からだ》より我《われ》を救《すく》はん者《もの》は誰《たれ》ぞ」（ロマ書7章24節）というパウロの叫びを発見したとき、はじめて私は聖書の中に自分と同じ一人の分裂した人間を感得することができたのである。

しかし、私が自分を変えられ、結局洗礼を受けるようになったのは、直接聖書を読んだ結果ではない。それはむしろドストエフスキーの作品を介してであった。私はその時までおよそ小説というものを通して読んだ経験がなかっただけに、人並みにまず『罪と罰』を読んだときは、それこそ完全に引き込まれていったことを憶えている。そして、それを最初に読んだとき、私はラスコーリニコフの中にほかならぬ私自身を見出して戦慄したものである。しかし、これを二度目に読んだとき、私はソーニャの父親のマルメラードフの中に、彼と自分を重ねていくことが許されるような何かを感じ取ったのである。すなわち、マルメラードフがあの有名な独白の中で、娘を売り出すまで完全な破綻《はたん》に陥ったあらゆる意味で無資格者である自分をも、キリストは最後の審判のとき、「なんじ豚どもめ！…そなたらも来るがよい」と呼んでくださるのだ、と酔いしれながら告白するくだりを繰り返して読んでいるうちに、あるいは私のような自己中心的で恥知らずもキリストの愛の中に生きることが赦されるのではないかと思いはじめたのである（以上、『罪と罰』からの引用は、米川正夫訳『ドストエフスキー全集』6、河出書房新社、1969年より）。

これが誘因となって、私は聖書を通読した。その結果、とりわけイエスが中風の者に向かって、「人よ、あなたの罪は赦された」（ルカ福音書5章20節）と宣言し、それに対して文句をつけた律法学者とパリサイ派の人々に、「人の子は地上で罪を赦す権威を持っている」（ルカ福音書5章24節）と言う個所と、「健康な人には医者は要《い》らない。要るのは病人である。私が来たのは、義人を招くためではなく、罪人を招いて悔い改めさせるためである」（ルカ福音書5章31－32節）というイエスの言葉によって、私は悔い改めの決意をしたのである。もちろん当時私は、このイエスによる罪の赦しに至る悔い改めの勧めに、パウロのいわゆる「信仰義認論」（人は律法の行為によってではなく信仰のみによって神から義《ただ》しいと認められるという教え）を重ねて読んでいた。こうして私は、いわば正統的信仰の告白を、病の癒えた次の年、つまり1947年の春、一七歳のときに公にした。

中略

しかし、とりわけ敗戦の体験を引きずっている私にとっては、自分自身の信仰のあり方との関わりにおいて、キリスト教と国家、信仰と社会との関係をキリスト教の根源に遡ってできうる限り客観的に把握してみたいとの思いに駆られて、当時矢内原忠雄先生が学部長をしておられた東京大学教養学部教養学科と大学院西洋古典学科に進み、当時ヨーロッパから帰国されたばかりの少壮の聖書学者・前田護郎先生のもとで自らの志を遂げようとしたのである。そして、ここで先輩に佐竹明、同輩に八木誠一、後輩に田川建三を持つことになる。

さて、私はこれらの友人たちと共に聖書と初期キリスト教諸文書を西洋古典文学の一つとして読み進めていくうちに、私の単純な信仰が少なくともそのままの形では学問研究の成果に耐えないことを次第に思い知らされていった。例えば、先に引用したルカ福音書5章31－32にしても、これはルカがマルコ福音書2章17節を素材にしてそれを自らの立場から書き改めたものであって、肝心の「罪人を招いて悔い改めさせるためである」の「悔い改めさせる」は元来マルコ福音書2章17節にはなく、ここで端的に「罪人を招くためである」となっている。

また、ルカ福音書5章24節（マルコ福音書2章10節並行）の「人の子は地上で罪を赦す権威を持っている」というイエスの言葉にしても、この言葉の「罪の赦し」とパウロのいわゆる「贖罪《しょくざい》」とは明らかに意味内容が異なっている。前者の場合は、当時のユダヤにおける政治的＝宗教的支配者たちが病人をはじめとする「地の民」（不可触民）に押しつけていた「罪」（律法違反による結果による罪）であるのに対し、パウロの場合は人間の内部に巣くう悪魔的力としての罪である。しかも、このパウロの弟子といわれるルカは、イエスの十字架上の死を人間の罪の赦しとみなすパウロのいわゆる「贖罪信仰」を知らないのである。とすれば、聖書記者の思想のすべてをパウロの立場から統一的に捉えること自体が無理なのである（以上、聖書からの引用は「口語訳」による）。

今も同行する『罪と罰』

さて、「罪人」といえば、イエス時代のユダヤ社会においてその代表的存在は「娼婦」であった。しかしイエスは、この娼婦が――同様に「罪人」とみなされていた――「徴税人」と共に、「あなたがた（「祭司長や民の長老たち」）よりも先に神の国に入るだろう」と宣言している（マタイ福音書21章31節）。他方、同じ新約聖書に収録されているヨハネ黙示録によれば、「天国」に当たる「新しいエルサレム」には「不信仰者」をはじめとして「殺人者」や（娼婦をも含む）「淫行者」は入ることがゆるされないのである（21章8節、27節、22章15節参照）。これを聖書学的に説明すれば、イエスは当時のユダヤ人社会を支えていた律法に基づく人間の価値基準を逆転して、自ら清浄を誇る宗教的指導者よりも不浄を自認している「罪人」の方が先に神の国に入るだろうと宣言したのに対し、成立しつつあるキリスト教においては信仰共同体（教会）の倫理的価値基準に違反すると認定された人々を再び「罪人」とみなし（いわゆる「キリスト教の再ユダヤ化」）、彼らを「新しいエルサレム」から閉め出したということになるだろう。

ところがこのことは、私見によれば他ならぬ『罪と罰』における中心問題なのである。

例えばソーニャが、ラスコーリニコフの求めに応じてヨハネ福音書の中から「ラザロの復活」を朗読した直後に、次のような描写がなされている。

ゆがんだ燭台のもえさしのろうそくは、もうかなり前から燃えつきようとしていて、このみすぼらしい部屋でふしぎと永遠の書を読むためにつどうことになった殺人者と娼婦とを、ぼんやりと照らし出していた（ドストエフスキー『罪と罰』（中）、江川卓訳、岩波文庫、1999年、第11刷、2007年、290頁より引用。以下、『罪と罰』からの引用は同様に江川卓訳、岩波文庫より）。

江川卓によれば、この描写の中の「永遠の書」はヨハネ黙示録の14章6節の「永遠の福音」からとられたものであり、「殺人者と娼婦」は同じ黙示録22章15節、つまり「新しいエルサレム」に入ることをゆるされていない「殺人者と淫行者」を念頭においたものであって、これは明らかにラスコーリニコフとソーニャを指している。実際、描写の後の文脈でラスコーリニコフはソーニャに、「ふたりとも呪われた同士だ」と言っている。この「ふたり」は、ラスコーリニコフによれば、「新しいエルサレム」に入ることがゆるされない同士なのである（前掲『謎とき『罪と罰』』新潮選書、１９８６年、２２４‐２２６頁参照）。

ところが、ソーニャの父親マルメラードフは、先に言及した独白の場面で、終末の時、「裁きの日」に登場する「裁き人」キリストに言及して、次のように言っている。

> おれたちを哀れんでくださるのは、万人に哀れみをたれ、世の万人を理解してくださったあの方だけだ、御一人なるその方こそが、裁き人なんだ。その御一人が裁きの日にいらしって、おたずねになる。「意地のわるい肺病やみの継母《ままはは》のために、年端《としは》も行かぬ他人の子らのために、おのれを売った娘はどこかな？　地上のおのれの父親を、ならず者の酔っ払いの父親を、そのけだもののような所業もおそれず、哀れんでやった娘はどこかな？」そして、こうおっしゃる。「来るがよい！　わたしはすでに一度おまえを赦した……一度赦した……いまは、おまえが多く愛したことにめでて、おまえの多くの罪も赦されよう……」そして、うちのソーニャを赦してくださる、赦してくださる、おれにはもう、赦してくださることがわかっているんだ……こうして、みなの者を裁いたうえで、赦してくださる、善人も悪人も、賢い者も従順な者も……そして、すっかりみなの番がすむと、われわれにもお声をかけてくださる。「おまえらも出てくるがよい！　酔っぱらいども、弱虫ども、恥知らずども、おまえらも出てくるがよい！」そのお声で、われわれ一同も、恥ずかしげもなく、出て行って並ぶ。すると、こうおっしゃる。「おまえらは豚にも等しい！　けだものの貌《すがた》と形を宿しておる。だが、おまえらも来るがよい！」すると、賢者や知者がおっしゃる。「主よ！　この者たちをなにゆえに迎えられます？」すると、こういう仰せだ。「賢者たちよ、知者たちよ、わたしが彼らを迎えるのは、彼らのだれひとりとして、みずからそれに値すると思った者がないからじゃ……」そう言われて、われわれに御手《みて》をのばされる……われわれはその御手に口づけて……おいおい泣いて……なにもかも合点がいく！　そのときにはすっかり合点がいく……いや、みながわかってくれる……カチエリーナも、家内もわかってくれる……主よ、御国をきたらせたまえ！」（岩波版（上）、53‐54頁）

ここでは明らかに、先に挙げたマタイ福音書21章32節のイエスの言葉が念頭に置かれている。そしてドストエフスキーは、ここで「娼婦」ソーニャを、イエスの両足を涙で濡らし、自分の髪の毛でそれを幾度も拭き、彼の両足に接吻し続け、また繰り返して香油を塗った「罪の女」に重ねている。イエスはこの女についてシモン（ペトロ）に次のように言っているからである。「私はあなたに言う、この女のあまたの罪は〔もう〕赦されている。〔それは〕この女が多く愛したことから〔わかる〕」（ルカ福音書7章47節。佐藤研訳。『新約聖書』岩波書店、２００４年より引用）。実は、ソーニャがラスコーリニコフに読んで聞かせた「ラザロの復活」物語も、「するとマリアのところに来て、イエスのなさったことを見たユダヤ人たちの多くは、イエスを信じた」という下り（ヨハネ福音書11章45節）で終わっており、この文章に傍点が付されているが（岩波版（中）、２８９頁）、このマリアも、ヨハネ福音書では、イエスの足に高価な香油を注ぎ、自分の髪の毛でその足を拭っており（ヨハネ福音書12章3節）、彼女は紀元後六世紀以降のローマ・カトリック教会、また広くロシア正教会においても、マグダラのマリアと同一視されていて、ドストエフスキーもこの見解に従って『罪と罰』の中でソーニャにマリアを重ねて物語を構成している。いずれにしても、確かに娼婦ソーニャはヨハネ黙示録によれば「新しいエルサレム」に入ることをゆるされてはいないのではあるが、少なくともその父マルメラードフの視点からみると、彼女は「それに迎え入れられるに値すると思った者」ではないからこそ、迎え入れられるのである。

とすれば同じことが、やはりそこに迎え入れられることのゆるされない「殺人者」ラスコーリニコフにも妥当するのではないか。

ラスコーリニコフは、確かにソーニャの「あなたの汚した大地に接吻しなさい」という勧めに従って、汚れた大地に口づけする（岩波版（下）、１３５、３６０頁）。そして、殺人という「刑事犯罪」を犯したことを認めて自首している。しかし、彼は最後まで自分の「罪」を認めてはいないし、その犯行を悔いてもいない。彼は貧乏人の血を吸って生き太っている「しらみ」のような老婆を殺して「四十もの罪証」がつぐなわれるような「正しい」行為をしたのだが、この行為の正当性に「持ちこたえることができず、自首して出た」。彼が自分の犯罪を認めたのは、「その一点においてだけ」であった（岩波版（下）、３９０-３９１頁）。

他方ラスコーリニコフは、ソーニャから手渡された聖書、彼女が彼にあの「ラザロの復活」物語を読んであげたあの聖書を、シベリアの流刑地にまで持参している。しかし、彼はそれを寝床の枕の下に置いたままで一度も読んでいなかった。

にもかかわらず、「彼はよみがえった」といわれている。ラスコーリニコフに対するソーニャの愛に応じて、彼はソーニャを愛した。「ふたりを復活させたのは愛だった。おたがいの心に、もう一つの心にとってのつきることのない生の泉が秘められていたのだ」（岩波版（下）、４０１頁）。

あの「新しいエルサレム」に入る資格のない「娼婦」と「殺人者」が、共にその「資格のない」ことを認めているがゆえに、そのままでそこに迎え入れられることがゆるされている。「罪あるがままの人間」同士の間に、それをゆるしあう「愛」が生まれ、その愛がこのふたりを復活させた。しかし、これから始まるであろう「新しい生活」は、天上の「新しいエルサレム」においてではなくて、地上において「新しい現実」を切り開くものとなることが暗示されて、『罪と罰』の物語は終わっている。

最後に、イエスを「裏切った」といわれるユダについて私が最近上梓した二著（『ユダとは誰か――原始キリスト教と「ユダの福音書」の中のユダ』、『ユダのいる風景』。共に岩波書店、2007年）との関わりにおいて、ドストエフスキーがこのユダをソーニャとマルメラードフに重ねており（井桁研究室HP：http://www.kt.rim.or.jp~igeta/igeta/dos/04.html「ドストエフスキーと聖書」参照）、そして私見によれば、ラスコーリニコフにも重ねて『罪と罰』を構成していることも指摘しておきたい。

まず、先に引用したマルメラードフの独白場面の前の文脈で彼は、ソーニャを連れて今の妻カチェリーナと再婚したこと、彼女は三人の子連れだったこと、深酒の果てに職を失ってしまったこと、貧窮の中で肺疾に罹っているカチェリーナがソーニャに売春をほのめかしたことを、酔いしれてしゃべりまくっている

「で、私が見てますと、五時をまわったころでしたが、ソーニャが立ちあがって、プラトーク（ネッカチーフ）をかぶって、マントを羽織って、部屋から出ていきましたっけ。それで八時すぎになってから、また帰ってきたんです。帰ってくるなり、まっすぐにカチェリーナのところへ行って、その前にテーブルに黙って三十ルーブリの銀貨を並べました。そのあいだ一言も口をきこうとしないどころか、顔をあげもせんのです。ただ、うちで使っているドラデダム織（薄地の毛織物）の大きな緑色のショールを取って（うちにはみなでいっしょに使っているそういうショールがあるんですよ、ドラデダム織のが）、それで頭と顔をすっぽり包むと、顔を壁のほうに向けて寝台に横になってしまった。ただ肩と体がのべつびくん、びくんとふるえていましたがね…」（岩波版（上）、42‐43頁）。

しかもこの後マルメラードフは、ラスコーリニコフに向かって、次のように話しかけている。

「（ソーニャが私の酒代として）三十カペイカ出してくれましたよ。自分の手でなけなしの金をありったけはたいてね、私は見てたんです…それでいて、ひとことも言うことじゃない、黙って私の顔を見るきりです…ああなったら、もうこの地上のことじゃない、神の国そのままですな…人間の

ことを悲しみ、泣いてはくださるが、けっしてお責めには、お責めにはならん！　ですが、これが、これがこたえるんですよ、責められないと、よけいこたえる！…三十カペイカぽっきりでしたがね、はい。けれどこのお金は、あの子にとってもいま必要なものじゃないでしょうか、え？　どうお考えです、あなたは？　だっていまあの子は、小ぎれいにしていなくっちゃならん。ところが、この小ぎれいというのが特別なものなんで、金がかかるんですわ。おわかりですか、どうです？　だいいち、口紅なんぞも買わにゃならないし、なしじゃすませんことです。スカートにも糊《のり》をきかして、靴も恰好のいいので、水たまりを越えるときなんか、足がちらっとのぞくようなやつじゃいけない。だから、おわかりですか、あなた、この小ぎれいというのがどういうことか？　ところがですよ、この私が、あれの実の父親が、なけなしの三十カペイカをかっさらって酒代にしてしまった！　で、現にいま飲んでおるわけです！」（岩波版（上）、50-51頁）。

この「三十ルーブリの銀貨」（井桁訳では「銀三十枚」）あるいは「銀三十カペイカ」というのは、ユダがイエスを祭司長たちに売った値段である（マタイ福音書26章14-16節参照）。しかもこの後にユダは、イエスが死刑を宣告されたことを知り、後悔して銀三十枚を祭司長たちと長老たちに返して、自らの罪を告白し、縊死している（27章3-5節参照）。マルメラードフは酔っ払って馬車の下敷きになって死んでいるが、これも御者により自殺であることがほのめかされている。ドストエフスキーによれば、マルメラードフもソーニャも、ユダに並ぶ「罪人」なのである。しかし、マタイ福音書でこのユダは究極的にはゆるされていない。他方マルコ福音書ではユダの死について言及されてはおらず、彼にも他の十一人の弟子たちと共にガリラヤにおいて復活のキリストに再会することが赦されている、というのが私の見解である。ラスコーリニコフについてもまた、ソーニャへの愛を介して「復活」と共に、「新しい現実」における「新しい生活」が約束されていた。

「罪あるがままの人間を愛しなさい」とは、ドストエフスキー最後の大作『カラマーゾフの兄弟』において、長老ゾシマが語っている言葉である。これと、六世紀の教父シリアのイサクの言葉が類似していることがしばしば指摘されている、といわれるが（安岡治子「ドストエフスキーと正教」『21世紀ドストエフスキーがやってくる』集英社、２００７年参照）、いずれにしても、この言葉に極まる愛の思想に、『罪と罰』で発信しているドストエフスキーのメッセージも通底しているのではないか。

以上『罪と罰』が「私を変え、今も同行する」所以である。

追記

芦川進一君が、最近（２００７年12月）、彼の長年の『罪と罰』研究の成果を上梓された。『『罪と罰』における復活――ドストエフスキイと聖書』（河合文化研究所刊、河合出版発売）本稿と触れ合う部分が多いので、購読をお勧めしたい。

文献

１　邦訳

米川正夫訳『罪と罰』（ドストエフスキー全集６）河出書房新社、１９６９
江川卓訳『罪と罰』（上）（中）（下）、岩波文庫、１９９９－２０００

２　参考

荒井献『イエス・キリスト――三福音書による』講談社学術文庫、２００１
荒井献「信なき者の救い――ラスコーリニコフとイスカリオトのユダによせて」『聖書のなかの差別と共生』岩波書店、１９９９所収
荒井献『ユダとは誰か――原始キリスト教と「ユダの福音書」の中のユダ』岩波書店、２００７
荒井献『ユダのいる風景』岩波書店、２００７
江川卓『謎とき「罪と罰」』新潮選書、１９８６
江川卓『ドストエフスキー』［特装版］岩波新書　評伝選、１９９４
新谷敬三郎「ドストエフスキー」『ブリタニカ　国際大百科事典』第13巻、ティビーエス・ブリタニカ、１９５５所収
安岡治子「ドストエフスキーと正教」『21世紀　ドストエフスキーがやってくる』集英社、２００７所収

３　インターネット検索

「ドストエフスキー」
・出典：フリー百科事典『ウィキペディア（Wikipedia）』
・井桁研究室：ドストエフスキーと聖書４、銀三十枚の罪

イマヌエル・カント

『永遠平和のために── 一つの哲学的草稿』

津守　滋

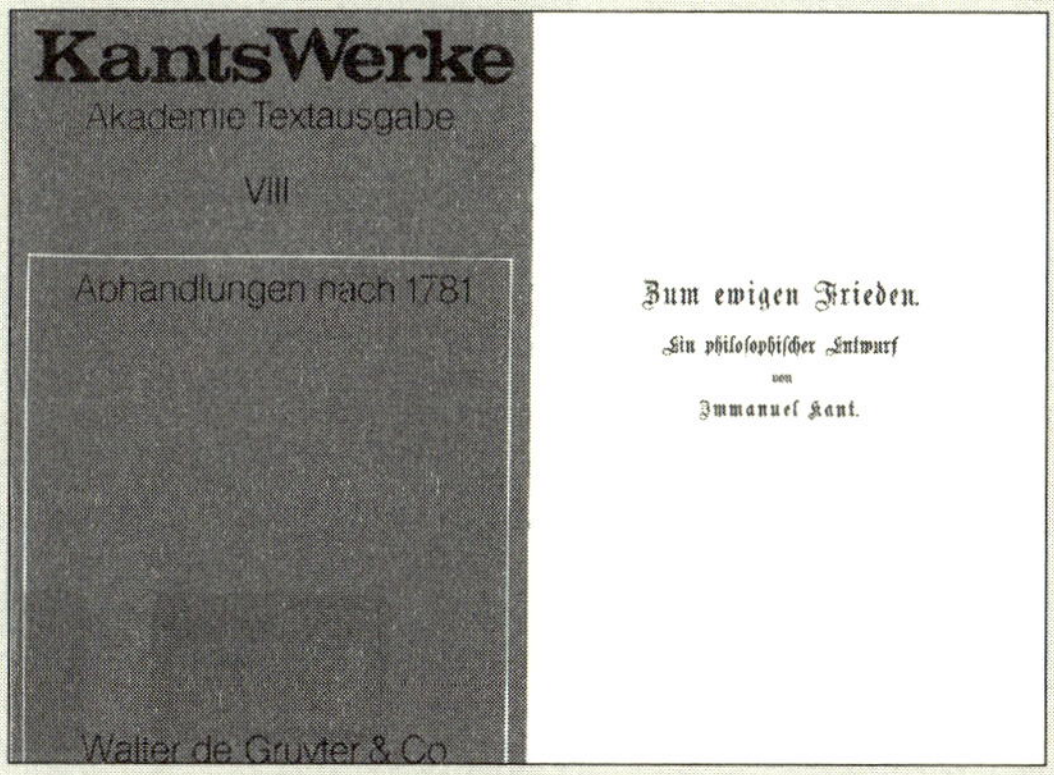

Immanuel Kant, "Zum ewigen Frieden: Ein philosophischer Entwurf"
***Kants Werke: Akademie-Textausgabe*, VIII,**
Abhandlungen nach 1781, Berlin: Walter de Gruyter, 1968.

津守　滋●プロフィール
大阪府出身。京都大学法学部卒業。外務省勤務（ドイツ，ソ連，フランス等の在外公館で勤務，在クウェート・在ミャンマー大使などを歴任，この間後藤田内閣官房長官秘書官），大阪大学教授，東洋英和女学院大学教授を経て，現在桐蔭横浜大学・大阪芸術大学客員教授，主著『バルカンを行く──民族問題を考える』，『後藤田正晴の遺訓』，『地球が舞台──国際 NGO 最前線からの活動報告』（編著）。

カントの生涯

世界の近代哲学史の山脈の中で、ひときわ高く聳えている十八世紀の人物は、批判哲学（Kritizismus）のイマヌエル・カント（Immanuel Kant, 1724-1804）である。

カントは、バルト海沿岸の東プロシャの主要都市であるケーニヒスベルク（かっての東プロイセンの首都で、１７０１年には、ブランデンブルク選帝侯フリードリッヒ3世が、この地でプロシャ国王に即位している。現在ロシア領カリーニングラード）で生まれ、一生涯この街から外に出ることはなかった。つまりカントは、当時人口5万人のバルト海のほとりの街で、一生をかけて自ら作り上げた窓から世界を観望し、壮大な哲学体系を構築したのである。批判哲学の三つの書である『純粋理性批判』、『実践理性批判』、『判断力批判』は、真善美を追究する人生に立ち向かう真摯な姿勢から生み出された総括的作品である。次の言葉は、このような作品を生み出したカントの人生哲学を、如実に表している。

「思いを巡し考えを深める毎、いや増して大きく、かつ絶えざる新たな賛嘆と畏敬の念で我が心を満たすもの、二つ。我が上なる星辰と我が内なる道徳律」。（ケーニヒスベルク城城壁に埋め込まれた記念額に刻まれている）。

カントの父は革具を作る親方で、ギルドのおきてを守る勤勉な人物であった。また母は、きちっとした学校教育こそ受けていなかったが教育熱心で、幼いカントに草花の名や夜毎星空を見上げては星座を教えた。カントはこのような貧しいけれども謹厳実直な家庭のなかで育ち、特に一三歳のときに亡くなった母親から、強い影響を受けている。一六歳まで通った学校は、あまりにも厳格な敬虔主義（Pietismus）に基づく教育を行ったため、カントは公式的な宗教に嫌悪感を抱くに至り、成人してからは一生教会に通わなかった。カントが名をなして以来教会に通うケーニヒスベルクの市民が減ったのは、その影響力であったとも言われている。

しかし宗教そのものに対する関心は強く、一六歳でケーニヒスベルク大学神学部に入学し、また物理、天文学、数学なども熱心に学んだ。その自然科学の知識は、カント哲学で重要な役割を果たしている。多くの哲学者が、二〇歳代で独創的な仕事をしているのに対し、カントは二二歳のときに父を亡くしたため、学位もとらずに退学した（三一歳で学位取得）。そして兄弟を養うため八年間家庭教師で稼ぎ、続いて一五年間実入りの少ない私講師（受講生からの受講料以外、大学からは給与が出ない）を務めた。形而上学と論理学の正教授に就任するのは、1770年（四六歳）になってからである。以後多いときで週22時間の講義を行い、また学部長として大学行政や雑用に時間を取られながら、哲学的思索を深めていく。『純粋理性批判』を十数年間の沈黙を破って世に出した時には、すでに五七歳になっており、以後『実践理性批判』（六四歳）、『判断力批判』（六六歳）と続く。『純粋理性批判』に対しては当初、ヒュームの経験論の焼き直しではないかとの批判も見られたが、カント自身が説明しているように、教条主義、経験主義・懐疑主義の段階を経て批判哲学にたどり着いたもので、その根底には一貫してrationalistisch（合理主義的ないし理性主義的）な思考が横たわっていた。

ケーニヒスベルクのカント記念額

カントの政治哲学の代表作『永遠平和のために――一つの哲学的草稿』は、1795年5月（七一歳）に書かれたもので、直接の契機としては、同年4月に結ばれた普仏間のバーゼル条約に触発されたものであろう。高坂正顕は、本書の第1予備条項（次の節）との関連で、この条約が真の平和を保証しない「欺瞞性」を指摘している。カントの政治的立場に大きな影響を与えたのは、アメリカ独立革命とフランス革命である。特に後者については、自身暴力革命や法的権利としての抵抗権を認めていたわけではないが、同革命へのオマージュと解される記述が散見される。カントは、独自の定義（次の節）に基づく共和政を支持している。

本書の構成・内容

『永遠平和のために――一つの哲学的草稿』は、永遠平和実現のための前提条件をなす第一章の予備条項（Präliminarartikel）、国内法、国際法、世界市民法に分けて平和実現の具体策を示す第二章の確定条項（Definitivartikel）とその第一補説（Erster Zusatz）および第二補説（Zweiter Zusatz）ならびに道徳と政治に関して論じた付録（Anhang）より成り立っている。このうち第二補説は、1796年の増補版の中で付け加えられている。このような構成は、当時の国家間の平和条約のそれを模したものである。
本書の特徴は、カントの代表的な哲学書と異なり、永遠平和実現のための具体的プランとアクションを示している点にある。
以下各条項の文言に、著者の補足説明を適宜追加して訳出する。

①第一章の予備条項として、次の6項目が挙げられている。

第1条項　平和とは、一切の敵意が消滅することで、将来戦争が再発する種を残した条約は、休戦協定であって平和条約と言えない。

第2条項　道徳的人格である独立主権国家は、所有物（財産 Patrimonium）ではなく、継承、交換、買収、贈与によって他の国により取得されるべきではない。

第3条項　常備軍は時とともに全廃しなければならない。それは無制限な軍備拡大を招き、ひいては先制攻撃の原因になるのみならず、人間を機械や道具として使うことになり、それ自体目的である人間性の権利と調和しない。ただし国民が自発的に外敵から自国を防備する場合は別である。

第4条項　戦争国債は認められない。このような危険な金力が権力者の戦争癖と結びつく場合、永遠平和の最大の障害になる。

第5条項　他国の政治体制や政府に暴力をもって干渉してはならない。このような内政干渉が許されるならば、国家の自律が危うくなる。

第6条項　戦争遂行時においても、将来の平和時における戦争当事者間の信頼が不可能になるような行為は慎まなければならない。殲滅戦争（Ausrottungskrieg）になった場合、永遠平和は、人類全体の巨大な墓場の上にはじめて訪れることになろう。

以上のうち第1、第5、第6の各条項は、厳格に守られなければならない法則（leges strictae）で、第2、第3、第4の条項は、それほど厳格でなく柔軟な解釈が許される法則（leges latae）であるとされる。

②第二章の確定条項は、次の三項目よりなる。

第1条項　各国の市民的政治体制は、社会の成員が自由平等を保障され、唯一の共同立法に従属する共和的体制（republikanisch）でなければならない。共和的体制の下では、国民は自らに災厄をもたらす賭博である戦争に賛同しないと考えられるからである。

第2条項　国際法は、自由な諸国家の連合（Föderalism freier Staaten）に基礎を置くべきである。一つの世界共和国

（Völkerstaat あるいは Weltrepublik）の創設ができないのであれば、それに代わる消極的代替物（negatives Surrogat）としての国家の連合（Völkerbund）が、好戦的な流れを阻止できよう。

第3条項　世界市民法（Weltbürgerrecht）は、普遍的な歓待（友好 Hospitalität）の諸条件によって制約を受けるべきである。世界市民体制に次第に近づけることにより、永遠平和への道が拓けてこよう。

③確定条項の第一補説

「偉大な技巧家」としての自然の機構ないし「自然の意図（Naturabsicht）」は、人間が永遠平和に向かって進むよう「保証」を与えている。自然は、最終的には人間の道徳的素質を完成させ永遠平和に導く。これは、「運命」とも「摂理」とも呼ばれる。具体的には、人間は、人間どうしの対立、国家間の対立の経験を経て、共和政に基づく国家や国家連合を設立する。また商業精神は戦争とは相容れない。

④同第二補説

国家は哲学者に平和や戦争の問題について自由に発言させるべきで、彼らが主張する格率（Maxime）を、忠告として受け取らなければならない。

⑤付録

道徳が政治に合わせるのではなく、政治が道徳に合わせなければならない。また公表できないような政治は不正であり、情報開示と透明性が必要である。

時代を超えた本書の価値

十八世紀のヨーロッパ

十八世紀のヨーロッパは、国民国家（nation state）が並存する体制が確立した時代である。すなわち、ウエストファリア条約（１６４８年）により、各国の元首に最高の国家権力、すなわち主権（Souveränität）が認められ、かくして国民国家間を規制する法として、近代国際法の基盤が確立された。そしてその中で、たとえば「戦争する権利（jus ad bellum）」も、法的に認められるようになった。この体制のなかで、一方ではプロシャのフリードリッヒ2世、オーストリアのジョーセフ2世、ロシアのエカチェリーナ2世という啓蒙専制君主、他方ではフランスのルイ16世のような強権的な絶対君主が統治していた。この世紀に起きた代表的な戦争としては、北方戦争（１７００年～２１年）、オーストリア継承戦争（１７４０年～４８年）、七年戦争（１７５６年～６３年）などが挙げられるが、欧州全体を巻き込んだナポレオンによる戦争は、世紀末より十八世紀初めにかけて起きている。つまり三十年戦争の終結を確認し、再び戦争が起きないようにするための仕組みとして合意されたウエストファリア体制に、大打撃を与えたのがナポレオン戦争であるが、この戦争後の処理として、1815年のウイーン会議によって新たな体制が生まれている。その結果国民国家の並存を前提としつつ、「欧州協調（European Concert）」により、十九世紀を通じて相対的安定がもたらされることになる。十八世紀は、専制君主による政治のもとで、個人の自由、人権、民主主義といった近代思想が力強く自己主張を展開した時期でもあった。アメリカ独立戦争（1775〜83年）やフランス革命（1789〜99年）は、このような思想が、劇的な形で現実の政治に翻訳された事件である。

国際法の世界では、国際法の父グロティウスの代表作『戦争と平和の法』の表題が示すように、平時法と戦時法から成り、戦争は違法ではなかった（本書では、「グロティウス…の名が、戦争開始を正当化するために引かれる」としている）。戦争は、「異なる手段をもってする政治の継続」（クラウゼビッツの言葉）であり、国家元首間の一種のゲームの様相すら呈していた。本書では、「（君主は）取るに足らない原因から戦争を遊戯のように決定し」としている。またこの当時の多くの戦争は、「陣取り合戦」で、主権国家の政府どうしの戦いが主流であった。大量破壊兵器が存在していなかったこの時代の殲滅戦争とは、何であろうか。その対象は国民ではなく、法的・政治的公共体としての国家が消滅させられることになるような戦争・紛争として、理解される。その実例としてカントの頭にあったのは、プロシャ・ロシア・オーストリー三国によるポーランド分割であったと思われる（1795年に三回目の分割が行われている）。（マティアス・ルッツ＝バッハマン）。

カントの思想を巡る時代状況

カントは直接戦争の体験をしていない。その居住地であるケーニヒスベルクが、七年戦争中にロシアに占領されていた時期もあったが（1758年〜62年）、同市は直接戦争には巻き込まれず、住民の抵抗運動もほとんどなく、ロシアの占領政策は、おおむね住民から好感をもって迎えられた。カント自身ロシア人との友好的な関係を維持しており、この期間の経験が、本書の内容に大きな影響を与えたとは思われない。これに対し七年戦争終結後、国家財政は苦境に陥り、市民の生活は多大の悪影響を蒙っている。戦争国債に関する予備条項や、共和政についての確定条項の記述（国民はみずからに災厄を招くような賭博はしない）は、このような体験を踏まえたものであろう。また第2予備条項（「国家は財産ではない」）は、ポーランド分割に対する抗議の意思表示とも推測される。以上のような体験に加え、執筆の直接のきっかけとなったのは、前述のように、普仏間のバーゼル条約の締結である。十八世紀初めにサン・ピエールが書いた『永遠平和の草案（Abbe de Saint-Pierre, Projet de paix perpetuelle）』の内容が、カントに一定の影響を与えていると思われるが、これが本書の著作の直接の動機になった証拠はない。より根本的な動機は、むしろカントの政治哲学全体の思想のなかに見出せると思われる。人間を手段や道具とみなす戦争は、自然の最終目的、すなわちそれ自体目的である人間の道徳的完成に向けての途上における障害物であり、この世界からこの障害を永遠に追放するための道筋を示すことが、哲学者の務めであるという使命感であろう。政治と道徳の関係についてカントは、「これまでいかなる哲学者も、国家の基本原理と道徳を一致させることはできなかった」と、『たんなる理性の限界内における宗教』のなかで述べている。政治の世界においても道徳を貫徹させようとするその意気込みは、当時の国際法の常識を破って、戦争の合法性を否定しきった事実からも窺える。

ここでカントが生きた時代の政治体制であるプロシャの王政について、自らどのような認識を持っていたかについて触れなければならない。フリードリッヒ2世は、カントが一六歳の1740年に即位し、以後84年に没するまで四四年間プロシャを支配した。つまりカントにとって幸運であったのは、もっとも重要な人生の時期の政治支配者が、開明的な啓蒙専制君主であった事実である。特に発言の自由を保障した同国王の政策が、カントが自由に思考の翼を広げる上で、ポジティブな影響を与えたことは想像に難くない。カントは『啓蒙とは何か』の中で、君主の役割について次のとおり述べている。「…国民がみずから決議して定めることができないものを、君主が国民のために決めることはできない。…君主が顧慮すべきことは、すべての真の改革が…市民的秩序と共存できるようにすることだけである」。

「…宗教においては、未成年状態（筆者注　悟性の格率（自分自身で考えること）を守れない状態）がもっとも有害であり、…立法の分野においても、臣民に（みずからの理性を公的に利用させ（筆者注　自由に発言させ））、より優れた法律について意見を公表させ、…（既存の）法律を率直に批判することを許しても、何ら危険がないことを洞察すること」ができる実例として、フリードリッヒ2世を挙げており、「（このような点で）うらやましいと思われるような君主は、ほかの国にはまだ現れていない」、とまで断言している。

しかし批判哲学によって、ゆるぎない地位を築いていたカントは、フリードリッヒ2世の没後1786年に即位したフリードリッヒ・ヴィルヘルム2世の強権的で非寛容な宗教政策により、苦難を強いられることになる。特に『たんなる理性の限界内における宗教』の出版をめぐって当局は、1794年4月、カントに対し宗教に関する講義や著述を禁じている。このような環境の変化は、本書の中でも色濃く反映されている。すなわち本書の冒頭で、「実務に携わる政治家は、…政治学者を机上の空論家として蔑視し、…」としつつ、この書を著した背後に、「国家に対する危険を嗅ぎとったりはしないであろう」と、皮肉っぽく予防線を張りつつ、他方一転して「第二補説」では、国家は哲学者に対し、戦争や平和に関して自由に議論させ、それを参考にすべきであるとして正面から挑戦している。

本書の現在的意義

十八世紀末に書かれた本書は、二十一世紀の国際関係の現状に照らして、どのような意義を持ち、またその思想や提言は、現在でも適用可能であろうか。次の三点に絞って考えてみたい。

第一点は、第2確定条項で提唱している連合制度（Föderalism）についてである。カントはここで、世界政府（カントの表現では、世界共和国（Völkerstaat または Weltrepublik）が成立し得ないのであれば、その「消極的代替物（negatives Surrogat）」、平和連合（foedus pacificum）を提唱している。このような思想は、十九世紀の「欧州協調」（列強の元首が出席して行われる臨時の会議の「連続体」）の段階を経て、二十世紀になってはじめて国際連盟（独語では Völkerbund）と国際連合（独語では Vereinigten Staaten）という国際機構の出現によって現実の政策になっている。ウイルソン大統領をはじめ、当時国際連盟を構想した多くの者は、カントの平和論に依拠しているし、第二次世界大戦後の国際連合の発足の際も同様である。このような制度（institution）を平和維持の方策・手段としてどの程度重視するかについて、現在政治学者の意見は分かれている。種々の理論のヴァリエーションを捨象して単純化して言えば、制度重視論に対し、伝統的な勢力均衡が平和維持のための上策であるとするリアリストが対峙している。

国際連盟は、提唱者のウイルソン大統領の意に反して米議会が反対したため、アメリカは結局加盟せず、メンバーシップの点で普遍性に大きな問題があったほか、集団安全保障をその原理としながらも、実際には平和の破壊行為などに対し有効に対応できず、第二次世界大戦を防止できなかった。これに対し国際連合は、国際連盟の欠陥を反面教師として成立した経緯もあって、創設後米ソ対立によりその機能を十全には発揮できず、冷戦終結後も、アメリカの単独主義的行動の挑戦を受けているとはいえ、国際の平和と安定の維持に一定ないし相当の役割を果たしてきたと言える。すなわちカントが十八世紀末に蒔いた種が、「国際機構の世紀」といわれる二十世紀になって、初めて実を結んだのである。

カントは、平和連合は一つの戦争を終結させるための平和条約と異なり、「すべての戦争が永遠に終結することを目指す」とし、「もし幸運にもある強力で啓蒙された民族が一共和国を形成することができたら、この共和国は、ほかの諸民族に対して連合的結合の役割を果たすことになりうる」と述べている。第一次大戦後、第二次大戦後いずれの場合も、戦勝国として圧倒的な力を持つに至った民主主義国家アメリカが、国際連盟、国際連合の発足時にそのような役割を果たしている。

第二に永遠平和に導くための政治体制として、カントは代議制度に基づく共和政が必要であると述べているが、この主張はいわゆる democratic peace の理論（「民主主義国家どうしは通常戦争をしない」）の出発点になったと言われている。この問題についてブルース・ラセットは、詳細に論じている。カントはここで、支配の形態（forma imperii 君主支配、貴族支配、民衆支配）と統治の形態（forma regiminis 共和的と専制的）に分けている。そして共和政とは、法律の執行権を立法権から分離する体制、つまり代議制であれば良く、他方立法者が同時に法の執行者でもある場合、専制政治であるとする。ここでカントの言う共和政とは、現在の代議制民主主義を指すものと考えてよいと思われる。

第三に第6予備条項で強く拒否した殲滅戦争に関して、これを二十一世紀の現状に当てはめて考えてみたい。二十世紀に入り大量破壊兵器が開発された結果、人類全体を殲滅させる脅威が現実のものになっている。カントが本書で繰り返し警告している「人類の巨大な墓場の上に初めて築かれる平和」という表現ほど、今日の状況を的確に描写している不気味な言葉はない。なお戦争遂行中においても、和平実現後の紛争当事者間の和解を不可能にするような行為を慎まなければならないとの主張は、戦時法を否定しているように見えるカントが、戦争にも一定のルールが必要と考えていた事実を示しており、首尾一貫性の上で問題がある。

カントの理論の問題点

ここでは、国家連合についての議論に絞りたい。カントが世界政府の思想を排し、「消極的代替物」として国家連合（平和連合）を提唱している本書の第二確定条項については、現在多くの議論がなされており、この部分のカントの論理には「矛盾」が見られるとの見方が多い。これは、カントが国家主権をことのほか重視し、これに対する内政干渉を厳格に排除していることと関連する。カントは、国家間関係を個人間の関係のアナロジーで見ることを出発点として、次のように述べる。

個人間の関係は、自然状態のまま放置しておくと、ホッブスの言うように、「万人の万人に対する闘争」になる。したがって法的安定性の観点から、根源的契約（ursprünglicher Vertrag）を結んで、公権力によって秩序を確立する必要がある。国家間の関係も、自然状態のままでは戦争が絶えない（「諸民族は、自然状態においては、…隣り合っているだけですでに互いに害しあう」）。そこで契約（条約）によって、連合（Föderalism）を作る必要がある。しかしこれは世界政府ではなく、この連合に加盟する国は、主権の一部たりといえども、この連合体に移譲する必要はない。

その理由として第2確定条項でなされている説明には、あまり説得力がない。国家間の自然状態と個人間の自然状態の間にアナロジーを認めるのであれば、国家間の争いを解決し国際秩序を維持するためには、国際社会に一定の公権力を認めなければならず、少なくとも一定限度まで各国家は主権を放棄し、それを「連合体」に委譲する必要がある。しかしカントはこれを否定している。すなわちこの点でカントの理論に矛盾が見られ、国家主権を重視する点を捉えて、カントのリアリスト的側面を強調する見方もある。

ともあれ二十世紀の世界の現実は、カントの理論を超越しているともとれる動きを示している。一例として、ドイツ連邦基本法第24条は次のように規定している。「法律に基づき、国家間の制度に主権（Hoheitsrechte）を委譲することができる。連邦（ドイツ連邦共和国）は、平和の維持のために、相互的な集団安全保障のシステムに従う（einordnen）ことができ、この関連で主権の制限に同意する」。この場合の主権移譲の法的根拠は、連邦共和国の議会で定める法律であり「根源的契約」ではない。とはいえ、高位の政治的主体（「連合体」）への国家主権の移譲を拒否したカントの思想とは、径庭少なからざるものがある。この規定は、第一義的には欧州連合（EU）を念頭に置いたものであろうが、国連との関係でも適用可能な条項である。なお、「（国連安保理の権力は）、世界政府になぞらえうるほど強大なものである。この点に関する限り、確かに国連はひょいとカントを『超えて』しまった」との見方もあるが（最上敏樹）、実質論としてはともかくとして、法的観点からはこの見解の妥当性には疑問がある。

おわりに

本書はカントの多くの著作の中で、近世哲学史において、著者に抜きん出た地位を与えるほどの代表作とは言えないにしても、その重要性を低く見る（たとえば単なる時事的な著作とみなす）のは妥当でない。この書が出た直後、フィヒテが、「カントの極めて重要な著書」と呼んでいるほか、フランス、デンマーク、イギリスで次々と翻訳された事実は、十八世紀末から十九世紀初めにかけての欧州の政治状況が、このような書を要求していたことを示している。しかしこの書が、改めて世界政治のなかで現実的な意味を持つようになるのは、前述のとおり二十世紀に入ってからである。このように本書が提示している思想・構想の先見性一つとってみても、その政治的重要性は明らかであるのみならず、哲学的観点から見ても、高い評価が多くの哲学者により与えられている。本書は、『世界市民という観点からみた普遍史の理念』、『人類の歴史の憶測的な起源』、『万物の終焉』と続く歴史哲学を締めくくる総括的著作であると考えられ、このなかで、カントの歴史哲学、道徳哲学、政治哲学が、見事に結びついている（中山元）。

まとめとして、内なる道徳律に導かれた実践理性の結論であるこの著作に示されたカントの思想は、「戦争と平和」という二十一世紀のアクチュアルな問題への取り組みとその解決に当たって一つの重要な指針になりうるし、将来にわたってそうあり続けるであろう。

参考文献

Immanuel Kant, *Zum Ewigen Frieden. Ein Philosophischer Entwurf*, RECLAMS UNIVERSAL_BIBLIOTHEK Nr.1501, Philipp Reclam jun. GmbH & Co., Stuttgart, 1984.

Immanuel Kant, *Zum ewigen Frieden: Ein philosophischer Entwurf, Kants Werke:*（Akademie-Textausgabe, VIII）, Abhandlungen nach 1781, Walter de Gruyter, Berlin, 1968.

Immanuel Kant, *Was ist Aufklärung?* Philosophischer Bibliothek Band 512, Felix Meiner Verlag, Hamburg, 1999.

Immanuel Kant, *Kritik der praktischen Vernunft*, Philosophischer Bibliothek Band 506, Felix MeinerVerlag,Hamburg, 2003.

Immanuel Kant, *Die Religion innerhalb der Grenzen der blossen Vernunft*, Philosophischer Bibliothek Band 45, Felix Meiner Verlag, Hamburg, 1978.

Immanuel Kant, *Die Metaphysik der Sitten*, Werkausgabe Band VIII, Suhrkamp Taschenbuch Verlag, Frankfurt am Main, 1977.

Ortfried Hoffe（Hrsg.）, *Immanuel Kant - Zum ewigen Frieden*, Akademie Verlag GmbH, Berlin, 2004.

Dietmar, H. Heidemann, Kristina Engelhard（Hrsg.）, *Warum Kant heute?*, Walter de Gruyter, Berlin, 2004.

Matthias Lutz- Bachmann und James Bohlen（Hersg）, *Frieden durch Recht Kants Friedensidee und das Problem einer neuen Weltordnung*, Suhrkamp Verlag, Frankfurt am Main,

1996.
Manfred Kuhn, *KANT - Eine Biographie*. Deutsche Taschenbuch Verlag GmbH & Co. KG., München, 2007.
Manfred Geier, *Kants Welt Eine Biographie*, Rowohlt Taschenbuch Verlag, Reinbek bei Hamburg, 2006.
Rudolf Eisler, *Kant Lexikon*, Georg Olms Verlag AG, Hildesheim, 2002.
Hannnah Arendt, *Lectures on Kant's Political Philosophy*, The University of Chicago Press, Chicago, 1992.
カント／宇都宮芳明訳『永遠平和のために』岩波文庫、２００４
カント／中山元訳『永遠平和のために・啓蒙とは何か他３篇』光文社古典新訳文庫、２００６
カント／高坂正顕訳『永遠平和のために』一穂社、岩波文庫復刻版、２００５
ジェームス・ボーマン＋マティアス・ルッツ＝バッハマン／紺野茂樹＋田辺俊明＋舟場保之訳『カントと永遠平和』未来社、２００６
アルセニイ・グリガ／西牟田久雄・浜田義文訳『カント――その生涯と思想』叢書ウニベルシタス１２８、法政大学出版局、１９８３
シセラ・ボク／大沢正道訳『戦争と平和――カント、クラウゼヴィッツと現代』叢書ウニベルシタス２９１、法政大学出版局、１９９０
ポール・ストラーザン／浅見昇吾訳『90分でわかるカント』青山出版社、２０００

レヴィ=ストロース

『悲しき熱帯——構造人類学入門』

中生勝美

レヴィ=ストロース『悲しき熱帯』
川田順造（訳）中央公論社，1977.

中生勝美●プロフィール

1956年広島生まれ。中央大学法学部卒業，上智大学大学院博士後期課程単位修得満期退学。現在桜美林大学リベラルアーツ学群教授。社会人類学・中国地域研究専攻。主要業績：中生勝美編『植民地人類学の展望』東京：風響社，2000年。「人類学と植民地研究」『思想』957号，2004年。

はじめに

中国・前漢の歴史家、司馬遷（前145?–前80年?）は、『史記』の中で、思想家になるためには「万巻の書を読み、然る後大旅行をすること」と説いている。本稿で取り上げるレヴィ＝ストロース（Lévi-Strauss C., 1908–）は、若くして哲学教授資格試験に合格したが、その後ブラジル奥地の先住民を調査して人類学者となった。戦後、彼が唱えた構造主義は、人類学を超えて哲学・人文科学・社会科学に大きな影響を与えた。レヴィ＝ストロースは、まさに万巻の書を読み、アマゾンの大森林をフィールドワークして思想家になった人物である。

2007年3月、筆者は社会科学高等研究院の招待で一ヵ月あまりパリに滞在したとき、百歳になるレヴィ＝ストロースは存命であったが、アルツハイマー症に冒され公的な席には出てこないと聞いた。一般的に自然科学では、自らの学説により技術革新が目に見える形で進むことがある。けれども人文科学・社会科学の分野では、ひとつの学説が社会的インパクトを与えて広がるには時間がかかるので、新しい学説を唱えた研究者が、その存命中に影響力を見ることは稀である。その点、レヴィ＝ストロースは自ら唱えた構造主義が、様々な分野に衝撃を与えた社会現象を目の当たりに見ることのできた幸運な研究者といえる。すでにレヴィ＝ストロースの研究は多方面で論じられ、彼の思索的な自叙伝とも言える『悲しき熱帯』は、いくつもの書評と紹介文が発表されている。本稿は屋根の上にさらに屋根をかける愚ではあるが、レヴィ＝ストロースの思索的半生記ともいえる『悲しき熱帯』を紹介していきたい。

レヴィ＝ストロース

レヴィ＝ストロースは、フランスの著名な人類学者[1]である。彼の著作は、学位論文である『親族の基本構造』（1949年）、構造主義人類学の指南書である『構造人類学』（1958年）、サルトルの実存哲学が西洋中心主義であることを批判して構造主義を一般に広めた『野生の思考』（1962年）、アメリカ先住民の神話を構造分析した四部作（1964–1971年）が主要な仕事である。

レヴィ＝ストロースは1908年にブリュッセルで生まれ、フランスのヴェルサイユで育った。彼はアルザス系ユダヤの富裕な家系で、父方、母方ともに音楽家、ユダヤ教聖職者、画家などを輩出しており、父は肖像画家だった。彼はパリ大学法学部を卒業したが、その一方で哲学を学び最年少で哲学教授資格試験に合格した。彼の哲学的素養は、人類学に専門を移した後も思索の源泉になっており、本稿で紹介する『悲しき熱帯』も、単なる調査記録ではなく、広い意味で文明と未開の対比を哲学的に記述したエッセイといえる。

彼はフランスの地方高等学校で2年間哲学を教えていたが、人類学に関心があることを周辺に漏らしていたので、ブラジルに新設されたサンパウロ大学に社会学のポストを得る機会にめぐまれた（1935－37年）。この間、最初の人類学の論文「ボロロ・インディアンの社会組織研究への寄与」を発表した。アマゾンの大森林を横切る学術探検（1938－39年）に参加する機会を得て、サンパウロ大学をやめて調査旅行に出かけ、ボロロ族、ナンビクァラ族、トゥピ＝カワヒブ族などを訪れた。フランスへ帰国して第二次世界大戦に応召したが、休戦後にアメリカのニューヨークへ渡った。そこで構造言語学のローマン・ヤコブソンと出会い、その方法論を学んで構造人類学へと展開した（川田、1987、833頁）。

レヴィ＝ストロースは、交換論による親族研究から十年を経て『野生の思考』『神話論』にいたっている。彼の研究は前期と後期で大きく変化しているが、『悲しき熱帯』は、その転換期に執筆されている。だからこそこの本は単なる旅行記ではなく、内省的な哲学的エッセイとして、レヴィ＝ストロースの思想を読み解く上で貴重な著書になっている。本書は前半と後半に分かれており、前半はブラジルに行くまでの半生記や調査準備が中心であり、後半はアマゾンで邂逅した先住民について書いている。本稿では、彼の研究の出発点となった先住民との接触についてまとめていこう。

先住民との邂逅

アマゾンの森林に、一本の電信線が横断している。そこに、電信技士と数人の宣教師だけが住んでいた。彼らは、時として季節ごとに移動するナンビクワラ族に遭遇することがあった。ナンビクワラ族は10月から3月までの雨季に、小川の流れを見下ろす高地の上で小屋を作って居住し、乾季になると村を放棄し、各集団は群れごとに獲物を求めて散っていった。ナンビクワラ族は、季節ごとに移動するため、物質文化が極めて乏しく、すべての財産を女たちが運ぶ負い籠の中につめて移動していた。ナンビクワラ族は、レヴィ＝ストロースがアマゾンで遭遇した先住民の中で、もっとも「未開」な民族であった。

レヴィ＝ストロースが遭遇したナンビクワラ族の小集団は6家族いて、それぞれが親族関係にあった（下、133頁）。彼らは姉妹の娘との結婚（人類学の用語では「交叉イトコ婚」）

を優先させていた。人類学者がフィールドワークで最初にする作業は、集団の家族構成、親族関係の調査である。彼らの言葉を逐語訳できるような通訳もいない状況で、はたしてレヴィ＝ストロースはどのように彼らとコミュニケーションをとったのかわからない。彼はこの集団の親族関係についての片言のポルトガル語でインタビューしたのだろうか[2]。ナンビクワラ族の大人がレヴィ＝ストロースのところに小さな娘を連れてきて、彼女を妻にしろと身振り手振りで勧めたと書いているので、非言語手段でコミュニケーションを図っていたことが窺える。手話は、もともとアメリカ大陸に渡ったヨーロッパの移民が、現地民とコミュニケーションを図るために作られた技術なので、お互いまったく言語が通じない相手には、非言語コミュニケーションがある程度有効だった。

レヴィ＝ストロースは、そこで子供と遊んでいたときに、彼らどうしのけんかから、実名を教えることが相手へのいやがらせになると気づいた。そこで子供たちを互いに対立させて、子供や大人の名前をすべて調べることができたエピソードを書いている。

ナンビクワラ族は、いつも陽気に笑い、冗談を飛ばし、わいせつな話や糞便譚で爆笑していた。家族の人数、子供の数から、「夫」「妻」と呼び合うイトコ同士の間柄にある子供たちに、夫婦のような立ち振る舞いがあるという。大人の性についても「タミンディゲ・モンダゲ（愛の営みはいいもんだ）」という言葉に表されるように、彼らの興味と好奇心をひきつけている。宿営地での性行為はまれで、レヴィ＝ストロースは、性行為の忌避や羞恥心について、彼らの文化と自らの価値観の距離を感じている。そしてナンビクワラ族の男女間の態度を理解するために「夫婦」というものの基本的性格である経済生活と情緒的な結合単位であることに留意する必要があり、遊動し絶えず離合する集団の中で重要であることを示唆している（下、146−148頁）。

レヴィ＝ストロースは、ナンビクワラ族が愛想良いのに、突然、敵対的な態度に豹変する不安定な気質を、彼らの社会的性格から説明を試みている。すなわち、男は狩猟で女は農耕という労働分担（ジェンダー）や、男女の態度の愛しさと揶揄の入り混じった二面的な態度、冬と夏の対照的な生活形態、死後は男性の魂はジャガーに再生するのに対して、女性と子どもの魂は大気の中に消え去るという対照的な他界観から説明している（下、150−154頁）。レヴィ＝ストロースの観察は、フランス人類学に多大な貢献をしたマルセル・モースの双分社会の分析理論に基づいていることが分かる。

レヴィ＝ストロースがナンビクワラ族での調査を通じて研究テーマと自覚した社会の基礎としての夫婦、男女関係、そして結婚による女性の交換という問題は、その後、『親族の基本構造』という学位論文に結実した。『親族の基本構造』は、イトコ婚の人類学的研究をまとめた交換の基礎に続き、オーストラリアの伝統社会、中国古代の研究、チベット・ビルマなど周縁民族の婚姻体系が検討されている。彼は、グラネの古代中国とオーストラリアの婚姻体系を対比した「古代中国における結婚のカテゴリーと近親関係」を読んで、「グラネが複雑なシステムを理解しようとしてそれ以上に複雑な解決策を考え出していることに」苛立ちを覚えながらも、この論文から多くの着想を得た。しかしイトコ婚を交換論で分析する出発点は、ブラジルでのナンビクワラ族との邂逅である（渡辺、1996、83頁、104-105頁）。

ボロロ族

次に、レヴィ＝ストロースの神話研究の出発点になったボロロ族について見てみよう。彼は1936年1月から2月にかけてケジャラ村に滞在したが、そのときの衝撃は、数百の南北アメリカ先住民の神話を分析した『神話論』で、何度も立ち戻って継承された基準神話にボロロ族の神話が選ばれていることからも窺える（渡辺、1996、55頁）。

レヴィ＝ストロースが挙げているボロロ族の標準神話を一つ紹介しよう（渡辺、1996、259-250頁）。

「病いの起源」の前半

まだ病気というものが知られず、人が苦しみを味わうことがなかったころ、ある若者が「男たちの家」に出入りすることをかたくなに拒み、家族の小屋に閉じ籠っていた。

この振る舞いに苛立った祖母は、毎晩若者が寝ている間に、孫の顔の上にしゃがみ、おならを吹きかけて毒した。若者は音を聞き、悪臭を感じたがそれがなにであるかはわからなかった。病いになり、痩せ細り疑い深くなった若者は、寝入ったふりをしてついに老婆のやり口を見破り殺した。鋭くとがらせた矢を老婆の尻の穴深く突き刺したため、内臓が飛び出たほどであった。

アルマジロに助けられ（…）若者は老婆が寝ていた場所にこっそりと穴を掘り、死体を埋め、掘り返された土にござをかけて隠した。

レヴィ＝ストロースが訪れたケジャラ村は、森の中に空き地があり、一列の環状に並んだ小屋の真ん中に、長さ20メートル、幅8メートルの大きな建物の「バイテマンアゲオ（男の家）」があった。独身の男はここで眠り、狩猟や儀式の踊りをするとき以外、彼らはそこで一日をすごしていた。女たちは男の家への出入りを固く禁じられ、既婚の男は夫婦の住居と男の家の間を往復していた。

環状の集落は、川に平行して南北に二分されており、母を同じくする血縁集団（この場合は半族）に属し、互いに他の一族の成員としか結婚できない。女は生まれた家に住み、それを相続する。男は、空き地を横切り円の中心を通って二つの半族を区切る線を渡って反対側に住むことになる。男が自分の生家を離れる違和感を緩和するのが「男の家」である。二つの半族は、お互い結婚相手となり、協力関係はありながら対抗意識もある。レヴィ＝ストロースは、他方のために奉仕するようなフットボールチームの例えで説明している（下、41－45頁）。

レヴィ＝ストロースは「病いの起源」の神話を、村の双分組織、母系氏族、男の家の役割について民族誌を用いて解説している。男性は生まれた家、とりわけ母親との絆を成人式によって断ち切り、男の家に移り、やがて結婚するはずの過渡期にあるにもかかわらず、母の家を離れない若者が年齢不相応な振る舞いで祖母を怒らせてしまったのである（渡辺、1996、250頁）。

ボロロ族の調査では、儀式や社会的地位が神話・伝承・踊りなどで意味づけられており、弓や成人式の時に若者が付けるペニスケースなどの物質文化のデザインや紋章を観察して写生した時に、神話を採取している。レヴィ＝ストロースたちの調査隊がやってきたとき、ボロロ族を担当していたサレジオ会の宣教師は、布教の必要性から現地語を学び、すでに神話や宗教儀式について調べていた。レヴィ＝ストロースが、ボロロ族の神話を採取できたのは、宣教師の協力で詳細な聞き取りが可能になったのであろう。

レヴィ＝ストロースの神話研究は、親族研究と同じように、アマゾンでの調査体験が出発点となり、1941年に亡命先のニューヨークで閲覧したアメリカ・インディアン民族誌で肉付けをして発展したものである。彼が南北アメリカのインディアンの神話を分析する上で、アメリカのボアズやローウィなど北米インディアンの詳細な調査をしていた人類学者との交流、そして彼らの研究成果である膨大な民族誌を渉猟して『神話研究』を展開しているのだが、その出発点にアマゾンでのボロロ族の調査経験が生かされている。

不安と悲しみ

旅の終わりに、レヴィ＝ストロースは故国フランスから遠くはなれて未開社会をフィールドワークする自分を省みて、その時の不安を次のように書いている（下、293頁）。

何をしにここまでやってきたのだ？　どんな当てがあっ

て？　何の目的のために？　民族学の調査というのはそもそも何なのか？（中略）私がフランスを去ってから、もうやがて5年になろうとしていた。私は大学の職を放棄していた。この間に、もっと賢明な私の同窓生たちは、大学人としての階梯を先に登っていた。私もかつてそうだったように、政治に関心を持っていた連中はもう議員で、やがて大臣というところだった。そうした私はといえば、僻地を走り回り、人類の残り滓のようなものを追い求めているのだ。

レヴィ＝ストロースは大学を出てすぐに高校の哲学教員となり、さらにサンパウロに渡って社会学の教員になったのに、その職も投げ打って調査に参加した。自らの止まれぬ情熱のおもむくまま未開社会に飛びこんだのだが、その先の人生設計は考えていなかったのだろう。大学の研究室がある都市部の生活とはまるで異なるジャングルの中で、ふと我に返って言い知れぬ不安が襲ったときの感情を素直に書いている。

これほど苦労をして調査をした経験をつみながら、故国フランスに帰ると、「西洋社会は民族学者を生み出した唯一の社会である」と、西洋の優越性ゆえに民族学＝人類学が存在するとの批判にさらされた。しかし、レヴィ＝ストロースは「民族学者は、彼の存在自体が罪の贖いの試みとしてでなければ理解しがたいものであるだけになお、彼自身の文明に無関心でいられず、文明の犯した過ちについての連帯に無自覚ではあり得なくなる」と、異文化への関心が、ひるがえって自文化への内省にいたることを強調している（下、315−316頁）。

レヴィ＝ストロースはルソーを「哲学者のうちでもっとも民族学者だった」として、彼自身が未開社会に旅することはなくとも、ルソーが農民のしきたりや民俗的思考への共感から、文献資料で伝えられた未開社会の記述に生命力を与え、「あらゆる秩序から無に帰した後で、新しい秩序を築くことを可能にするような諸原理をどのように見出せるか」という点で高く評価している。そしてルソーの自然状態を、社会状態が人間固有の悪を伴い、悪弊や犯罪の背後に人間社会の基礎を探るべきで、それは西洋文明に見出されず、新石器的な生活様式に求めるべきだ、と要約している。

レヴィ＝ストロースは、未開と現代の中間を保ったほうが、われわれの幸福のためによかったのかもしれないとするルソーの見方に賛成している。そしてルソーの言葉「もはや存在せず、おそらく決して存在しなかったし、これからもたぶん永久に存在しないであろうが、それについての正確な観念をもつことは、われわれの現在の状況をよく判断するために必要である」（ルソー『人間不平等起源論』「序文」）を挙げて、「原初時代の、ほとんど感じ取ることができないほどの進歩」と呼んだものを、レヴィ＝ストロースは「地球の果て」のアマゾン奥地まで探しに行ったのだと、自らのフィールドワークを位置づけている。しかし、レヴィ＝ストロースがナンビクワラ族に出会ったとき、ルソーの仮説にあるような抽象的な原初的な社会ではなく、そこにいる現実の人間に関心を向けている（下、198、318－320頁）。

『悲しき熱帯』の翻訳者である川田順造は、フランス語の"Tristes"に日本語の「悲しい」では表しきれないニュアンスが込められていると述べている。そして「なぜレヴィ＝ストロースにとって、熱帯は悲しかったのか」と問う（川田、1996、120－121頁）。戦後フランスに帰ったレヴィ＝ストロースは、コレージュ・ド・フランス教授（1959－82年）となり、1973年にはアカデミー・フランセーズ会員に選ばれ、研究者として桧舞台に立った。しかし彼はブラジルの先住民をいつも気にかけていた。彼は神話研究に取り組みながら、1968年のブラジルインディアンの大量虐殺や奴隷使役の報道に、多くの人類学者・知識人の署名を加えてブラジル大統領宛に非難と遺憾の書簡を公開している（渡辺、1996、25－27頁）。

『悲しき熱帯』には、1929年11月に流行性感冒で、ナンビクワラ族は48時間のうちに300人もが死亡し、その小集団は病人や瀕死のものを残して四散したと記されている（下、160頁）。新大陸の住民が、ヨーロッパから持ち込まれた病気にたいして抵抗力がなく、大量な死者が出ていたことは、近年の考古学的な研究からも判明している。病気以外にも、入植者との軋轢など、レヴィ＝ストロースが「悲しき」と表現した状況は、現代に至って、同化政策、アマゾン森林の伐採、開発などで、さらに深刻な状況が生まれている。

ナンビクワラ族は、レヴィ＝ストロースが調査した1938年には1500人ほどだったが、川田順造が訪れた1986年には763人で、1988年の統計では655人と人口がさらに減少していた。国立インディオ基金（FUNAI）の指導で、バナナ栽培、乳牛飼育、野生のゴムやブラジルナッツ採取などで、彼らの生活は大きく変化していた（川田、1996、69、194頁）。川田順造は、ナンビクワラ族と接した時に、彼らの無欲恬淡として物事にこだわらない性格をすばらしい美徳だと賞賛している。しかし、ブラジルの国家体制に組み込むために同化させようとする政府関係者の目からは、こうした気質もマイナスに受け止められている。

グローバリゼーションの進む現代社会では、世界の辺境地に住む先住民の生活も、伝統的な生活の維持ができない状況に追い込まれている。だからアマゾン先住民も、自然の恵みに依存する自給経済から、定住して農業に従事し、牛を飼って売却するような生産・貨幣経済に移行することは避けられない。川田は、彼らが物欲をもち、それを満たすために計画的かつ勤勉に働くことが必要だとする国家の圧力と、インディオ固有の文化を尊重すべきだというカトリック組織の対立を紹介している（川田、１９９６、１９７－１９８頁）。

さらに深刻なのは、１９８０年代にポロノロエステ計画として、世界銀行の融資を受けてナンビクワラ族の居住地を巻き込んだ大型開発プロジェクトによって、この地域にはハイウエーが建設され、それに伴う大規模な森林伐採、コーヒー農場を開くための入植がおこなわれたことだ。１９６７年からナンビクワラ族を調査しているデイヴィッド・プライスは、世界銀行の計画に学識経験者として参加し、開発がナンビクワラ族の生活に最小限の影響にとどまるよう努力したのだが、結局は大資本が開発する免罪符に利用されるだけだったと後悔した。そこで彼は、世界銀行とＦＵＮＡＩを告発する著作を出版している（プライス、１９９１）。

最近、『朝日新聞』（２００７年7月12日）に「文明拒むインディオ、突然出現　歌残し姿消す　アマゾン」という興味深い記事が載った。これによると、ブラジルのアマゾンで近代文明との接触を絶っていたインディオ（先住民）の部族が突然姿を現し、「親類を捜しに来た」「開拓者とのトラブルで10人以上が殺された」などと話していたが、3日後には2曲の歌だけを残して姿を消した。彼らは古い言語を話し、男性は枯れ草で下腹部を覆っただけで、女性は裸で頭頂部をそっていた。

川田順造も、１９８６年にナンビクワラ族を訪ねたとき、50年前のレヴィ＝ストロースが撮った写真は自分であると名乗り出る男性に出会った。写真当時の男が30歳として、とてもその男性が80歳には見えなかったが、自分には孫も曽孫もいると子孫を召集して見せたという。どう見ても50代にしか見えぬ男性に、川田は首をかしげながら記念写真を撮った（川田、１９９６、95頁）。川田は、自分がフィールドワークをしているアフリカの旧モシ王国について「歴史を必要とした社会」と名づけて、階層化された王国のように社会の中、あるいは他の社会とで、何らかの意識の亀裂やわだかまりのある社会と特徴を述べている。その対極として、ナンビクワラ族を挙げ、彼らの素直に幸せに生きられる時間は「歴史」になりえず、過去の意識化と、それについての語りを必要としない社会だと感銘を受けている（川田、１９９６、１９０－１９１頁）。

レヴィ＝ストロースの被写体になったと称する男性も、森のかなたから忽然と現れて歌を残して消えたインディオも、乱開発に曝されながらも、アマゾンという神秘の世界に生き続ける、歳をとるのを忘れた人々なのだろう。だからこそ、彼らの世界を描いた『悲しき熱帯』は、いつの時代にも、私たちの知を刺激する二十世紀の古典になっているのである。

注

[1] 厳密に言えば、民族学は文化人類学、人類学は形質人類学をさしているのであるが、フランスの ethnology と anthropology の区別は、アメリカの cultural anthropology と physical anthropology とは若干異なる概念である。本稿で民族学と人類学を同じものとして使っており、原文に「民族学」とある場合に限って民族学と表記しているが、一般的には人類学と表記することにした。また引用文献は著者、出版年、頁と記し、最後に文献目録をまとめたが、『悲しき熱帯』のみは、レヴィ＝ストロースの名前と出版年を省略し、上巻は上、下巻は下とのみ記した。

[2]『悲しき熱帯』のツゥピ＝カワイブ族の箇所で、「言葉も知らず通訳もいなかったが、原住民の思考や社会のいくつかの側面に分け入ろうと試みることは、私にもできた」（下、223頁）と書いている。レヴィ＝ストロースに限らず、言葉のまったくわからない民族でも、ある程度コミュニケーションをとって調査をする勘は、人類学者の資質として不可欠である。

文献

デイヴィッド・プライス／斉藤正美訳『ブルドーザーが来る前に―世界銀行とナンビクワラ・インデオ』三一書房、1991
レヴィ＝ストロース／川田順造訳『悲しき熱帯』上下、中央公論新社（中公クラシックス）、2001
レヴィ＝ストロース／室淳介訳『悲しき南回帰線』上下、講談社（講談社学術文庫）、1971
レヴィ＝ストロース／大橋保夫訳『野生の思考』みすず書房、1976
川田順造「レヴィ＝ストロース」『文化人類学事典』弘文堂、1987
川田順造『ブラジルの記憶』NTT出版、1996
泉靖一責任編集『マリノフスキー・レヴィ＝ストロース』（世界の名著）中央公論社、1967
渡辺公三『レヴィ＝ストロース――構造』講談社、1996

J-P・サルトル

『実存主義とは何か』

実存主義はヒューマニズムである

原島　正

J-P・サルトル『実存主義とは何か── 実存主義はヒューマニズムである』
伊吹武彦（訳）サルトル全集 1，人文書院，1968.

原島　正●プロフィール

成蹊大学政経学部を卒業後，法政大学と京都大学の大学院で哲学，基督教学を学ぶ。専門は近代日本の基督教思想史。特に内村鑑三の宗教思想研究をしている。さらに近代日本の宗教思想全般に関心を持ち「比較宗教思想」の研究もしている。主論文は「内村鑑三の『ユダヤ人』観」『内村鑑三研究』37 号 2004 年，「日本人基督者の死生観（1）──内村鑑三の死生観」『死生学年報』創刊号 2005 年。

はじめに

今回のテーマ「一冊の本」は、研究者が研究の途上に出会い、その研究の方向を決めた本が選ばれるのが常だと、推定する。しかし、今回私は研究者としてよりも一人の人間として、これまでの人生で決定的な出来事となった「一冊の本」を選んだ。それがサルトルの『実存主義とは何か』（伊吹武彦訳、人文書院）である。私はサルトル研究者ではない。サルトルの著作で読んだのもこの一冊だけである。しかし、私にとってサルトルのこの書物は、読む以前と読む以後とでは、考え方だけでなく、生き方そのものに時期を画するほどの意義を持った。それ故、今回のテーマが企画されましたとき、私は迷わず本書を取り上げることにした。

私の専門は、思想史である。若き日から研鑽を積んできた。思想史は、文献学であり、「認識されたものの認識」をもっぱらとしている。研究対象とする文献は、私にとって意味あるというよりも、思想の歴史を研究するために必要であるから、選ばれる。それは、研究者としての読書である。しかし学生時代は、研究のためというよりも私の関心によって、それも乱読に等しく手当たり次第に読んだ。その一冊が、思いがけずに私の生き方に決定的意味を持ったのである。今回は、その本の内容と本書を読む途中でなした「ある試み」についてお話したい。さらに、私は内村鑑三の宗教思想を研究し、論文を書いてきた。その過程で、ある事実に気がついた。それは内村鑑三の研究に意義を持つと同時に、私の生き方に意義を持ったことも事実であった。そこでサルトルの書物とともに、内村鑑三のある論文を読むことで拓かれた世界も合わせてお話しする。

話の順序は、まずサルトルの書物を読む途中でなした「ある試み」とその結果について、それと関連して、これまでの私の神への信仰の回顧、さらには、本書の紹介とする。そして数年後の内村鑑三のある論文との出会いについて語ることにしたい。なお、「ある試み」とその結果については、1968年11月に書いた未発表のエッセーがあるので、それにもとづいてお話しする。

その出来事は、四十年以上に以前にさかのぼるので、できるだけそのときの状況を再現するには、唯一の記録である私の手稿によるのがよいと考えたからである。内村鑑三の論文との出会いは、既に間接的ではあるが公にしている。しかし、今回は論文名も挙げて証言したい。私個人の思想史として聞いて頂ければ幸いである。

「ある試み」

これから述べることは、第三者には、それを試みと名づけるには、あまりにとるにたらない、つまらないことと思われることであろう。しかし、その試みは、私にとって、それまでの神への信仰を根底から揺り動かす意味を持ったのである。その試みは、サルトルの『実存主義とは何か』を読んでいるときに、なされた。大学一年のときだったと記憶する。当時私は哲学に興味を覚え、哲学書をあれこれ読んでいた。サルトルの『実存主義とは何か』はその一冊であった。大学一年生の学力でどれだけ理解できたかは判らないが、この本を吸い込まれるように読んだ。「実をいうと、物ごとは人間がそう決めた通りのものになって行く」と書かれているのを読んだとき、私は「ある試み」をした。傍らにある鉛筆を動かすことにしたのである。そして指を鉛筆にあてて動かした。すると動いたのである。そのときであった。なにかが起こった。地震が起こったのではない。依然として私の周囲は変わっていない。ときたま自動車の通る音が聞こえてくることを除き、静かであった。すぐに私は外に出てみた。当時の私の勉強部屋はベランダの横にあった。空を仰いだ。そこに空があるではないか。初めて空を眺めたという思いがした。なんと空は大きく広いものかと思った。再び部屋に戻った。書棚を見ると、本がそこにあるではないか。確かに、以前からそこにあったのであるが、まるでは初めて接するかのように、一冊、一冊の本のタイトルが私の目に入ってきた。ただそれだけの出来事であった。このことにより、私の神への信仰は動揺し始めたのである。

私の神への信仰

ここで幼いときからの、私の神への信仰を回顧する。教会で洗礼を受けたのは家族では、私が最初であったが、両親ともにキリスト教の信仰に生きていた。父は、小学校時代にキリスト者であった両親の影響で、兄と姉たちと近くの教会学校に通っていた。大学時代には、内村鑑三の高弟である塚本虎二の集会に出席し、内村鑑三の書物を読み、信仰を持つようになったとのことである。私の幼い頃は、どの集会にも出席せず、日曜日には、もっぱら私を生徒に聖書の話をしてくれた。ある日曜日、父の話の後、今から考えると、見えないものは信じられないという素朴な思いから、父に「神さまなんかいないよ。だって見えないじゃないか」と問うたところ、父は、「お父さんは信じているよ」と一言答えてくれた。そのときは、それだけで、すぐに遊びに行ってしまったのであるが、それが、いつ頃からか、なにをきっかけにしてかは、皆目判らないのであるが、神を信じるようになり、毎晩欠かさず、お祈りをするようになった。その神は、私がどんなところにいても、私の行動を監視しており、私を裁く神であった。たとえば、高校時代の夕方、母方の祖父が亡くなったとの電報を受け取ったとき、私がとっさに考えたことは、今日私はどのような悪いことをしたのかと、朝からの自分を顧みたのである。

さらに、父から聞いた聖書の話のなかで、ノアの箱舟のことが脳裏に刻み付けられ、大学生になるまで、雨が降る日は、恐怖の日だった。なぜならば、ノアと違って私は、悪いことばかりしているので、この雨が降り続き、私は滅ぼされてしまうのではないか、そのように考えたからである。大学に入り、旧約を自分で読んでみたところ、「地を滅ぼす洪水は、再び起こらないであろう」と記されており、なんと取り越し苦労をしていたのか、と思ったものである。今から考えれば、笑い話であるが、当時は真剣であった。私の人生は神によって導かれており、私のすることのすべてが、神の支配下にあり、とくに私の悪しき行為には、裁きをもって臨む神だった。私の思いも、神の御旨でなければ、実現できない。私にできることは、神の赦しと、加護を毎晩呪文のように唱えることであった。

高校三年の秋、父と一緒に教会に行くようになり、翌年の春（１９５９年3月29日）に受洗し、キリスト者になった。あの試みをして、あの出来事が起こったのは、その後一年もたたないときだった。サルトルの書物によると「人間はみずから造るところのもの以外の何物でもない」のである。「これが主体性である」と述べている。私という主体の誕生の出来事だった。それはこういうことである。「実をいうと、物ごとは人間がそう決めた通りのものになって行く」ということで、私は鉛筆を動かそうと決め、動かしたところ、動いたという事実によって、それまで私を覆っていた神が、突如として雲散霧消してしまい、鉛筆を動かした私が、卵を割って出てきた雛のように、この世に出現したのだった。その私が空を仰いだのである。それまでは、空と私は渾然としていた。それが空は空、私は私として自覚されたのである。

こうして誕生した私がこの世界に生きており、この世界内で私が自ら行為をしていくことを知らされた。すべての出来事、物事は、神がそうするのではなく、私が決めたとおりになっていく。その後の私の人生で物事は、私がそう決めたとおりにならないことを、身が裂ける思いで経験したが「覆水盆に返らず」である。すなわち「一度やってしまったことは取り返しがつかない」ということで、以前のように神を信じることはできなくなってしまった。さらに様々なことがあり、私の神への信仰は動揺し、無きに等しくなった。主体として私が、ただ人間のみが存在するこの世界で、すがりつくべきものを自分の内にも外にも見出すことのできないこの世界で、いわば無に直面しつつ、私の自由な決断により、他の主体と関わり、歴史に参与していくことで、よりよい社会を作り出す、これが私のなすべき仕事である、そのように決意した。その後、いくつかの試練に直面し、行き詰まることがしばしばであった。したがって「いまなお、その途上にあり、その意味では、既に私が主体を得たとか、それに生きる者になっているというのではなく、ただそうなろうと追い求めているのである」。以上が、サルトルの書物を読み、ある試みをした結果、私に拓けてきた世界である。

サルトルについて —— 高等学校「倫理」の教科書の記述

次に高等学校の「倫理」の教科書に、サルトルについてどのように書かれているかを見てみよう。ある教科書（実教出版）にサルトルについて次のように書かれている。

「実存は本質に先立つ」—— サルトル

サルトルは、人間は無規定なままでこの世にまず存在し、そののちに自己の本質（個性的なあり方）をみずからの選択に従って自由に創造していく存在であるとし、このような人間のあり方を「実存は本質に先立つ」と表現した。人間存在は、自由であることからのがれることはできず、「自由の刑」に処せられているのである。しかもその自由は、不安と孤独の重荷に耐えながら、自己を現実のなかで新たに選びとることである。この主体的な選択は、現実には社会における行動となり、必然的に社会への責任を負わなければならない。それは、全人類に対する責任を引き受け、新たな時代の創造に向かう行動となる（アンガジュマン）。人間の自由と人類への責任を自覚し、社会参加へと向かうサルトルの実存主義は、無神論的な現代のヒューマニズムといわれる。

このアンガジュマン engagement について、ある辞書に次のように記されている。

サルトル以降、社会参加の意で用いられる文学的・思想的態度を表わす語。人間は状況に拘束されている一方、主体的存在として世界に働きかけ、世界全体に働きかけ、世界全体に対して責任を負うとした、サルトルの思想的立場によるもの。

海老坂武氏によれば、「サルトルが特殊な意味をこめてこの言葉を使い始めたのは戦争という特殊な状況の中である。」「身に起ることを受けいれるのではなく、身に起きることを引き受けること」「状況に対する受動性から能動性への転換、これがアンガジュマンというサルトル用語の誕生点である。」「それはなによりも各人にとって状況との関わり方として提出されたのであり、おそらくサルトルの考えていた倫理学の第一歩なのである。」

このことは、「条件づけ」をどのように考えるかに関係する。再び海老坂武氏によれば、「社会的、歴史的条件づけから出来事や人間の行為を説明するのではなく、逆に、こうした『条件づけ』を人間がどのように投企によって自分の『状況』に変えていくか」であるが、論点を単純化すれば、「歴史が人間をつくる（経済的・社会的、歴史的決定因の優位）か、あるいは人間が歴史をつくる（人間的主体性の自由な投企による決定因の乗り越え）か、ということに」なる。

次に「実存が本質に先立つ」というサルトルの命題について説明しよう。

私たちが「ある」という場合、二つの「ある」がある。一つは「…がある」。そのものの存在である。もう一つは「…である」。そのものの本質である。ヨーロッパ中世以来、人間存在はまず「本質」があって、つまり神によって造られたものとして、「…である」ものとして人間は存在する。たとえば人間に理性が与えられていると考えれば、人間は理性的であることを本質とする。人間はこうした本質を持つものとして存在する。「本質が存在に先立つ」のである。しかしサルトルは、人間存在は「存在が本質に先立つ」という。サルトルはそうした人間の存在を「実存」と名づけたのである。海老沢氏の表現によれば、「人間には本性はなく、あらかじめ定められた本質はない、人間は偶然的に、不条理に、無償に実存する、そうであるがゆえに人間は自由であり、主体性を確保できる…」このことを主張したのが本書である。

そこで次に別冊『環』⑪の略年譜1905‐80により、サルトルの生涯を簡単に紹介する。サルトルは、1905年6月21日、パリ16区に生まれた。翌年、父親と死別し、母方の祖父母のもとで暮らすことになる。1924年には高等師範学校に合格し、メルロー＝ポンティ、後に良きパートナーとなるシモーヌ・ボーヴォワールと知り合う。卒業後はリセで教えつつも1938年には小説『嘔吐』、第二次大戦のときには召集され、ドイツ軍の捕虜となったが、眼の病気のため方向感覚に障害があるとの偽の証明書によって釈放された。その後パリで執筆活動をし、1943年には哲学書『存在と無』を刊行する。1946年には今回紹介する本のもとになる講演をしたのである。それ以後、マルクス主義に関心をよせるとともに、時事問題にも発言し、行動する知識人として注目された。亡くなったのは、1980年4月15日である。なお、日本には1966年に来ている。(9月18日－10月16日)

本書の紹介

本書は、1945年10月29日におこなわれた講演とそれに続く討論の記録である。当日「会場のクラブ・マントナンには多数の聴衆が押しかけ、中にはいりきれない人々が入口に座りこんでいた」というのである。そして「サルトルはこの当時、より正確に言えば少なくともこの講演会の日まで、決して有名人ではなかった。にもかかわらずクラブ・マントマンは超満員の聴衆に埋めつくされ、新聞各紙は大きなページを彼の講演会風景にあてたのである。これは一体なぜだったろう?」(海老坂武) サルトルは前述のように小説、哲学書を刊行していたが、いまだ無名と言ってよかった。しかし、当時「実存主義」という言葉が流行しており、多くの人たちが、「実存主義」とはそもそも何であるかを知りたいということで、その講演を聴くことになったとのことである。なお、講演のときのタイトルは「実存主義はヒューマニズムであるか」であったが、出版されたときのタイトルは「実存主義はヒューマニズムである」に変更された。

本書は、当時流行していた様々な「実存主義」批判――マルクス派の批判、カトリック派の批判等に答えることから始まる。そして実存主義には二つあると言う。第一のものはキリスト教信者、ヤスパース、ガブリエル・マルセル。第二のものは無神論的実存主義者、ハイデッガー、フランスの実存主義者、そして私自身。つまりサルトルは、無神論の立場から実存主義を主張した。そして「実存は本質に先立つ」という本書の命題を説明する。

最初にサルトルは、書物とペーパー・ナイフを例に次のように述べる。ここで書物とペーパー・ナイフを例にだしたのは、フランスで出版される書物は、すべて袋とじになっていて、次のページを読むためには、ペーパー・ナイフで切り取らなければならない。したがってペーパー・ナイフは読書の必需品である。その「書物とかペーパー・ナイフ」は職人によって概念によって作られる。つまり書物のページを切るという用途で職人によってペーパー・ナイフは作られる。サルトルはそのことを次のように述べた。「ペーパー・ナイフは、ある仕方で造られる物体であると同時に、一方では一定の用途をもっている。ペーパー・ナイフにかんしては、本質が実存に先立つ」。そして十七世紀の哲学者たちからみた「人間という概念は、神の頭のなかでは、製造者の頭にあるペーパー・ナイフの概念と同一に考えてよい」。十八世紀哲学者たちは「神の概念は廃棄されたが、本質は実存に先立つという考え方は捨てられなかった」。それに対してサルトルは「無神論的実存主義」の立場から「たとえ神が存在しなくても、実存が本質に先立つところの存在、なんらの概念によって定義されうる以前に実存している存在がすくなくとも一つある。その存在はすなわち人間」であると述べる。ここにサルトルの独自性があると言ってよい。問題はそのことの意味である。サルトルの文章を引用する。「実存が本質に先立つとは、この場合何を意味するのか。それは、人間はまず先に実存し、世界内で出会われ、世界内に不意に姿をあらわし、そのあとで提起されるものだということを意味するのである」。

それでは、サルトルの考える実存主義的人間とはどのような存在なのか。「実存主義の考える人間が定義不可能であるのは、人間は最初は何ものでもないからである。人間はあとになってはじめて人間になるのであり、人間はみずからつくったものになるのである。このように、人間の本性は存在しない。その本性を考える神が存在しないからである」。サルトルはこうした人間こそが「主体性」に生きることになり、人間の尊厳さの根拠となる。「人間はみずからつくるところのもの以外の何ものでもない。以上が実存主義の第一原理なのである。これがまたいわゆる主体性であり、まさしくそのような名で世人がわれわれに非難しているものなのである。しかし、われわれがそれによって意味するのは、人間が石ころや机よりも尊厳であるものだということ以外にはない。というのは、われわれは人間がまず先に実存するものだということ、すなわち人間は、まず未来にむかってみずからを投げるものであり、未来のなかにみずからを投企することをいおうとするのだからである」。人間はこうした未来への投企に全責任を持つ。しかもその責任はその人、個人の責任ではない。全人類にたいして責任を持つ。なぜならば「私を選ぶことによって私は人間を選ぶのです」。したがって人間が自らの在り方を選択するとき、当然不安が伴う。その不安をも自ら引き受けていかなければいけない。人間は孤独である。そして自由である。自由の刑に処せられている。サルトルに何かを相談に来た人には「君は、自由だ。選びたまえ。つまり創りたまえ」そのように忠告する。そう忠告する以外のことは言えない。しかし、サルトルのところに相談に来たことが、既にその人の選択であり、そうした答えを期待していたとも言える。ともかく「人間は自由であり、よりどころにしうるような人間の本性など一つも存在しないのである」。このようにに述べてサルトルは「実をいうと、物ごとは人間がそう決めた通りのものになっていく。」と述べたのである。そこで読者である私は「ある試み」をしたのである。なお、サルトルはドストエフスキーの「もし神が存在しないとしたら、すべてが許されるだろう」を紹介して、これこそが実存主義の出発点である、と言う。本書の紹介はこれで終える。

京都時代

再び私のことを語ろう。私は、大学を卒業後、法政大学の大学院で哲学を学んだ。修士論文はM・ブーバーの対話について書いた。そして1965年京都に行き、京都大学の大学院で六年間、キリスト教学を学び、1971年に東京に帰り、東海大学文学部の専任講師になった。何故にキリスト教学の勉強を京都大学ですることになったのか。まるで人事のようであるが、何か私の思いを越えたところで働く力によってそうなったとしか言えない。同時に、そこには私の父の熱心な思いがあったことも事実である。「物ごとは人間がそう決めた通りのものになって行く」のである。

大学時代のサルトルのあのことばに出会い、「ある試み」をして以来、私のキリスト教信仰は根底から揺らいだ。教会に行くことも辞めたいと思い、父にその旨伝えたところ、父は「教会を辞めることは、原島家を出ることだ」と言ったのである。それにはいささかまいった。私は、学生である。家を出る決意はできない。そこで考えたことは、教会で聞いたキリスト教ではなく、自分で勉強してキリスト教の信仰の何であるかを学びたいとのことであった。そしてある方のアドヴァイスもあり、京都に行くことにした。京都は中学時代修学旅行で行ったに過ぎない。原島家の親戚はすべて東京だったので、京都は知人もほとんどいない、未知のところであった。けれども、不思議なもので、いろいろと便宜をはかってくださる方がいて、下宿も決まり京都でのひとり暮らしを始めた。京都での六年間いろいろなことがあった。キリスト教と私にとって大事なことを一つだけ述べることにする。そのことを「基督教と私」と題して、1980年12月28日、私が会員の柿ノ木坂教会の礼拝で語った。そのときの内容は私家版『言葉集2　微笑がえし』に収めた。その文書を引用しながら、そこに記さなかったことも含めてお話しする。

［京都での六年間］いろいろなことがありましたが、「基督教と私」ということで最も意義深かったことは大正三年の『日本基督教徒名鑑』に父方の祖父・祖母の名前をみつけたことであった。私が三代目の基督者であることは前から知っていましたが、そのことをこの人名録で確認し、あたかも深い井戸の底を見たような気がしました。そうしてもうキリスト教からぬけだすことはできない、私がどんなにもがこうとも、キリスト教という枠組からでることはできない、そう思

ったのです。とすれば私の同一性（アイデンティティ・主体性）を、キリスト教にみいだすことにしか私の生きる方法はないのではないかと、半分はあきらめの気持で、心をきめました。

後に祖母の母も祖母に導かれて基督者になったと聞いたので、私は四代目と言うことになる。しかし、このことは私にとってキリスト教は家の宗教ということになり、私のルーツの一つであることを確認したにすぎない。ヨーロッパは長いキリスト教の伝統があり、サルトルもその伝統のなかで思索し、無神論の立場を選択したわけである。私もサルトルと同じく無神論者となることになってよかったのである。しかし、そうはならなかった。

私の回心

私には、もう一つ決定的な出来事があった。それは1977年1月のことだった。私は、前年の4月から非常勤講師として明治学院大学でキリスト教概説を教えていた。私には信仰は判らなくなっていたが、大学院でキリスト教の勉強をしたということで、本務校の東海大学では「文学としての聖書」（のちに「聖書学」と改称）を講じるようにとのことで、1986年東洋英和女学院に招聘されるまで担当していた。明治学院大学では「キリスト教概説」を講じることになったのであるが、「聖書学」と同様の授業をすればよいと考えた。しかし、惨憺たるものであった。学生たちはいっこうに関心を示してくれない。出席をとると逃げてしまう。残っている学生も私語ばかりして、講義を聴いてくれない。責められるべきは私である。私の不勉強もさることながら、私が確信をもって語っていないことに原因があることは、明らかであった。そこで冬休み内村鑑三について論文を仕上げることもあり、集中して勉強をした。その過程で私はある一つのことに気がついたのである。勉強したから気がついたというより、まったく恵みとして、まさしく「突然、天から光がさしこんできた」かのようであった。それは内村の「戦場ヶ原に友人と語る」（1908）を読んでいたときに起こった。次のような文章に出会い、私は回心したのである。

余が今日信ずる所は是である、即ち神は既にキリストを以て人類全体を救ひ給ふたと云ふことである、即ち世には救はれない人とては一人もないと云ふことである。

神の方面に於ては万人救済の途は既に完成して居るから、人は何時なりとも悔改に由て其救済を己の有《もの》となす事が出来ると云ふのである　…

彼は救済の磐に座して、恩恵の聖手《みて》もて支えらる、者である、歎ずべきは彼の救はれないことではない、救はれて居りながら自から救はれないと思ふことである、…

それまで私は信じなければ救われないと聞かされ、信じられないことに苦しんでいた。今回、紹介した、サルトルの書物を読み、「ある試み」をしてから、私は信じることができなくなってしまった。不信仰者になってしまったのである。けれども、人類の救いは、イエス・キリストの十字架と復活によって「既成の事実」であることに気がついたのである。否、気づかされたのである。信じることで救われるのではなく、既に救われていることを心で信じ、口で公に告白することで救われることを知らされたのである。私も含めて人類、人類だけでない、宇宙の救いは、もはや「既成の事実」であり、私たちの信仰、不信仰とは全く無関係であることを知らされたのである。それを知らされたとき、私は鏡に映った自分に「あんたはアホや」とつぶやいた。救われているのに、救われていないと思っていた私はアホだった。

これが私の回心のすべてである。1977年1月のことだった。ルターの表現を借りれば、義人となって救われるのではなく、救われて義人となるのである。しかし、義人となるのは、主にある希望においてである。現実には、私たちは罪人である。その罪が既に赦された罪人である。

私の課題――二つの「もし」

歴史に「もし」はない。しかし、私の個人史で「もし」をあえて言えば、次の二つの「もし」があったことになる。そこから私の課題が生じる。一つは、1959年のあの出来事が「もし」なかったら、私は「近代人」にならなかった。第二に、1977年のあの出来事が「もし」なかったら、私は「基督者」にならなかった。私は「近代人」であることと、「基督者」であることを、あれかこれかでは考えない。どこまでも「近代人」でありながら、同時に「基督者」であること。それが私の課題である。内村鑑三は「近代人」批判をする。しかし私はどこまでも「近代人」である。同時に私は「基督者」である。ここで「近代人」と「基督者」を私なりに対比する。

近代人―無神論者、人間中心、「自由の刑」に処せられている　選択、責任、不安。

基督者―有神論者、神中心、「不自由の刑」に処せられている、摂理、恩恵、平安。

少し説明しよう。まず「近代人」は、無神論者である。「物ごとは人間がそう決めた通りのものになって行く」ことを信じ、自らの選択によって生きている。私たちは自由である。しかしそこには、責任と不安が付きまとう。人間中心のヒューマニズムと言ってよい。それに対して「基督者」は、「物ごとは、人間がそう決めた通りのものになって行くのではなく、神が決めた通りになって行く」ことを信じ、神の御旨が実現することを祈る。神中心の生き方をする。私は不自由の身である。私の思いと人生は、挫折する。けれどもその挫折から、私の思いとは全く異なる世界が拓かれてくる。その世界は私とは別にあるのではない、私を私とするものである。すなわち恩恵であり、そこに平安がある。このように対比すると、「近代人」であることと「基督者」は全く両立しないと考えることもできる。両者には次の四つの関わりがあることになる。

第一に、「近代人」であって「基督者」ではない。サルトルがそうである。

第二に、「基督者」であって「近代人」ではない。内村鑑三がそうある。

第三に、「近代人」であって「基督者」である。私の立場であり、課題である。

第四に、「近代人」でもなく「基督者」でもない。仏教者である。

日本人の多くは第四の立場かもしれない。なお、内村鑑三には、「近代人」としての立場があると私は考えている。内村鑑三における「合理性」と「非合理性」の問題は、内村研究の大事なテーマになる。

おわりに

２００７年５月５日に亡くなられた今村仁司氏は岩波書店発行の『思想』６月号の「思想の言葉」に次のようなことを書かれた。遺稿である。タイトルは「二律背反に耐える思想」。その主張は「あれかこれかでもなく　あれもこれもでもなく」である。彼の論を私なりにまとめてみよう。

① あれかこれか、排他的、一方から他方への移行、乗り移り、転向、相互排除型。

② あれもこれも、包摂的、原理なき折衷主義、相互無関心、併存、相互調停型。

③ 「二律背反に耐える思想」、排除せず、しかし折衷しない、持続、相互批判型。

・両極批判を永続させ、簡単に折り合いをつけず、原理的考察を持続する
・いわば矛盾のなかに滞在し、そのなかで自己の精神を鍛える立場

私もこの「両極批判を永続させ、簡単に折り合いをつけず、原理的考察を持続する。いわば矛盾のなかに滞在し、そのなかで自己の精神を鍛える立場」を取りたいと思う。

使用テキスト

伊吹武彦訳『実存主義とは何か』サルトル全集（16）人文書院、１９５５（増補新装初版、１９９６）

参考書

松浪信三郎『実存主義』岩波書店（岩波新書　青版４５６）、１９６２
海老坂武「１９４５年の実存主義」Ｊ‐Ｐ・サルトル『実存主義とは何か』人文書院、１９９６

サルトルをもっと知りたい人のために

澤田直『新・サルトル講義』平凡社（平凡社新書１４１）、２００２
水野浩二『サルトルの倫理思想』法政大学出版局、２００４
海老坂武『サルトル――「人間」の思想の可能性』岩波書店　岩波新書（新赤版９４８）、２００５
別冊『環』⑪『サルトル　１９０５‐８０【他者・言葉・全体性】』藤原書店、２００５

歴史、文化、社会

ウィリアム・ウィリス

『幕末維新を駆け抜けた英国人医師 ── 甦るウィリアム・ウィリス文書』

黒岩　徹

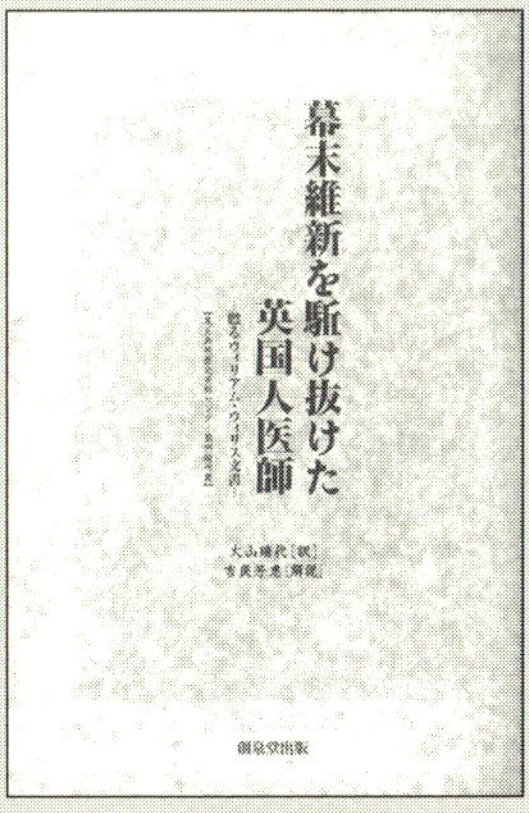

William Willis,『幕末維新を駆け抜けた英国人医師 ── 甦るウィリアム・ウィリス文書』
大山瑞代（訳），鹿児島県歴史資料センター黎明館所蔵，創泉堂，2003.

黒岩　徹●プロフィール
1940 年生まれ。東京大学法学部卒，毎日新聞社入社。オックスフォード大学セント・アントニーズ大学院留学。ロンドン・ワシントン特派員。欧州総局長兼ロンドン支局長。99 年より東洋英和女学院大学教授。日本記者クラブ賞受賞。エリザベス女王より大英名誉勲章 OBE 受章。TBS ニュースキャスター。滞英 16 年，滞米 3 年。著書『豊かなイギリス人』『イギリス式人生』『イギリス式生活術』など。

はじめに

非凡な、そして平凡な男である。この本の主人公ウィリアム・ウィリスは、幕末の１８６０年代の日本を駆け抜けた。将軍徳川慶喜に、幕末期の天皇にも会見した。この本に描かれた日本の要人との会見や日本事情を詳細に記している描写力、眼力は非凡である。医師という職業でありながら、歴史家の目、ジャーナリストの筆力をもっている。激動する日本の中で自ら危険な歴史的瞬間に身を置きながら、鋭く動きを見つめている。冷徹といってもいい観察眼である。と同時に、日本人の生き様に感動したり憤慨したり、自らの感情を抑えることができない。激しい感情をもった歴史家、優しさを内に秘めたジャーナリストである。

だが平凡な男でもある。医師としてロンドンでの勤務中、看護婦長付きメイドと〝不適切な関係〟を持ち、そうした関係から逃れるように日本にやってくる。だが長兄への手紙には心の恋人、ケイト嬢への思慕をめんめんと書き綴る。清き恋こそ至上のものと見て、自分は一生独身だろうと予言する。だが日本滞在中なんと二人の日本女性にそれぞれ一人の子供を生ませているのだ。愛において平凡さを露わにしている。だが、それこそがこの男の魅力である。性や恋や愛に傷つきながら、その心を兄に訴えている。矛盾した愛の軌跡が、この男の平凡さをえぐりだし、逆に魅力になっている。あまりにも生身の人間が映し出されているからだ。一人の男が、故国から遠く離れた日本で、愛に飢え、愛に傷つく姿は、迫真力ある小説の主人公そのものである。

では、この物語の主人公ウィリアム・ウィリスとはどのような男だったのか。

解説を書いた吉良芳恵氏によれば、１８３７年、北アイルランドのファマーナ州エニスキレン郊外マグワイアース・ブリッジ村に生まれた。３人の兄がおり、彼は４男。ほかに３人の姉妹がいるという大家族である。九歳年上の長兄ジョージがだらしのない父に代わってウィリアムの父親役をつとめた。ジョージの援助でエジンバラ大医学部に入学、卒業後の１８６０年からロンドンのミドルセックス病院で住み込み内科医・外科医として医師の一歩を踏み出した。

だが一年半後の１８６１年英国外務省が募集した「海外勤務職」に応募して駐日英国領事館付補佐官兼医官に任命され、翌62年６月に日本に着任した。なぜ遠い日本で働こうとしたのか。ミドルセックス病院で看護婦長付きメイドと不適切な関係に陥ったためであろうか。子供までつくったとき、母子を支えるための資金が必要だったのだろうか。名著『遠い崖』でウィリスを初めて取り上げた萩原延壽氏のいうように

「イギリス社会からの脱出」だったのだろうか。

1862年、二五歳で日本に到着したウィリスは、四〇歳で心ならずも日本を去ったが、滞日中、幕末、明治初期の動乱の目撃者になった。日本に赴任した直後の第二次東禅寺事件、ついで歴史上名高い生麦事件に遭遇する。生麦事件では、現場にかけつけ負傷者の治療にあたり、薩摩藩士に切り殺された英国人リチャードソンを解剖した。さらに63年には生麦事件の報復として英軍がしかけた薩英戦争の際、アーネスト・サトウとともに英軍艦アーガスに乗って、英軍の攻撃を体験している。

1868年2月、日本史に残る鳥羽伏見の戦いでは、薩摩藩の依頼で、麻酔薬を使って負傷者の治療にあたった。幕末期に京都に入った最初の外国人となった。その一ヵ月後には天皇に謁見するため参内した英公使パークスに随行したとき、攘夷派の襲撃にあって、犯人を含めた負傷者の治療にあたっている。6月には江戸・上野で繰り広げられた戊辰戦争の負傷者の治療、10月から12月にかけては高田、柏崎、会津若松での北越戦争に医者として従軍し、敵味方なく負傷者兵士を治療した。幕末期の動乱で数々の歴史的戦いを体験した数少ない外国人である。

1869年には明治政府の要請で東京医学校大病院長になったが、政府によるドイツ医学の採用で辞任し、翌70年鹿児島医学校兼病院に招聘された。ここで病院の機構改革、医学教育、衛生改善などに奮闘するが、不幸だったのは、77年西南戦争が勃発し、明治政府から外国人引き揚げが命令されたことである。やむなく妻子同伴で東京に帰り、結局妻子を残して単身帰国した。1881年職を求めて再度来日したが求職に失敗し、翌82年一人息子アルバートをともなって英国に帰った。

その後1885年に親友アーネスト・サトウが総領事を務めたバンコクに医官として赴任した。92年には健康が優れないとして英国に帰国、その一年後に閉塞性黄疸により故国北アイルランドのフローレンス・コートで亡くなった。享年五六歳だった。

この本の成り立ち

この本の大半を占めるのは、ウィリスが長兄ジョージとその妻ファニーに宛てた書簡である。副題にある「甦るウィリアム・ウィリス文書」とは書簡集を意味している。この文書が日の目をみたのは、歴史家の故萩原延壽氏の力が大きい。

幕末明治期に日本で活躍した英人外交官アーネスト・サトウを中心とした名著『遠い崖』で名高い萩原氏は、サトウの日記からこの文書の存在を知った。日記には、ウィリスの長兄ジョージの息子、ウィリアム・アームストロング・ウイリスの未亡人から、叔父ウィリスの伝記をつくりたい、との相談を受けたので、サトウが、日本から来たウィリスの手紙を編集して解説をつけるのが一番よいと勧めた、と書かれていた。ここから萩原氏がたどっていくと、はたしてこの未亡人の娘、つまり長兄ジョージの孫娘であるフランシス・アームストロング・ウィリス夫人が「ウィリアム・ウィリス文書」の全てを大切に保管していたのである。

夫人から文書の寄贈を受けた萩原氏が、ウィリスが医学教育に尽くした地、鹿児島に戻すべきと考えたため、文書は1998年鹿児島県歴史資料センター黎明館に寄贈された。それが鶴見女子大講師、大山瑞代氏の美しい翻訳で日本語化されたのである。

文書は、女性関係、領事館での人間関係などきわめて個人的な事柄をめんめんと綴っているが、同時に、激しく展開する幕末明治期の政治社会情勢を活写している。心理劇としてみるのも、歴史書としてみるのもよい。訳者大山氏は「あとがき」の中で文書の性格を次のように述べている。

> この『文書』は、幕末維新の目撃者の記録であるばかりでなく、横浜居留地の人間模様、英国やアイルランド情勢、為替レートや航海および輸送事情、病院や医学校の実情、薬品や病名、患者名、治療法などが織り込まれた豊かな情報の宝庫である。そして、一人の人間が自らの過去や家族の絆に縛られながら、あるいは、運命に助けられながら、その時々の任務に献身した人間味溢れる努力の記録である。『文書』の至るところから、予測を誤ったり、誘惑に駆られたり、恨み言を言ったり、愚痴ったり、絶望したりする、ごく普通の不完全な人間の声が聞こえてくる。緑深い北アイルランドからロンドンへ、さらに幕末の日本に向かったウィリアム・ウィリスという、特別に優秀というわけではないが基礎的な教養をしっかり身につけた道義心の強い人物に導かれながら、われわれはすでに遠くなった幕末維新の激動を改めて生き生きと実感できるのである。

日本へ

ではウィリスは、いったい長兄夫婦に向かってどのような手紙を書いたのか——。

衝撃的なのは、ウィリスが日本に到着した直後の1862年6月、こんな内容の文を長兄ジョージに送っていることである。

> 私がミドルセックス病院に勤務していたとき、マリア・フィスクという女性がいて、看護婦長付メイドとして働いてい

ましたが、ある不適切な関係が生じてしまいました。その責任はおそらく私たち双方に等しくあったと思います。彼女は妊娠したのです。彼女は妊娠が理由ではなく、従業員の中でのもめごとが原因で病院を辞めさせられました。病院を去った後、お腹が目立つようになるまで親戚の許で暮らしていました。それから1860年の終わりから1861年4月まで、私が面倒を見て、4月に男の子が生まれたのです。私はもっているお金をすべて彼女に与えましたが、私が1月に英国を出発した時は、彼女はまだ仕事に就いていませんでした。彼女と別れる時には6ポンド与え、その後も送金することを約束しました。

この彼女と不適切な関係を結んだことが、ウィリスにとって大きな心の重荷になったことは想像にかたくない。その後も何度となく兄に、兄嫁に、彼女との関係を後悔する手紙を書いている。

私は過去の過ちに対して償いをするのに相応しい日本で暮らしたいと思っています。起こった出来事そのものに関しては、相手の弱点を指摘することによって、自分自身の罪の言い逃れをしようとは思いません。私たち双方に同じだけ責任があると思っています。ただ、私が偽りの甘い言葉で誘惑したのではなかったことがせめてもの慰めです。私は彼女に、たとえ妊娠するようなことになっても自分はなにもしてあげられないことを告げていましたし、また彼女がそのような関係になっていたのは、私が最初ではなかったのです。

過去の過ちの償いをするために日本に行くということは、日本の生活がきわめて厳しいし苦痛のともなうものだと見ていたふしがある。いわば、日本は罪をあがなう流刑地であるかのようである。おそらく十九世紀末の英国人の日本観は、そのあたりにあったかと思われる。しかも日本に上陸して一ヶ月にもならないときに、攘夷派による英公使館襲撃事件に遭遇すれば、ますます大変なところにきたと思ったのだろう。

6月26日の夜、奇妙な恐ろしい物音と、ちょうど野生の動物の雄たけびのような叫び声、日本の太鼓の音と襲撃を思わせる雰囲気に目を覚ましました。私は運悪く、他の人たちと少し離れた建物で寝起きしていました。ドアに駆け寄りクリンプ伍長と出会ったので、一体何が起こったのか尋ねましたが、彼も私同様何も知らないのでした。彼は私の部屋から5ヤードのところで暗殺者と鉢合わせとなりました。すぐに二人の争いになり、伍長は銃を発砲し、私の名をはっきりした口調で呼びました。私は通路の柵のところに立っていましたが、もう今にも襲われて切り殺されるかと思いました。植え込みのところは真っ暗でなにも見えないので、今にも血に飢えた大勢の日本人が、剣を抜いて私めがけて襲いかかってくるような錯覚を覚えました。気が付くとクリンプが殺されたか、クリンプの声も暗殺者の声も聞こえません。私はクリンプが殺されたか、無事建物の中に入ったかのいずれかだろうと思いましたが、前者の推量が正しかったのです。

英国人は攘夷派の目の敵にされていたから、日々ウィリスは危険の中にいると感じていたのだ。

もちろん、長く住んでいると、彼の日本観も変わってくる。「日本に来ている人で、日本を好きにならない人はあまりいません」と兄に説明し、自分も好きになった人の一人であることを示唆しているからだ。

ウィリスが日本に行こうと決めたもう一つの理由は、おそらく、不適切な関係をつくってしまった状況から脱出したかったためではなかったか。自分の子供が近くにいるのを知りながら、無関係にしていることは彼の良心が許さなかったはずだ。自分の過去から逃れて遠い日本にいくことは、脱出行であると同時に、自分の可能性を試そうとする冒険心でもあったろう。現状に不満をもつ心となにがあるかわからない未知の世界を垣間見たいという想像力とが同時に働いたとみるべきである。

彼のような心境で英国から遠く日本に旅立った若者は多い。幕末、明治時代に日本にやってきた英国人の多くは、スコットランド人、アイルランド人という英国社会の傍流やイングランド人でも貴族や紳士階級の次男、三男という家督相続を許されない不満分子だったのである。十九世紀に「ユニオン・ジャック（英国旗）の翻るところ、太陽の没することなし」といわれ英国は世界中に植民地、保護領をもっていたが、そこで英国のための先兵になった人々は英国内でうだつのあがらなかったものが多かった。だが彼らは、冒険心と好奇心に溢れていた。この心が大英帝国繁栄の基礎になった。ウィリスもこうした先兵的資質十分だった。

英国から逃げ出したウィリスは父となった責任を放棄したのではなかった。兄に懇願する。

その子が私の子供であることを認めますし、その子を無視することはできません。どのような形で養子にするのが一番良いか考えてください。兄さんの息子に起こったことと想定して考えてみてください。必要な費用は、どのようになろうと私が支払います。どうかジョージ兄さん、私を助けてくださったら、その恩は決して忘れません。このことはどうか内密にお願いしたいのですが、兄さんが事実を明らかにする必要を認めるなら、どうぞそうしてください。兄さんが決めてくださるならいかなる解決方法でも、受け入れる覚悟ができています。もし兄さんがこのような面倒で不浄な世界への関わりを好まないなら、どうかエージェントを探して、この問題が進展し哀れな子供が養育されるよう計らってください。そのために私にできることがあったら、すぐにでも行動を開始する用意があります。

結局、哀れな子供を見知らぬエージェントに託すことはいたたまれない、とした兄ジョージが、この子供エドワード・ハーバード・オーウェンを養子として引き取ることになった。このため、ウィリスは、兄への借金の返済に加えて、息子の養育費の仕送りに精を出す。

お金に関しては、すべてが首尾よく解決してくれることを願っています。現在交換率が良くないのですが、当分の間好転する見込みもないので、次ぎの便で約50ポンドを送金しようと思います。私はエドワード・ハーバードの将来のことをいつも真剣に考えています。

不適切な関係の後始末に追われる現実である。しかし一方で、なんと心の恋人について兄と兄嫁に真情を吐露している。

私はいくつかの理由から、素晴らしい女性の愛を受けるに値しないと思っています。時折、若いうちから努力しても結局ずっと独身のまま年を取っていくのではないかという考えが頭をよぎります。ここでどうしても言っておきたいことは、ケイト・ウィリアムズ嬢にとって私は欠点だらけですが、心の中では言葉以上に、これまでも、今も、これからも彼女を愛し続けていくだろうということです。ケイト嬢の写真を返さなくてはいけないと言われても返さないでしょう。彼女の写真は日本で私が持っている最も大切な物のひとつですから。私は彼女をこれまでも愛し、今も愛し、これからも時間がある限りずっと愛し続けるのです。たとえ彼女が結婚しても、私の彼女への憧れは変わりません。もう一度繰り返しますが、彼女は私にとって初めて愛した人であり、どうやら最後の人である可能性も強いようです。

その後ケイト嬢をあこがれる文章がたびたび登場する。ケイト嬢に対する思い入れがあまりに強いために、兄夫婦が、この思いをケイト嬢に伝える提案をしたらしい。この書簡集は、ウィリスから兄夫婦への手紙がほとんどで、兄夫婦からウィリスへの返書はまったくないから、実際に兄夫婦がどのようなことを述べたかは推測の域をでない。ただ、ウィリスが、ケイト嬢への自分の気持ちをけっして伝えないように要請していることから推測が可能である。ウィリスは、その理由として、日本の国情からして結婚は無理であり、ひどい父親のいる自分の家庭の事情から、たとえ求婚してもケイト嬢の両親が許さないだろうとしている。あくまで「心の恋人」として慕い続ける覚悟をしている。報われぬ恋である。

ところが、一種のプラトニック・ラブをしながら、あるいは兄夫婦に対して「女性との交わりに喜びを見出すようなことは、絶対しないつもりです」とか「当地（日本のこと）で結婚することはおそらくないでしょうし、また私が好きになるような人は誰もいません」といいながら、ウィリスは日本で「はちの」という日本女性の間に二人目の息子ジョージ・ウィリスをもうけ、さらに薩摩藩士江夏十郎の娘八重との間に三人目の息子アルスター・バクスター・ウィリスをつくったのだ。心と行動が別なのか、兄夫婦に対して真実をいっていないのか。ケイト嬢についてあれだけ高言を吐いた以上、日本女性との恋愛や結婚を兄たちにいいづらかったのかもしれない。

ロンドンで女性と「不適切な関係」をもち、日本に来ても心の恋人に憧れ、さらには日本女性二人とも肉体関係にいたっている。それは華やかとまではいえないにしても、かなりの女性遍歴である。しかも言葉と矛盾している。男の弱さを露呈している。ここに現れるのは、英雄でもスターでもない、生身の人間である。彼の合理的には説明のつかない行動の中に、実は恋愛小説的面白さがあるのだ。

ジャーナリストの資質

この書簡集の魅力はそれだけではない。ウィリスがきわめて冷徹なジャーナリスト、歴史家として登場してくるのだ。当時の日本の現状をこう指摘している。

かつて御門（天皇）は命には限りがあるけれど神格化された存在でした。理論的には無限の権力をもっているのですが、現実世界の出来事には実際的な力を持っていないのです。しかし、今や現実世界の権力は大君（徳川将軍）からもぎ取られて、大名階級の手中に移されようとしています。御門の責任は重要ではなく、現在の大君と長州との間に混沌とした状態をもたらした原因は、長州が御門を連れ去ろうとしたことにあるのです。長州侯には御門の真の価値がわかっていました。もしも御門を手中に収めれば、現在の大君を勅令によって罷免することができるからです。しかも、そのような勅令に賛同する幕府に敵対する大名が十分揃っていることを知っていました。現在、反幕勢力は運動の核になる権威を求めているのです。

長州侯が御門の価値を分かっていたのではなく、長州の反幕士族たちが御門を自分の手中に収めようとしていた、という点をのぞき、実によく当時の情勢を把握している。イギリス公使館からの情報だけでなく、接する人物から日本の真の姿を絶えず見続けてきたジャーナリストの目があった。この目は、大君（徳川慶喜将軍）と会見したときにも鋭さを見せた。

大君は豪華に盛装し、われわれなら玉座と呼ぶ豪勢な椅子に座していました。あらかじめ言うべきこと、答えるべきことが決められていました。つまり、それは例によって、友好親善のための言葉や条約上の権利などです。友好関係の確認と通商の拡大に関しては問題なく承認されました。現在の大君は、日本と外国との間の友好関係と通商関係の機会を大いに拡大しようという考えであると、いろいろな方面から聞いています。大君は三五歳くらいでまだ若く、日本人にしては良い顔立ちをしています。背は低い方ですが、表情豊かな顔つきをしていて、平均的な能力を備えているようです。もっとも、そのような地位の人を過大評価しがちですが、おそらく彼の能力に対しても、このときの印象が良すぎたのかもしれません。彼自身とこの国を苦難から救うだけの常識が彼に備わっていればいいと思います。しかし、大君が真実を正しく認識することは非常に困難なのではないかと私は想像します。というのは、宮廷でも一連の悪党たちが這いつくばるようにして大君に侍り、おそらく大君の欲望を満たすよう、あらゆるものが際限なく彼に与えられて、彼の知性の大きな成長を妨げているのではないかと思うからです。

一度会っただけで相手の本質をむんずとつかむ、まさしくジャーナリストに必要な能力であり、ウィリスはこの能力を備えていたといってよい。

とりわけウィリスが鋭さを発揮するのは、1968年（明治元年）から69年にかけて新政府の依頼で、上野での戊辰戦争、高田、柏崎、新潟、新発田、会津若松で繰り広げられた北越戦争、東北戦争に医師として従軍、敵味方の区別なく負傷者治療にあたったときである。

ウィリスは日本武士の苦痛に耐える強靭な精神力に驚嘆してこう書く。

傷の種類や程度は私の経験を越えるほどである。傷のほとんどが銃弾によるもので、槍や刀によるものは稀であった。しかし、負傷者が苦痛にもかかわらず見せる毅然とした態度に心打たれることがしばしばであった。昨日、一七歳の少年の首に深くくい込んだ弾丸を摘出した。少年の希望により麻酔薬（クロオフォルム）を使わずに手術したが、彼は苦痛の表情を全く示さなかった。

そうした日本武士の精神を高く評価しながら、別の面に鋭く批判を加えている。

敵味方いずれの側にも人命を不必要にしかも残酷に犠牲にすることが敵対行為の特徴となっているのは危惧すべきことである。双方が相手の行為を自分の行為の正当化に利用している。最近の江戸における戦闘で負傷した浪人は全員斬首となった。ある信頼すべき筋によれば、ある医師が浪人の治療にあたったところ、不幸にもその事実のために打ち首になり、しかも彼の首は江戸吉原に近い山谷という場所で晒されたということである。また負傷した捕虜がいないという重大な事実もある。敵対する勢力の一方から生命を保証するとの約束があるにもかかわらず、実際は負傷した捕虜はほとんど同情を受けることなく、通常は斬首と決まっているのである。

日本の政府が敵対する大名の家来や反対勢力に対して無差別の殺害を実行していることを、世界中の国々が聞けば脅威を感じるだろうし、特に敵方の負傷兵を無差別に殺してしまうのが日本の戦争の特徴であると言えば、世界の文明国はもっと脅威におののくだろうと、私は知り合った日本の当局者に警告した。現在までのところ敵方の負傷した捕虜を一人も見ていないという重大な事実を私は無視するわけにはいかない。

日本の武士の精神力の強さを称賛しながら、その非人道性を強く批判している。もし日本の当局者がウィリスの批判に耳を傾けていたなら、第二次世界大戦で日本軍の捕虜虐待はなかっただろうし、世界に広まった日本人の残虐性という神話もなかっただろう。

ウィリスは戦争に従軍しながら、現地の情勢を冷徹な目でみすえている。たとえば、会津若松での会津藩の抵抗は、十代の少年兵「白虎隊」の活躍で広く知られているが、実は、武士階級が多くの農民の信頼をえていなかった事実をウィリスは指摘している。

（会津）城陥落の後捕虜になった会津侯父子と家老たちが収容されている寺院は若松郊外にあり、私がたまたまそこを訪れたとき、会津侯父子と家老たちは３００人の備前兵に守られて江戸へ出発するところであった。警備に当たっているもの以外でかつての領主の出発を見送る者は10人足らずだった。いたるところで人々は冷淡だった。近隣の畑で農作業に当たっている農民たちも、かつて名高かった会津侯の出発を見届けようとはしなかった。そして会津藩の武士階級以外の人々から、会津侯および同行した側近たちに対する憐憫の情を聞きだすこともできなかった。彼らは残酷で不必要な戦争の原因をつくり、しかも敗北の瞬間にはらきりを実行することもできず、尊敬に値する資格を失ったというのが、一般的意見なのである。

事実を見究め、実に的確な評価をくだしている。現場を見て判断する一流のジャーナリストでもあった。

訳者の葛藤

こうしてこの本は、歴史書として高く評価できるが、同時に前述したような恋愛劇を含む心理劇として読むことも可能である。いかに豊穣さが詰まっていることか。だが、この文書を訳した大山瑞代氏は、あとがきの中で、ウィリスの個人的葛藤を世に出していいのか、との自問自答にかられ、美しい文体でこう書いた。

翻訳が進むにつれて、私は翻訳者として、本書が出版される前に絶対墓参を実行し、墓前でウィリアム・ウィリスの霊に許しを乞わねばならないとの思いを強くしていった。

もし他の翻訳者が担当していれば、『文書』全体の雰囲気もウィリアム・ウィリスという人物のイメージも違うものになっていただろう。訳者を選択することも訳文を批判したり拒否したりすることも許されていないウィリアム・ウィリスに、私が彼の言葉の媒介者として相応しかったかどうか、墓前で問いかけそして許しを乞いたかったのである。

いや許しを乞いたかった理由はまだある。そもそも『ウィリアム・ウィリス文書』の翻訳は、幕末維新期の日本において医療と医学の近代化に貢献したウィリアム・ウィリスを、公私両面から改めて顕彰するという、彼にとっては喜ばしく誇らしいはずの企画であった。しかし、彼の業績の証である多くの報告書や建言書などに混じって身内に宛てた私信がこのように全面公開されることを、彼は不当なプライバシーの侵害であると感じるのではないかと危惧したのである。

兄夫妻に対して真実を告白し自らを責め切々と助けを求める言葉の悲愴な響きを、しかも航海中の事故を想定して送られた同じ内容の何通もの手紙の中で繰り返される悲痛な一語一句を、このように明らかにすることを彼は許してくれるだろうか。故郷アイルランドを恥じ、残忍で高慢な父を憎み、母を哀れみ、社交界に相応しい教養を与えられず未婚のまま実家に留まる姉妹を想い、惨めな実家と哀れな我が子のための節約、貯蓄、金儲けを呪文のように唱え続ける彼の一面をこのように明らかにして良かったのだろうか。突然の西南戦争で離日を余儀なくされ、日本政府に対して執拗に損害賠償の要求をする彼の書簡をこのように公開することを彼が許すだろうか。私はどうしてもウィリス家の墓地で彼の霊に許しを乞わねばならないと思った。

2003年春、英国は例年になく晴天が続いて暖かく、北アイルランドも明るい陽射しに包まれていた。今ではベルファストから2時間足らずにエニスキレンの町に着く。借地農場主のウィリス家があったフローレンス・コート地区はさらに車で30分のところである。

当時の領主エニスキレン卿の館『フローレンス・コート』は現在英国ナショナル・トラストの管理下におかれ、美しい館として一般に公開されている。現在人手に渡っているが、ウィリアムが長兄と共に資金を援助し完成した『新しい家』、そして彼が最期を迎えたその家の内部までつぶさに見ることができた。二階には寝室が5部屋もある大きな家である。さらにウィリアムが手紙の中で完成の報告を待ち望んでいた屋外の水洗トイレが当時の形のまま庭の一角にあることを発見した時には、自信がなかった訳語の確認ができたことと同時に、その小さな小屋の実態が居合わせた人たちにとっても驚きの発見だったというおまけまでつき、一連の幸運にそれまでの緊張が少しほぐれていった。

幸運に見放された哀れな弟ウィリアムは、一家の誇りであり彼が最も信頼と親愛の情を抱いている九歳年長の兄ジョージとその妻ファニーに対してだけは、思いっきり愚痴とぼやきを発散させたのだろう。どっしりとした石柱の門に始まる広い敷地と広大な農場モニーンを訪れて、私はウィリアムが背負っていたと思っていた過去の重苦しさが少し薄らぐのを感じた。

それから親切な土地の人の車で教会墓地に向かった。小高い丘に建つ教会の周りに広がる墓地の入り口に着いた時には、暮れなずむ春の陽光のなかに周囲の丘陵がうっすら霞み始めていた。私は建ち並ぶ墓石の間を予備知識もなく、案内図の助けもないまま通り抜け、難なくウィリス家の墓の前に立つことができた。領主エニスキレン家に次ぐ大きな墓地である。広い敷地の中に建つ一つの平らな石に父、母、ウィリアム・ウィリス、妹ハナ、兄ジェイムズ、姉アン、ジェイムズの妻、姉エリザベス、さらにジェイムズの息子と娘という順で、それぞれの名と没年月日が刻まれている。私が立っている地面のどこかにウィリアムが眠っているのである。刻々と変わる夕暮れの光の中、すでに利休鼠の淡い闇に覆われたファマーナの丘陵を背景に、持参した線香の煙がゆっくり立ち上っていく。あたりに漂うほのかな香りの中で、私は許されているかもしれないと思った。

（了）

エーバーハルト・クラウス

『オルガンとその音楽』

歴史の中の楽器オルガン

河野和雄

エーバーハルト・クラウス『オルガンとその音楽── 各国のオルガン風土をめぐって』
松原茂・広野嗣雄（訳）音楽之友社，1975.

河野和雄●プロフィール
東京藝術大学卒業。同大学院修了。ドイツのウェストファーレン州立教会音楽大学に留学。東洋英和女学院中高部音楽科教諭を経て，現在，同大学非常勤講師。キリスト教音楽学校，日本聖書神学校講師。東洋英和女学院，および日本基督教団田園調布教会オルガニスト。日本オルガニスト協会会員，日本オルガン研究会会員，日本ハンドベル連盟理事。

はじめに

今回のテーマのもとに選んだ本は、エーバーハルト・クラウス著、松原茂、廣野嗣雄共訳『オルガンとその音楽』（音楽の友社、１９７５年刊）である。Eberhard Kraus（1931-2003）はドイツのレーゲンスブルクに生まれ、ミュンヘンの国立音楽大学でオルガンを専攻し、１９６４年からはレーゲンスブルク大聖堂のオルガニストの地位に就いた。カトリック教会の音楽家として多くの演奏活動をするかたわら、多数の作品を書いた。また同地の教会音楽学校、またレーゲンスブルク大学での教育活動にも従事した。主に南ドイツの古いオルガンの楽曲や資料を精力的に収集した。

『オルガンとその音楽』は１９７２年にレーゲンスブルクで出版された。

まえがきに続く章「オルガンの構造と技術の発達」では、送風機構、パイプ機構、アクション機構、プロスペクト（前面の概観）など、オルガンの基本的な構造についての説明がなされている。

次の章「オルガンの歴史的発展、その音響形態およびオルガン楽曲への影響」は、古代のオルガン、キリスト教礼拝オルガン、世俗オルガンの三つの部分に分けられている。

本書の主要部分「キリスト教礼拝オルガン」はさらにフランス、南ドイツ、イタリア、スペイン、イギリス、北ドイツと地域ごとに分けて書かれている。

訳者あとがきにあるように「本書は研究者が専門的立場に立ち特定の時代や地域における楽器、あるいは特定の作曲家を取り扱った学術書ではない。オルガンを巡って、この楽器とかかわり合った人びとは、ある時は誇りをもち、意地を張り、争い合い、名誉や地位をもとめ、また幻想をかきたて、そして喜びを、憎しみを、妬みを味わってきたのであった。そこには様々なできごとがあったのだが、そのようなことを含めてオルガンとその音楽をなお渇仰の念をもって見つめている。オルガン音楽の世界を興味深く示したものである。」

事実、記事の中にはオルガン建造にまつわる伝説やエピソードが多く、それがこの本の魅力のひとつとなっている。

たとえば、１６２８年にブレスラウの聖エリザベート教会で行われた大オルガンの盛大な奉献式後の祝宴で使われたものの克明な記録「うさぎ一匹、あひる三羽、鶏六羽、鹿二分の一頭、焼牛肉二……。付け合せと薬味類として……。ほかにワイン一六壷とビール八分の一……。終わりにはビールのコップ十二とワイングラス六が砕けていたからである。」などの記述、また１５９７年にローマの聖ピエトロ教会のオルガンが破壊された事件についての裁判、そこで明らかにされるオルガン建造家、オルガニスト、作曲家などの利権が絡んだ争いなどが生々しく書かれていて興味をそそる。

本文に続きいくつかの典型的なオルガンのストップ仕様、多くの写真が掲載されている。

巻末には参考文献一覧、索引がついているが、地名の索引ではヨーロッパの三〇〇以上の地名、人名索引にはオルガン建造家、建築家、彫刻家、詩人、画家、作曲家、オルガニスト、音楽学者などの名がならび、その数は実に九〇〇を数える。広範囲の地域と時代について非常に多くのことが羅列されている感があるが、珍しい文献からの引用も多く興味深く読める本である。

オルガンの誕生と成長

オルガンという言葉は「組立てられたもの」「道具」、また「楽器」一般をさすギリシャ語のオルガノンに由来する。紀元前三世紀の中頃、アレクサンドリアの技術者クテシビオスが水を使った送風装置、鍵盤、パイプを備えた楽器を発明した。ヒドラウロス（水オルガン）というこの楽器の名前は、ヒドロ（水）とアウロス（管楽器の名）を組み合わせた造語である。

楽器の大敵「水」をどう利用しているのか。風呂の水に洗面器をふせて沈めると中の空気は水圧により圧縮される。もし洗面器に穴をあければそこから勢いよく空気が噴出する。空気がなくならないうちにポンプで空気を補充する。このように水を空気圧の調整に利用した。

水オルガンは当時のモザイク画などの美術品、硬貨の面などに多数描かれている。闘技場や祭典で広く演奏され、皇帝ネロもその愛好家と伝えられている。水オルガンはヘレニズムの世界、さらにアラブ世界へと広まっていった。

一方、水を使わず鞴《ふいご》のみで風を供給する方式もすでに一世紀頃にはあったようでニューマティック（空気オルガン）と呼ばれた。しばらくは空気オルガンも水オルガンも「ヒドラウロス」あるいはラテン語で「オルガヌム・ヒドラリクム」と呼ばれ、やがてそれが省略されて「オルガヌム」すなわち「オルガン」と呼ばれるようになった。

オルガンはもともと世俗的な楽器であった。初代の教会では礼拝にふさわしい楽器とは考えなかった。その音のもとで多くの信徒たちが殉教したであろうことを考えれば、異教的な楽器の使用には抵抗があったことも理解できる。

七世紀頃から教会の中にも少しずつ建造されるようになるが、初めは礼拝用というよりは研究用、また教育目的で作られたようである。教会や修道院は学問、技術研究の面でも最先端の場であった。オルガンは常にその時代の技術の粋を集めた楽器であった。

楽器の規模は拡大し伝説的な楽器も作られた。

「オルガンの音はずば抜けて大きく、十二の鞴が起こす風によって鳴らされるパイプの音は雷のようである。千歩以上離れてもなお大きく聞こえる。エルサレムのオルガンの音はオリーブ山の上でも聞こえる」

「ウインチェスターの聖ピーター教会のオルガンは四〇〇本のパイプを持ち、二人の奏者が四〇の鍵盤を操作し二六の鞴を操作するのに七〇人が汗を流した。この楽器のものすごい音は町中に聞こえる」

オルガンの規模の拡大は続き十三、十四世紀にはブロックヴェルクと呼ばれる大きな楽器が建造されるようになった。現代のオルガンではストップ装置の操作により一つの鍵（キー）が鳴らすパイプは一本から数百本を自由に制御することができる。しかしブロックヴェルクでは一つのキーを押すと数本から楽器によっては七〇本のパイプが常に鳴る仕組みであった。弾かれた音の高さだけでなくオクターブ、あるいは五度の関係にある高い音、時には低い音も同時に鳴った。荒々しいほど力強くそしてキラキラ輝く響きは、天に向かって鋭く伸びる尖塔をもつゴシック建築の様式に通ずるところがある。

次の工夫として多くのパイプ列から一列だけをとりだして静かな音として使えるように、他のパイプの音を「ストップ」させるレギスターと呼ばれる仕組みが考えられた。これが「ストップ」という言葉の由来といわれる。次にはパイプの様々な形、材質による多様な音色の追求、さらに複数の鍵盤や、ペダルを持ったオルガンへと発展してゆく。音を出す装置から音楽を表現する楽器への変身である。

教会の中でのオルガン演奏も次第に増えていった。大祝日に荘重な雰囲気を出すため、王家や聖職者の特別な式典などにも使われた。

一方、小型のオルガンも作られた。片手で鍵盤を押し、片手で鞴を操作するポルタティフは主として合奏に使われ、少し大きめのポジティフは教会のみならず家庭用としても独奏、合奏用として盛んに使われた。

十五、十六世紀にはパイプの種類の多様化、音域の拡大、指で弾けるように鍵盤の小型化が図られた。また送風装置の改良などが進み、基本的には現代のオルガンとあまり変わらないものになった。

現在も演奏可能な最古のオルガンはスイスのシオンにあるが、十四世紀末に作られたものである。ドイツのキートリッヒ、リズム、オランダのオストフイゼンその他いくつかの十五世紀に作られたオルガンが、六〇〇年を経た今日でも礼拝に使われている現役とは驚きである。

調律法についても述べておこう。オクターブを十二の半音に分ける場合、すべての和音を純正な響きにすることは出来ない。当時は、よく使われる和音を美しい響きにするために、使用頻度の少ない和音はかなり濁った響きになるような調律を使っていた。ミーントーンと呼ばれる調律法では演奏できる調は限られるが、レパートリーによっては協和音の美しさ、和音の響きの多様なニュアンスに独特の味わいがある。これに対してあらゆる調を演奏できるように、すべての五度音程を僅かずつ狭くして、つじつまをあわせる現代の調律法、平均率では、どんな調子にも対応できるが、特に純正三度の響きの美しさと和音による色彩感が失われる。音楽の変遷とともに、様々な調律法が工夫された。

バロック期──オルガンの完成

千年以上の時間をかけて工夫と改良がなされ、楽器としての体裁を整えてきたオルガンは徐々に教会から認知されるようになった。しかし時には受難の時期もあった。十六世紀中頃にはカルヴァンの影響を受けた改革派の教会では一部の狂信的な信徒により一切の偶像的なものを排除するという目的で聖像や聖画、オルガンまでもが撤去あるいは破壊されたところもあった。しかし都市によっては人びとがオルガンを教会から市の財産に移して破壊を免れさせた。

しばらくの混乱の後、オランダでは再びニーホフなどにより複数のヴェルク（一つの鍵盤とそれに属するパイプのまとまり）をもつ大型オルガンが建造されるようになった。「ブラバント型」とよばれるこのようなオルガンは十七、十八世紀に北ドイツで発展する。対比的な音色をもったヴェルクの数は増え、ペダルの規模が拡大された大型のオルガンは商業で繁栄したハンブルクやリューベック、その他のハンザ都市でその富を競うように建造された。シュニットガー一家が建造した「北ドイツ型」のオルガンは、一つの頂点に立つものである。

フランスのオルガンは少し違っていた。ヴェルク構成は主鍵盤グラントルグと副鍵盤ポジティフが基本であるが、これに本体内部に置かれたエコー、またメロディーを受け持つレシが加わった。レシ鍵盤は右手の独奏用であるので上半分だけであった。ストップとしては倍音構成に従って整然と並べられたフルート族の倍音ストップが発達した。またリード（リードを持ったパイプ）ストップも豊富に備えられ、それらはドイツにおけるよりもはるかに強く整音された。ボンバルデ（臼砲、砲撃などの意）という名のついたトランペット系のリードさえある。

特徴的な音色を二つ挙げる。「コルネ」と「クロモルヌ」。いずれもルネッサンス期の管楽器の名前が付けられている。「コルネ」では、たとえばドの鍵盤を押すと基音のド、オクターブ上のド、その完全五度上のソ、その上のド、その長三度上のミ、五本のパイプが同時に鳴る。やわらかく整音されたパイプは密集して並べられ、よく溶け合う。

ドイツのオルガンにはよく似た音色の「セスクィアルテラ」がある。バッハもこの音色を好んだという。五度と三度が組み合わされたストップであるが、少し硬めに整音されている。現代ではある程度の規模のオルガンには両者が備えられることが多い。どちらもメロディーを浮き立たせるのに有効であるが、どちらを使うかは、赤ワインにするか白ワインにするかを選ぶようなものだと言ったオルガニストがいた。

「クロモルヌ」の音を表すのに crucher（仏）という言葉が使われる。普通の辞書には「甕《かめ》」、俗語的に「馬鹿」などの意とあるが、最近刊行された日本語を含む一九ヶ国語によるオルガン用語の辞書には、他のすべての国語で「フランスのクロモルヌの独特な音色」と表現されている。外国人に塩辛の味、納豆の味を説明するようなものか。

著名なビルダーとしてはティエリ、クリコ、ドン・ベドス、ジルバーマン等が挙げられる。特にアンドレアス・ジルバーマンはアルザスで活躍したが、弟子たちを通して南ドイツ、スイスにまで影響を及ぼした。

カトリック圏の南ドイツ、オーストリアでは、オルガン音楽はより典礼に従属的で、典礼での使用に都合のよいオルガンが作られた。北ドイツの力強く豪壮な響きはまろやかにされ、様々な色彩感をもつストップが増えた。この地方ではオルガンは建築物の一部となるようにデザインされることも多く、窓を最大限に生かすなど、視覚的には美しいが、構造的に無理を強いられているオルガンも多い。オルガンビルダーよりも建築家の意見が強かったのだろう。

ガブラーはワインガルテンに、またリープはオットーボイレンに記念碑的なオルガンを制作した。これらのオルガンでは、彼らが修行したフランスのオルガン制作の影響が大きい。

ガブラーが制作したワインガルテンのオルガンについての有名な逸話。彼がオルガンの製作費の未払い金を再三請求したのになかなか払ってもらえなかった時、彼は一箇所の弁を閉じてオルガンの音が出ないようにしてしまった。困った修道院長は仕方なく、未払い金を支払い、オルガンは元通り美しく鳴るようになった。極めて分かりにくい場所にあるこの閉鎖弁は、後世の大修復の際に実際に発見されたという。

北ドイツのシュニットガーと並んで有名なビルダーにジルバーマン兄弟がいる。弟ゴットフリートはアルザスを中心にフランス型のオルガンを製作した兄アンドレアスのもとで修行した後、故郷ザクセンやテューリンゲン地方で独自のスタイルのオルガンを作った。北ドイツのオルガンに見られるヴェルク間の対比は弱められ、音のまとまりが重視された。ゴットフリートはJ・S・バッハとも親交があった。バッハは彼のオルガンを「銀の響き」と評し、整音のよさ、良い材料を使った良い仕事、演奏のしやすさを高く評価している。

イタリアのオルガンはかなり後の時代まで基本的にはブロックヴェルクの延長線上にあった。歌の国イタリア、パレストリーナの合唱曲を最高の音楽としたカトリック教会の典礼に奉仕する楽器のストップは、人の声とよく調和するプリンチパーレが主であった。特徴あるストップとしてはヴォーチェ・ウマナ（人の声の意）がある。わずかにピッチをずらした笛で、プリンチパーレと共に鳴らすと緩やかに波打つ唸りが生じ、独特の雰囲気を作る。

スペイン・ポルトガルのオルガンで特徴的なものはケースの外に水平に取り付けられたリード管である。大トランペット、王のトランペット、戦いのトランペットなどの名を付けられたものもあるが、強く生々しい音を出す。

バロック期のイギリスのオルガンは大陸にくらべて遅れていた。多くの楽器は一段鍵盤の小型のもので、1600年ごろになって初めて二段鍵盤の楽器が現れ、ペダルは十八世紀後半になって初めて作られた。十七世紀には清教徒によるオルガンの撤去、破壊もあり教会のオルガンが息を吹き返したのは1660年の王政復古、国教会の定着後であった。オルガンの設置場所については独特の方法が編み出された。内陣と会衆席を分ける会堂中央の仕切りの上に二つのプロスペクトを持つオルガンが設置された。

英国のオルガンの音色は極端を避け、穏やかな調和のとれた響きを持っている。

オーケストラ音響への志向

水オルガンから約2000年、十八世紀には楽器として完成の域に達したオルガンは、その後音楽の主流がオーケストラ、ピアノ音楽などに移り、人々の関心も次第に薄れるのにつれて楽器にもまたその音楽にも凋落傾向が現れる。

ドイツの理論家、作曲家、演奏家であったアヴェ（司祭）フォーグラー（一七四九—一八一四）は独自の理論によりすでにあるオルガンのパイプを移動したり取り外したりしてオルガンを単純化した。鍵盤は下から上に強さの順に並べられ、オルガンはオーケストラの響きを志向するようになる。

十九世紀の大型オルガンでは、鍵盤に繋がる空気弁も大きくなり、それにかかる風圧も大きく、鍵盤の動きを機械的に弁に伝える伝統的な方式では鍵盤は重くなり演奏困難になった。これを解消するために色々な工夫がなされた。

イギリスのバーカーが考案したバーカーレバーでは鍵盤のキーがまず小さな弁を開閉して鞴モーターを動かす。それが空気弁に繋がるトラッカーを動かす。鍵盤の重さは劇的に軽くなったが、指の動きは空気弁に間接的にしか伝わらなくなった。

各パイプに固有の弁を持たせ、指にかかる風圧を分散させるケーゲル（円錐）ラーデ、更に複雑に伸びる機械式トラッカーの代わりに鉛のチューブを伸ばしてその役割を果たさせる空気アクション。現在は移設されて台東区の施設になっている東京芸術大学旧奏楽堂のオルガンもこの形式のアクションを持っている。鍵盤からパイプの空気弁まで中継器を挟んで長いところでは十数メートルの鉛の管が伸びている。ともかく反応が遅く鈍い。トリルは二音同時に押した場合と差がない。空気アクションのオルガンでは、日曜日の奏楽は土曜のうちに弾いておかなければならないと冗談にいわれるほどであった。

後に鉛管の部分を電線に代え、電磁石を使った電気・空気式アクションも開発された。

バーカーレバーを考案したのはイギリス人であったが、この装置が初めて採用されたのは、フランス人のA・カヴァイエ＝コルがサン・ドゥニの大聖堂に1841年に完成させた大オルガンにおいてであった。まだ二十代の製作家が完成させたこのオルガンには多くのアイディアが盛り込まれた。風の安定供給のために風函を高音と低音に、あるいはストップ毎に分割、音量の自在な変化をえるために大きなスウェル（箱の中にパイプを納めて、扉の開閉によって音量を調節する仕組み）、鍵盤間を連結するカプラーの充実などである。多くの八フィートやリード管の充実により、オルガンはよりシンフォニックな響きを持つようになった。

彼はヨーロッパ各地に500台ものオルガンを建造したが、その中でもパリの聖シュルピス教会の五段鍵盤、138ストップのオルガンは記念碑的なものである。このオルガンのカプラーを全部つないだ場合、バーカーレバーによる補助が無ければ一つの鍵盤を押すのに五キロもの力が必要であるという。この装置のおかげでヴィルティオーゾ的な演奏も可能になった。

ドイツでも十九世紀後半にはオルガンの響きはオーケストラを志向するようになった。倍音順にストップを積み上げるオルガン的なフォルテよりは、色々の楽器の音色を重ねて作るフォルテ、音量の連続的変化、また瞬時の音色の変化などオーケストラ的な表現が求められた。レーガーの音楽にはpが四つの最弱音からfが三つまでの強弱記号が表示されている。ストップを増減させ、音量を変化させるクレッシェンド装置が開発された。瞬時の音色変化のためには決まったストップ群をワンタッチで出し入れする装置、さらに必要なストップをあらかじめ自由にセットしておける自由コンビネーションと呼ばれる装置が考案された。

代表的な製作者にライプツィッヒの聖トマス教会のオルガンを製作したザウアー、シュヴェーリンのドームのオルガンを製作したラーデガストがいる。彼らの後、世紀が変わる頃になるとドイツではオルガン製作も他の機械製品と同様に工業化の波に乗り、伝統的な建造法から離れ工場で生産される安価ではあるが質のよくない楽器も現れ、凋落傾向をたどる。

オルガン運動とネオバロック

オーケストラの響きを志向し巨大化するオルガン建造の流れに警鐘を鳴らしたのは、A・シュヴァイツァーであった。彼は医師であるほか、神学者、バッハの研究者、オルガン奏者でもあった。フランス、ドイツの各地で学んだ彼は、両国のオルガンに精通していたが、1906年にドイツとフランスのオルガン建造を比較した論文を発表した。この中でドイツの工業化されたオルガン製作よりフランスの手工業によるオルガンが優れていると述べ、「バッハが求めたポリフォニックな、オーケストラ的でないオルガンに立ち返れ」と呼びかけた。彼の故郷アルザスに多く残っていたジルバーマンオルガンを念頭においたこの呼びかけがきっかけとなってバロックオルガンが見直されることとなった。1921年にはフライブルク大学の研究所にM・プレトリウスが三〇〇年前に著書の中であげたストップ表に従ったオルガンが建造された。さらにハンブルクの聖ヤコビ教会の歴史的な楽器が見直されることとなった。シェーラーやシュニットガー等の手になるこの楽器は大都市の教会のオルガンとしては珍しく二〇〇年間、それほど大きな変化もなく保たれていて、修復されたこのオルガンはオルガン運動のシンボルの楽器となった。しかし、第一次大戦の折には錫を多く含む前面のパイプをすべて供出し、第二次大戦では爆撃を受けて地下室に退避させておいたパイプ、風函、彫刻などを除き他はすべて焼失した。その後1993年の修復、再構築以後は見事な姿で美しい音を響かせている。

「ドイツ・オルガン運動」の結果十九世紀にロマン派的に改修されたオルガンも再び古い姿を取り戻した。大音量を得るために高くされた風圧は下げられ、アクションは再び演奏者の指の動きが直接空気弁に伝わり、微妙な調節が出来る機械式アクションが復活した。

第二次大戦後、このオルガン運動に刺激を受けた楽器が盛んに製作された。ネオバロックと呼ばれるこのような楽器では、鈍重なロマン派的な響きに対する反動で高い響きが重視され、バロックの時代には無かったような高次倍音を出すストップも作られた。またプラスティックなどの新素材、躯体補強のために鉄骨も使われた。オルガンのデザインも多様化し、ケースのないオルガンも製作された。

オルガン運動はロマン派的傾向の排除という面が強く意識されたため、行き過ぎる傾向も見られた。低くしすぎた風圧により基音の豊かな響きが不足し、全体として鋭い響きを持つ楽器が多く現れた。理念が先にたち、検証、情報不足から起こった傾向であった。

これに対して二十世紀後半には最新の技術を駆使した徹底的な検証、文献研究などの成果に基づき、歴史的オルガンの厳密な修復、復元、複製が試みられるようになり、バロック当時の響きをより近い形で聞くことが出来るようになった。様式を正しく再現しようとする傾向は、バロックオルガンに止まらず、カヴァイエ＝コル型を基本としたロマン派的オルガンの建造をも促した。

コンサートホールにおいては、多くの演奏者が多様なレパートリーを演奏することから、多くの要求に一応は対応できるオルガンが設置されることが多い。しかしこの場合、その響きは必然的に折衷的になる。この妥協を排して、少しでも様式的に正しい演奏が出来るようにという試みがなされた。1991年に東京芸術劇場に設置された、ストップ数126、パイプ数約9000本の巨大オルガンである。フランスのガルニエ社によって製作されたこのオルガンは分割された三つの部分がそれぞれ一八〇度回転し、表裏、全く異なるプロスペクトを持っている。この両面に三つの異なった様式を組み合わせたこのような試みは、世界初のことである。

日本のオルガン事情

ここで日本に目を向けてみよう。現存するわが国最古のパイプオルガンは築地の居留地にあった聖公会・聖三一教会に1884年または85年に設置されたものである。アメリカのルーズヴェルトによるこの楽器は後に京都の聖マリア教会に移設された。そのおかげで関東大震災を免れ、1981年に修復・再構築され、現在は愛知県立芸術大学に設置されている。

1923年の震災までに10台のオルガンが建造された。震災直前の1920年に徳川頼貞が飯倉の南葵楽堂に設置したイギリスのアボット・アンド・スミス社製の三段鍵盤33ストップの大オルガンはわずか三年後の震災によりホールとともに破損した。その後、オルガンは東京音楽学校（現東京芸術大学）に寄贈され、奏楽堂に設置された。現在は建物ごと上野公園内に移設され演奏もされている。

震災から、終戦直後までの約二五年間には更に17台のオルガンが設置された。焼失した東京旧本郷区の聖公会、聖テモテ教会のオルガンは１９３２年に日本楽器（山葉）が作った初めての国産オルガンであった。二段鍵盤とペダルに８個ストップ、アクションは空気式であった。

戦後のオルガン設置は中古オルガンの導入から始まった。新オルガン設置に伴い撤去された弓町本郷教会の旧オルガンはアメリカのいくつかの中古楽器を組み合わせた質的に貧弱な楽器であった。岐阜県の神言会多治見修道院のオルガンも同様であった。伊勢湾台風で甚大な被害を蒙り、一時はパイプもほとんど撤去された。アクションを含めた大幅な改造がなされたが現在は使用不能である。

東洋英和女学院，新マーガレット・クレイグ記念講堂のオルガン　フィッシャー＋クレーマー社（ドイツ）製，1997年奉献。3段鍵盤38ストップ。

経済の成長期を迎えるとともに徐々に首都圏、関西、広島を中心にオルガンが設置されるようになった。１９５３年、広島の世界平和記念聖堂にドイツ・クライス社製のオルガンがボン市から寄贈された。戦後の本格的なオルガン設置がここから始まる。音楽大学、キリスト教主義学校などが先行し、教会もこれに続く。

１９７３年を一つの区切りとすると、二〇年間に約90台のオルガンが設置された。その内12台はわが国初のビルダー辻宏氏のオルガンであるが、他の大部分はドイツを中心とするヨーロッパのビルダーによるものであった。ほとんどが当時主流であったネオバロックのスタイルで製作された。

１９７３年、ＮＨＫホールにドイツ・シュッケ社製の五段鍵盤、92ストップの大オルガンが設置された。それまで学校や教会など一般の人が近づきにくい場所にあったオルガンがより近い存在となった。

その後のわが国におけるオルガン設置の勢いはブームと言えるほどであった。７０年代前半では年に10台程度の新設であったが、８０年、９０年代には20から30台、年によっては40台に近いオルガンが設置されるようになった。

バブルの時代が終わって一時ほどの勢いはなくなったが、

わが国におけるオルガン設置は確実に続いている。現在わが国には約1000台のオルガンがあると思われる。製作者について見ると、やはり外国のビルダーの楽器が多いが、邦人ビルダーの楽器も約270台を数える。

おわりに

近年はオルガンの世界でもデジタル技術全盛で、録音された音色ではパイプオルガンと区別のつかないものも出来ている。人の知恵によって人工の宝石、また養殖の真珠が作られ、カニ風味の蒲鉾、人工のイクラなど等、天然物より安価で美しい、健康に良い、扱いやすいものが出回る時代ではある。しかし電子オルガンはいかにその性能がよくても、所詮その音は本物のパイプの音を素材としたヴァーチャルなものである。機構の主要部分はブラックボックスの中にあり、その仕組みには容易に触れることは出来ない。パイプオルガンは一台一台がビルダー達の芸術的制作品であり、またその内部に入れば彼らの工夫と知恵に実際に触れることができる。我々はその楽器の音のみならず、その全体から多くのことを学ぶことが出来る。電子楽器からは心の豊かさを学ぶことは難しい。オルガンはやはりアナログな楽器であり続けてほしい。六〇〇年前に作られたオルガンが今も現役として使われている。わが国で今使われている楽器も戦争や災害で破壊されなければその位の寿命はあるはずである。東洋英和にも3台のパイプオルガンがあるが、数百年後、二十六、二十七世紀にはどんな人がどんな曲を弾いているのだろう。そもそも東洋英和は残っているだろうか。いや日本は、地球はどうなっているのだろう。

私たちの愛するオルガンが、み言葉に仕える楽器として賛美を支え、人々を力づけ、慰めを与える楽器として生き続けることを願って止まない。

注記

この稿は「横浜市民大学」での公開講座の際に配布した資料「オルガンの歴史」（日本基督教団滝野川教会発行の出版物『形成』三九二号から四一七号に連載）を手直ししたものである。

参考文献

E・クラウス／松原茂・康野嗣雄共訳『オルガンとその風土』音楽之友社、1975
NHKオルガン研究全編『オルガンのふるさと』NHK出版、1975
秋元道雄『パイプオルガン』ショパン、2002
H・クロッツ／藤野薫訳『オルガンのすべて』パックスエンター

プライズ、１９７８
A・シュヴァイツァー／松原茂訳『ドイツおよびフランスのオルガン建造技法とオルガン芸術』シンフォニア、１９７８
日本オルガン研究会編『オルガン研究』（年報）
日本オルガニスト協会編『organist』（機関誌）

日本オルガニスト協会編『日本のオルガン』Ⅰ～Ⅲ
F. Jakob, *Die Orgel*, Bern: Hallwag, 1969.
R. Quoika, *Vom Blockwerk zur Registerorgel*, Kassel: Bärenreiter, 1966.

浦辺竹代

『患者とともに
── ある医療ケースワーカーの記録』

浦辺竹代との邂逅をめぐって

横倉　聡

浦辺竹代『患者とともに── ある医療ケースワーカーの記録』
ミネルヴァ書房，1972.

横倉　聡●プロフィール
明治学院大学大学院社会学研究科社会福祉学専攻修了。社会学修士。精神科病院で長年ソーシャルワーカーとして従事後，福祉教育に携わり，1995 年 4 月より東洋英和女学院大学勤務。2001 年 4 月より人間科学部教授。近著：『初めて学ぶ現代社会福祉』（学文社，共編著），『新版社会福祉概論（第 2 版）』（建帛社，共編著）。

作者紹介

1909年に宮城県石巻市で生まれ、宮城県立石巻高女卒業後、託児所の保母（現在の保育所の保育士）、工場の寮母、衛生管理者を経て、1951年に日本社会事業短大専修科修了、その後、当時の厚生省が主催していた「医療社会事業従事者講習会」を受講し、実習先として中部労災病院（病院の創立は、昭和三〇年、当初は労働者の経営であったが間もなく労働福祉事業団に移った総合病院）を選び、実習終了後、昭和三四年一一月に実習先に就職することになった（労働福祉事業団よりの辞令：「技手補に任ずる　二号俸を給する　中部労災病院を命ずる」）。以降、約十年間、医療ソーシャルワーカーとして仕事に従事した。

当時、名古屋市南部は、重化学工業地帯として急激に発展している一方、名古屋港には全国から沖仲仕や船内作業などの労働者が集まってきており、病院には、地域の特性から、港湾労働者、日雇労働者、建設労働者などが、作業中に重傷を受け入院している者が多かった。

ところで、医療ソーシャルワーカーの仕事は、戦後、保健所法（第2条第6項：公共医療社会事業）という法律が制定されてから保健所や医療機関などに配置されるようになった保健・医療領域における新たな福祉職であったが、資格制度化も立ち遅れているため、なかなか定着することが困難で、数少ない理解者と医療ソーシャルワーカーの善意や献身によって支えられていた。

中部労災病院（労働災害による傷病の治療を重点とする総合病院で、患者の社会復帰を目標とするリハセンターとしての役割を担っていた）では、年輩の女性ソーシャルワーカーを求めていたが、その求めに応じて、浦辺竹代さんは、新たな職を得て、病院に医療ソーシャルワーカーの仕事を根付かせることになった。

さて、わが国で初めて本格的な医療ソーシャルワーカーとしてアメリカで専門職教育を受けた後、聖路加国際病院（1929年に社会事業部が発足する。当時の業務は、主に結核患者への医療サービスと家庭訪問による生活支援であった。）で医療ソーシャルワーカーとして仕事に従事した浅賀ふさ（この本が出版された時は、日本福祉大学教授であった）さんは、この本の「この事例集に寄せて」という推薦文の中で、浦辺竹代さんについて、「浦辺さんの得意は打ちひしがれた人、希望を失った人にも、人間への信頼と生きるのぞみを湧きたたせることであると思うが、細かく見ると彼女は見事にケースワーク原理と技術を実践している。自分でどうすることもできない程混乱している相手に落ち着いて自由な感情表出をさせ、理性を取り戻させる援助、どんな小さなことでもよい、失ったものよりその人のもっているものを探し出し尊重して自信と希望をとり戻させること、愛情で包むが、あらわな方法でなく人間への畏敬であって、決して甘やかしはしない、感情移入の豊な能力を持っているが、客観的立場を決してふみはずさないこと、問題解決はケースワーカーがやるのではなく、本人自身が動き、前進し、到達する以外にはないこと、ケースワーカーは泉のほとりまで馬をつれて行くことができても、水を飲むのは馬自身であることなどをしっかりふまえ、相手の能力と限界に応じて人間生活をとり戻すために、共に血みどろの戦いをしながら、社会病理の追究を訴えている。」と述べている。浦辺竹代さんという人柄を知る上で、またとない表現ではないだろうか。

作品の概要

『患者とともに —— ある医療ケースワーカーの記録』（浦辺竹代著、ミネルヴァ書房、1972年初版）という実践記録集は、浦辺さんが中部労災病院で医療ソーシャルワーカーとして仕事に従事している間に出会った患者さんの中で、特に印象に残った患者さんを中心とした支援の足跡を読み物風にまとめたケース記録集であり、あとがきには、「私は、海抜ゼロメートル地帯の病院に寄ってきた患者や家族と私のふれあいを書いてゆきたい。いや、書かねばならぬ負い目のようなものを感じている。」と、執筆の動機に触れている。

この本が出版された1970年代前後は、医療社会事業家あるいは医療ソーシャルワーカーの仕事が、わが国の医療機関や保健所に取り入れられるようになって二十数年経た時代であり、医療社会事業論等と題したテキスト風の本は、何冊か出版されていたが、一般の読者を対象とした読み物風の医療ソーシャルワーカーの実践記録は、当時としては大変貴重な出版物であったにちがいない。

『患者とともに —— ある医療ケースワーカーの記録』の内容は、以下の通りである。

なお、今日では、医療ソーシャルワーカーの仕事に対する理解もかなり深められてきており、一般の読者を対象とした読み物風の本は、書店の家庭医学コーナーなどで見つけることが容易にできる（『家族が病に倒れたとき――医療相談室の現場から』武山ゆかり著、小学館、1999年、等）。

医療福祉の歩み

「医療福祉」「医療ソーシャルワーク」とは

保健や医療、精神保健福祉領域で患者やその家族の相談にのり、社会福祉の立場から専門的な支援活動を展開する実践を、社会福祉の分野では「医療福祉」または「医療ソーシャルワーク」、また、その担い手を一般的には、「医療ソーシャルワーカー」と呼んでいる（戦後から今日に至るまで、医療ソーシャルワーカー以外に、医療社会事業家、医療ケースワーカー、医療相談員、医療福祉相談員等と呼ばれているが、医療ソーシャルワーカーが一般的な呼称である）。

現在、医療ソーシャルワーカーの仕事は、その所属する医療機関等の機能によって異なっているが、主に患者の立場に立って、入退院の相談調整、経済的問題・適応問題・社会復帰への援助、社会資源の活用等を行っている。

ところで、一般病院、日赤病院、社会福祉法人立病院、大学病院等の医療機関、または診療所、保健所、リハビリ病院等の保健・医療領域で医療福祉援助活動を行うものを「医療ソーシャルワーカー」（Medical Social Worker: MSW）と呼び、他方、精神保健福祉領域（精神科病院、精神科診療所、保健所、精神保健福祉センター、精神障害者社会復帰施設、地域活動支援センター等）で各種の社会資源を活用して、精神障害者の社会復帰の促進及び地域生活支援の援助活動を行っているものを「精神科ソーシャルワーカー」（Psychiatric Social Worker: PSW）と呼び、一応区別されている。また、MSWやPSWの専門職団体として、日本医療社会事業協会、日本精神保健福祉士協会等がある。

なお、保健や医療機関等に所属するMSWやPSWの人員の正確な数は把握されてはいないが、その充足率は、まだまだ不十分な状態であり、近年では、MSWやPSWの活躍できる職場が確実に増えてきている。

各国において、保健や医療領域に社会福祉の専門的な援助活動が導入されるようになった経緯については、それぞれ共通するものがある。それは、産業革命を経て、資本主義の発展のもとで医療福祉問題が深刻化し、疾病と貧困との悪循環が顕在化するようになったためである。そこで、社会福祉の専門的な援助活動、すなわち医療福祉の援助活動が最初に始められたイギリス、次に援助活動が体系化されたアメリカ、さらにわが国のあゆみについて、それぞれ医療福祉の援助活動の発生の頃を中心に要約してみる。

イギリスにおける医療福祉の歩み

十九世紀後半のイギリスは、産業革命、資本主義の発展とともに、都市周辺にはスラムが発生し、貧困者が街にあふれ、その生活は悲惨極まる状態であった。また、貧困問題とそれに絡む疾病問題の深刻化が顕著にみられる時期でもあった。病気で貧しい人達は、無秩序に施療病院へ受診するが、医療サービスの面は不満足な状態にあり、貧困と不潔と無知の渦巻く中にあっては、効果的な治療は望めない状況を呈していた。そこで、病院を利用する患者をどう見極めるのか、誰が施療《せりょう》（病気の治療、特に貧困な人々などに対する無料の治療）を受ける資格があり、診断と治療をほんとうに必要とするのか等、その判断が求められるようになった。そして、ついに1895年ロンドンの王立施療病院（Royal Free Hospital）外来診療部の入院係に、アルモナー（almoner: 慈悲深き施しをする人）と呼ばれる訓練されたソーシャルワーカーが配置され、入院を希望する患者の生活環境等を調査し、施療を必要とする患者を選別することになった。このことが、専門職業として組織立てられた医療福祉活動の端緒を開くもとになったのである。

このように、イギリスでは、医療経済・病院経営の立場から必要性に端を発し、患者の入院選別機能から、援助対象領域の拡大と質的変化に伴い、生活援助機能に発展し、以後病院内医療チーム、国民保健サービス法（National Health Service Act）下での機能、コミュニティ・ケア方式下での機能へと発展過程をたどることになった。

アメリカにおける医療福祉の歩み

アメリカにおいて医療福祉活動が確立したその発生源を整理してみると、①精神科病院の退院後のアクター・ケアのサービスとして始められたもの、②ボランティア・サービスとして患者の医療費や生活環境の調整に当たっていたものから発展したもの、③病院に来られない街の患者の訪問看護から発展したもの、④医学生の実習訓練として医療と社会福祉援助活動を統合するために取り入れられて発展したもの、というように四つに分けられ、いずれも十九世紀後半から行われるようになった。

さて、医療機関において本格的に医療福祉活動が始められたのは、１９０５年にボストン市にあるマサチューセッツ総合病院（Massachusetts General Hospital）の外来診療部に、キャボット医師（Richard C.Cabot, 1868-1939）の提唱により、専任の有給のソーシャルワーカーが配置されるようになってからのことである。その主な任務は、貧しい患者に有効な診断と治療が行えるようにするために、患者の家庭環境や経済状況等の情報を医師に提供することであり、また患者を援助して適切な治療が受けられるようにすることであった。キャボット医師は、外来診療部に受診する多くの患者の疾病が、その背後にある生活環境と深いつながりのあることに気付き、「医薬を与えるということは、重過ぎる荷を引いて山を登る馬に薬を与えるのと同様に、不合理な場合がしばしばある。これ必要なことは荷車をはなして馬を休ませることである。これを人間について言えば、堪えきれないほどの重荷を負い、自ら軽くすることのできない人に、これを軽くするように助けてやる方法を工夫することである」と考え、社会福祉の実践に経験豊富なソーシャルワーカーを迎え、彼の患者の診断と治療に協力してもらうことにしたのである。

このように、一私立病院の片隅で困難の中から歩み出されていったアメリカの医療福祉活動は、１９３０年代までには公私立病院および保健機関の組織の重要な一員として受け入れられるまでに成長していった。

わが国における医療福祉の歩み

わが国で医療福祉活動が芽生えだしたのは、諸外国よりやや遅れ二十世紀初頭のことであり、施療救療事業を目的として設立された済生会病院（１９２８年）に、また東京築地の聖路加国際病院（１９２９年）等に、専任のソーシャルワーカーが配置されたことによるが、これらの活動はごく一部の限られた病院で行われていたにすぎなかった。当時、聖路加国際病院では、浅賀ふさが専任のＭＳＷとして採用され、患者やその家族に社会福祉の専門的な援助活動を行っていた。彼女は、ボストン市のマサチューセッツ総合病院で専門訓練を受けたわが国最初の専任のMSWであり、当時、社会問題となっていた結核患者の入院相談、療養生活上の問題等の相談援助、あるいは在宅の生活が困窮している患者への家庭訪問活動等を行い、本格的な医療福祉活動を展開させた。

しかし、一般的に医療福祉活動が認められるようになったのは、戦後の1947年に保健所法が改正され（第2条第6号に公共医療事業の増進に関する事項が加えられた）、全国のモデル保健所に、そして国公立病院、日赤病院、一般病院、精神科病院等の医療機関にMSWやPSWが漸次採用されるようになり、疾病に対する社会福祉援助活動を担当するようになってからのことである。

なお、これまで保健や医療領域での社会福祉の専門的な援助活動に関しては、いくつかの公的基準・指針等が示されてきているが、2003年には「医療ソーシャルワーカーの業務指針」が厚生労働省より新たに提示されたが、その中で、医療ソーシャルワーカーの業務を「社会福祉学を基にした専門性を十分発揮し業務を適正に行う」として、明確な社会的基準が示された。また、医療ソーシャルワーカーの役割に対する期待がますます大きくなっていると、現状を分析している（厚生労働省健康局「医療ソーシャルワーカー業務指針改正」2003年2月）。

「医療ソーシャルワーカー業務指針」

1　趣旨

2　業務の範囲

医療ソーシャルワーカーは、病院等において管理者の監督の下に次のような業務を行う。

（1）療養中の心理的・社会的問題の解決、調整援助
（2）退院援助
（3）社会復帰援助
（4）受診・受療援助
（5）経済的問題の解決、調整援助
（6）地域活動

3　業務の方法等

保健医療の場において患者やその家族を対象として、ソーシャルワークを行う場合に採るべき方法は次のとおりである。

（1）個別援助に係わる業務の具体的展開
（2）患者の主体性の尊重
（3）プライバシーの保護
（4）他の保健医療スタッフ及び地域の関係機関との連携
（5）受診・受療援助と医師の指示
（6）問題の予測と計画的対応

（7）記録の作成等

4　その他

医療ソーシャルワーカーがその業務を適切に果たすために、次のような環境整備が望まれる。

（1）組織上の位置付け

（2）患者、家族からの理解

（3）研修等

ところで、ＰＳＷの国家資格としては、１９９７年12月に「精神保健福祉士法」が制定された（精神保健福祉士：精神障害者の保健及び福祉に関する専門的知識及び技術をもって、精神科病院等において精神障害の医療を受け、又は精神障害者の社会復帰の促進を図ることを目的とする施設を利用している者の社会復帰に関する相談に応じ、助言、指導、日常生活への適応のための必要な訓練その他の援助を行うことを業とする者）。

浦辺竹代との出会い

子どもの頃から青少年育成活動等を通じてボランティア活動を行っていた関係で、将来の仕事は福祉関係の仕事をしてみたいと考えていたが、具体的な仕事となると漠然としていた。そして、大学（法学部）では、法律という学問分野から福祉の問題を考え、どのような福祉の仕事が自分に適しているのか模索していた。そのような多感で将来に夢や希望、時には不安を感じていた頃に、普段からよく行く大学の近くにある大きな書店の専門書コーナーで、まったく偶然に『患者とともに —— ある医療ケースワーカーの記録』という本と出会った（その本が呼んでいるような錯覚に陥った）。まさしく運命的な出会いであり、その本との出会いは、浦辺竹代さんという一人の女性の大変魅力的な生き方との出会いでもあった。二、三日かけて熟読し、感動した箇所には、赤鉛筆で囲みを入れたりしながら、医療ソーシャルワーカーの仕事を知り、その仕事の貴さに圧倒されてしまった。そして、福祉をもっと深く勉学したいとも考えるようになり、他学部で開講していた福祉専門科目を履修したり、無理を言って法学部の学生でありながら、ある大学病院の医療相談室で実習を行ったり、さらに、大学院に進み、本格的に社会福祉や医療福祉等に関して学んだ後に、医療福祉（精神保健福祉領域）の実践現場で医療ソーシャルワーカーとしての仕事に従事することになった。

まさしく、その本との出会いは、運命的な出会いであり、そして、「邂逅」（広辞苑より：思いがけなく出会うこと、巡り合うこと）という言葉を知り、その言葉の意味内容を深く考えるようになった。

島崎藤村と深草アキと邂逅

邂逅という言葉の意味内容を深く考えるようになってから、島崎藤村と深草アキという人物に関心を示すようになった。前者は、日本近代の代表的な文学者であり、後者は音楽家である。

島崎藤村と「椰子の実」

島崎藤村が作詞した有名な国民歌曲のひとつに「椰子の実」（名も知らぬ遠き島より　流れ寄る椰子の実一つ　故郷の岸を離れて　汝はそも波に幾月…）がある。

この詩は、島崎藤村が、友達の柳田国男から、渥美半島の先端の伊良湖岬に椰子の実が流れ着くという話を聞いて作ったといわれている（日本民族学の創始者の柳田国男が１９８９年の夏、愛知県の渥美半島の伊良湖に一か月余り滞在したとき拾った椰子の実の話を親友の島崎藤村に語ったところ、その話に感動した島崎藤村は叙情詩「椰子の実」を作った）。島崎藤村は、望郷の念に涙を流し、自分の人生を大海に漂う椰子の実に重ね、そして、叙情詩「椰子の実」を作り、柳田国男は椰子の実が伊良湖岬に流れ寄ることから、日本民族の源流などを考えたことなどから推測すると、彼らにとっての椰子の実との出会いは、まさしく運命的な出会いであり、うまく表現できないが、出会うために内面のエネルギーが熟成していたのではないだろうか。内面のエネルギーが熟成することこそが、出会いの必須条件ではないだろうか。内面のエネルギーが熟成していないごくごく普通の人であれば、海岸に流れついた椰子の実の存在は、ただの椰子の実という物体にすぎない。しかし、彼らには、ただの存在以上のものであったに違いない。

深草アキと秦琴

深草アキは、１９４９年に愛知県で生まれ、ベース奏者として長年音楽活動していたが、ある年、街で偶然出会った中国の古楽器「秦琴《しんきん》」（中国の民族楽器であり、三味線と同じ三弦で、胴はすべて木製でできており、棹にはフレットがついている）に魅せられ独自の音の世界を構築した。当時、演奏方法などに関する資料が見つからなかったため、弦の種類や調弦、演奏方法にいたるまで試行錯誤を繰り返し、独自の音の世界を確立した。

ベース奏者として長年音楽活動していた彼が、新たな音楽活動を模索している時、まさしく内面のエネルギーが熟成していたからこそ、秦琴という楽器に偶然に出会ったのであろう。いや、彼にしてみれば、それは、彼の人生の上での必然の出来事であったに違いない。

（1986年に秦琴のアルバム『秦琴』をポリドールより発表、1988年にはアルバム『星の大地』を新星堂より発表、等）

「邂逅」の必須条件

『患者とともに――ある医療ケースワーカーの記録』という本との運命的な出会い、すなわち、その本との邂逅は、今になって思い返すと、人生のターニングポイントになったのだと思え、そして、「邂逅」とは思いがけなく出会うこと、巡り合うこと、偶然の出来事ではなく、その人にとって必然であり、出会うためには、その人の内面のエネルギーが熟成されることが必須条件であることを、自身の体験を通して、今更のように確信するのである。

引用・参考文献

浦辺竹代著『患者とともに――ある医療ケースワーカーの記録』ミネルヴァ書房、1972

小田兼三・竹内孝仁編集『医療福祉学の理論』医療福祉シリーズ①、中央法規出版、1997

川田稔『柳田国男 その生涯と思想』歴史文化ライブラリー19、吉川弘文館、1997

児島美都子・成清美治編『医療福祉概論』学文社、1997

50周年記念誌編集委員会編集『日本の医療ソーシャルワーク史――日本医療社会事業協会の50年』（社）日本医療社会事業協会、2003

下山嬢子『島崎藤村――人と文学』日本の作家100人、勉誠出版、2004

萩原昌好編『島崎藤村』少年少女のための日本名詩選集1、あすなろ書房、1989

深草アキ・ホームページ http://www1.ocn.ne.jp/~itoku/fukakusa.htm

F. H. King

Farmers of Forty Centuries: Or Permanent Agriculture in China, Korea and Japan

逸見謙三

F. H. King, ***Farmers of Forty Centuries: Or Permanent Agriculture in China, Korea and Japan***
London, 1927, 4th Impression 1949.

逸見謙三●プロフィール

1923 年東京に生まれる。農業総合研究所研究員，東京大学教授，亜細亜大学教授，東洋英和女学院大学教授を歴任。主な著書に，『世界農産物市場の課題』，『農業』，『13 億人の食料── 21 世紀中国の重要課題』，*U.S.-Japanese Agricultural Trade Relations*（編著），*Agricultural Reform Efforts in the United States and Japan*（共著），*Agricultural Policy and Trade*（共著）他。

はじめに

本書、F. H. King, *Farmers of Forty Centuries: Or Permanent Agriculture in China, Korea and Japan*, London, 1927, 4th Impression 1949. の著者キング博士はヴィスコンシン大学農業物理学教授を経て、合衆国農務省土壌管理局長となった。当時におけるこの分野の第一人者である。なお、著者は旅行中のメモの整理中に、本書の完成を待たずに他界した。特に最終章「世界にあてた中国ならびに日本からのメッセージ」を執筆することがなかった。

最終章以外の諸章はほとんど完成していたと推測されるが、文学博士J・P・ブルース教授が原稿の校訂を行っている。また、L・H・ベーリー博士が序文を書いている。

本書の構成

本書は約百年前、2月から7月に至る六ヵ月をかけて、日本、中国、中国東北部（満州）および朝鮮、再び日本の農業・農村を視察した米国一流の農業科学者の旅行記である。ベーリー教授の序文（2頁）、詳細な索引（9頁）を含み、379頁で、なかに当人の手による209葉の写真が含まれている。ベーリー教授の序文は、アーサー・ヤングの『フランス旅行記』のようなものがあることはあるが、農業専門家の目による他国の農業・農村の視察報告はあまりにも少ないので、キング博士による本書は大きな稀少価値をもつとしている。また、土地を耕す行為こそが文明の基礎を形成するとの考えに基づいて、広大で肥沃な農業資源（土地）に恵まれたアメリカ人にとって、人口密度が極めて高く、何千年にわたり、細部に至るまでの資源利用とそのリサイクルに徹してきた東アジア5億の人口の存在を知ることは太平洋を挟んだ人口集団間の交流増と関係強化に大いに役立つものであろうとして、本書の意義を強調している。

キング博士自身の記述は比較的長い（11頁）の序説と、半ば日記風の「第1章　日本農村の一瞥」に始まり「第17章　日本再訪」で終わる17章である。先述のように結論となる最終章はない。各章のタイトルは「香港と広東」「山東省」「天津」「満州および朝鮮」のような訪問地の地名を付したものと、訪問地の特徴を生かした「中国の墓地」「運河網」「燃料問題、住居および繊維原料」「有機質肥料の利用」「糞尿の利用」「東アジアの稲作」「生糸」「茶」といったそれぞれの地域での活動種類別のタイトルを付した章からなっている。全体として日記風の記述ではあるが、中国と日本との間に見られる活動の類似点はそれぞれの章において言及されている。

これらの諸章でキング博士が一貫して主張しているのは、東アジアの経済の中心は何千年にもわたる経験に基づいた農業資源の完全利用、リサイクルのための極めて労働集約的農業であって、博士自身の理解では十分に科学的合理性を有するものである[1]。

中国の土地利用においては墓地面積の比率が高いが、墓地は家畜の放牧などにも利用されている。また運河網は交通網や灌漑・排水網として利用されているのみならず、その底土は有機質肥料を含む土壌として田畑に施されている。当然のことながら作物の茎葉は燃料、家畜飼料として利用されており、動物、植物、人間の廃残物も丹念に貯蔵した後に土壌に還元されている。日本の場合は共有地（里山）の管理と、そこからの燃料、飼料、堆肥材料の収穫とが整然と行われていることが強調されている。

中国・日本で何世紀にもわたり建設され続けてきた運河の一例として当時の浙江省・江蘇省にまたがる水路網（300マイルの防波堤で守られた2700マイルに及ぶ主要水路網）の一部（718平方マイル）を示す図。主要水路網と下方に防波堤が示されている。

キング博士の目には資源浪費的と映るアメリカ農業に対し、勤勉そのものの農民が、農業資源を完全に利用し、リサイクルして、何千年も維持し続けている東アジアの農業は理想的なものである。

本書が示す他国の理解

私が東京大学の農業経済学科に入学したのは１９４３年の秋で、その二ヵ月後には学徒動員によって兵役に就いた。学生の経験は戦後に限られている。当時の日本の社会、特に農村社会は混乱と改革の波に洗われていた。戦前の制度、地主・小作制度は悪の根源と見做されたし、食糧配給制度は崩壊の過程にあった。海外との人的交流と商品の輸出入は占領軍の統制下にあったが、その権限は徐々に日本政府に移行されつつあった。私どもは学生なりに日本農業・農村の将来を大胆に論じていた。

しかし、当時の教科書の多くはイギリス、ドイツないしアメリカで出版されたもの、あるいはそれらを基礎に先輩たちが執筆したものであった。日本の実情に関しては農村調査を通じて知る以外に方法がなかったのである。このような時に、恩師東畑精一先生によって、日本農業・農村の本質を知るには外国人の目に日本農業・農村がどう映るかを知ることが有効であると示唆されたのである。この教えに従って読んだ多数の外国人による日本人論、日本農業・農村論のうちの一冊が本書である。本書が特に興味をひいたのはその分類の視点である。中国、日本、朝鮮の農民を一括して東亜「四千年の農民」としたのである。

私どもは視点を余り明確にせず、まず地理的(あるいは大陸別)にアフリカの農業・農民、ヨーロッパの農業・農民、新大陸の農業・農民、あるいはアジアの農業・農民と分類してしまう。その後に、例えばアフリカの農業・農民とアジアの農業・農民とはどう異なるかを種々の分析視点を用いて考察する。分類には視点(基準)が必要であり、視点を異にすれば分類(区分)も異なってしまう。気温を基準にすれば温帯農業、熱帯農業、あるいは寒地農業となり、湿度を基準にすれば乾燥農業(dry farming)、普通畑作、あるいは水田農業となる。自然科学の分野、例えば生物の場合、リンネに始まる多くの学者の努力によって、ウィルスや細菌に関しては依然として未完成であるが、秩序だった分類(系統)が確立されており、発達の段階と関連付けられている。遺伝子に関する研究の進展も分類の精緻化に役立っている。また、鉱物・造岩鉱物の場合はそれぞれがもつ化学的・物理的性質によって明確に分類されている。

しかし、社会・人文科学の場合、分類の視点(規準)は必ずしも確立されておらず、イデオロギー論争も加わって、混乱と決着の見込みがない論争が繰り返されている。好みの問題ないし価値判断の問題があるといっても良いであろう。また、情報産業や趣味の農業・園芸のような新しい人間活動の分野が現われているためでもある。北米の場合、家族農業(family farm)を育成する伝統的政府の方針にもかかわらず、企業農(棉や砂糖のプランテーションを含む)が生じ、最近では趣味の農業が続出するに至っている(大統領が特別の賓客を自分の農場に招待するような事例)。

先述したようにキング博士の視点は明確である。何千年にもわたる経験に基づいた農業資源の完全利用、リサイクルのための極めて労働集約的なものであって、十分に科学的合理性を有する農業が東アジア三ヵ国に共通して繰り返されているとなすものである。当然のことながらこのような一括には、細部における差異の無視を伴っている。細部にこだわっては本質を見失うからである。このような点で私は本書から多くを学び、その生涯にわたる研究活動の基礎をうることができた。

本書の反面教師的側面

同時に、キング博士の視点で東アジア三ヵ国を一括することは無理であると考えざるをえなかった。私は他国の理解には極めて高度の専門的視点が必要ではあるが、それには重大な落とし穴があるとの教訓を本書が示していることも発見した。以下、二つの点に関してこれを論じたい。（a）ではキング博士が、日本は明治維新により近代統一国家への途を歩み始めていた事実を見落としていたとなすものであり、（b）では中国農村では資源の完全なリサイクルの状態ではなく、当時すでに環境破壊の途を歩み始めていた事実を無視（軽視）していたとなすものである。私は、これら二点は細部にこだわった揚げ足取りではないと考える。

（a）明治維新と近代統一国家への途

日本は長期にわたり中国からの文物の導入により発展してきたため、中国と日本との間に多くの類似点があることはいうまでもない。また、徳川時代、特にその前半の日本が停滞社会であったことも否定しえないところである。将軍によって日本の統治が行われていたとはいうものの、制度的には将軍家も一つの有力大名にすぎず、当時の日本は統一的財政制度と軍隊・治安体制をもった統一国家とは言いえないものであった。明治維新はこのような体制（幕藩体制）を廃止し、近代国家を創設するための行為である。維新直後の明治二年（1869年）に大蔵省を設置し、その二年後に廃藩置県を実施し、さらにその二年後の1873年に地租改正を実施した。この間、1871年薩摩、長州、土佐三藩の兵一万を天皇の親兵とする臨時の措置をとると共に1873年1月には徴兵制を施行して軍事的制度を確立した。また、地租改正は土地の私有制度の確立を意味するものであったし、廃藩置県に続いて田畑勝手作りの許可、農民の職業自由の許可が出されている[2]。これらの事実が示すように、新政府の目指した経済制度は市場経済制度であった。市場経済制度は健全な種々の制度によって裏打ちされなければならないが、特に金融制度は重要である。国立銀行条例が施行されたのは1872年であり、その後にも金融制度の整備のための種々の努力がなされている。

1871年11月に横浜を発った米欧使節団（岩倉使節団）や1876年に札幌農学校初代教頭として来日したクラーク博士が特に有名であるが、政府は欧米に多くの留学生などを派遣し、また多くのお雇い学者を招聘して西欧的政治制度、産業制度、教育制度の導入をはかったのである。いわば明治維新後の日本は徳川時代の停滞的・前例（経験）重視の体制を近代国家体制に改め、産業・教育の近代化のための野心的計画に乗り出したのである。キング博士の訪日はこのような日本の歩みが二〇〜三〇年を経過した時点であった。中国に較べれば狭い日本ではあるが、キング博士の来日時に全国津々浦々の農業・農村の全てが、計画の実施によって変革をとげていたと期待するのは非現実的であろう。しかし、キング博士は『東亜四千年の農民』の多くの個所において、中国にはみられない日本の農業・農村の現状を記録していたのである。キング博士はアメリカの農業・農民とを比較した場合の差異に目を奪われ、中国の農業・農民と日本の農業・農民とを一括して四千年の経験に基づくものと規定し、日本の農業・農民が大きく経験依存から脱却しようとしていることを示す諸事実を無視（軽視）してしまったのである。

この関連で興味深いのは、キング博士が日本に関して注目すべき事実を三点も指摘していることである。第一、「日本は国民生活の向上に向けて有効な諸手段を取り始めた」（41頁）として国道、県道、市町村道の三種類の道路による道路網のシステムを作りあげ、しかもその建設・維持の責任と費用の分担の制度を制定したとの指摘である。第二は全国規模の農業試験・研究のシステムを構築しているとの指摘である。全国的規模での試験・研究を行う帝国農事試験場、各府県の作物の特性などを生かした試験・研究を行う府県農事試験場、および農民との接点となる支場のシステムである。キング博士はこれら試験場の設備はすばらしいものであるとし、各地の農業の現状に関する情報を主としてこれら試験場の職員から得ている。（中国では直接農民から聞くか、現地の外国人宣教師・外国人銀行家や、総領事アレキサンダー・ホジーなどから得ている。）第三、日本では関連統計（人口・農家数、耕地面積、作付面積、森林面積、作物別生産高など）が整備されているが、中国にはこのような統計はない（17頁）。したがって、中国に関しては「仮に正確なデータがあるとしたら…」（147、190、238頁）などとして、日本の状況から類推して中国の状況を数量的に示す必要を満たしているのである。このような観察を行ったにもかかわらず、日本の農業・農民が経験依存から脱却しようとしているという事実を無視したのは、彼が偏見にとらわれていたからだと断じざるを得ない。

彼の偏見を示す好例として、現地で聞かされた「作況の良い年は子供の数は多いが、飢饉の時は特に女子は処分の対象となり、非常に年少の子供の場合面倒を見切れないのでしばしば放置されて死亡する。このような場合、他の省に売られてしまう娘も多い。」との証言に対して、「しかし、このような言明が大幅に割り引かれなければならないことは云うまでもない。仮に詳細が明らかにされたならば…事実はこのような冷酷な説明の示すものとは全く異なったものとなろう。」（291－2頁）と述べているのである。いうまでもなく、軍閥、官吏の汚職と並んで飢饉は中国農村生活安定の三大障害の一つである。また、彼は青島の近くでホテルに帰ろうとして道に迷った時に、巡査にホテル名を独語、英語、中国語で示した新聞の断片を示したが、巡査は文字を読めなかった（197－8頁）ことを経験している。中国の地方の状況におけるこのような事態が意味する深刻さに関して、キング博士は何のコメントもしていない。

『東亜四千年の農民』の五年後に刊行されたR. H. Tawney, *Land and People in China*, London（以下は浦松佐美太郎・牛場友彦訳『支那の農業と工業』岩波書店、1935年刊からの引用による。）は、日本との対比で、キング博士の無視ないし軽視した深刻な農業発展の阻害条件を明らかにしている。その中で最も根本的なものは、中国は何百年にわたり文化的・文明的、また精神的に統一された地域として存在し続けてきてはいるが、その8割の人口が住む農村には統一された政治制度（住民の幸福ないし地域の安定のために必要な公共的基盤）が欠如しているとの指摘である。法律ではなく慣習が生活の骨格をつくり、倫理が生活に意義を与えてきたのである。各地方の生活基盤となってきているのは公共の制度ではなく、家族の連帯（姻戚関係）、あるいは同郷者の連帯だったのである。トーネイは、このような状態では国家の独立を説き、また経済発展を論じても意味がないと指摘している。（179－186頁の記述の要約。）

先に、日本は1873年の地租改正によって全国的に統一された地租の賦課・徴収の制度を確立したと述べたが、「地租が如何にして賦課徴収されているかについては、少なくとも或る地方に関する限りは、殆ど覗ひ知ることの出来ない神秘そのものである」（201頁）というのが実情である。有力な地主は、その影響力を用いて、その土地を不当に安く評価せしめ、あるいは租税を全く免除されている。他方に不当に高い租税を課せられている土地があり、しかもその租税の一部は租税徴収吏の懐に入ってしまっているのである。また、日本は徳川時代にみられた関門を1869年に廃止した[2]のであるが、北京－天津間の80マイルを行くには、当時では七つの税関を通らねばならなかったし、大豆の荷をその生産地・富錦から製造地・ハルピンに運ぶには実に22の関税を払わなければならなかった（56頁）のである。当然、税関吏に対する袖の下も必要だったであろう。このような状況では工業品はいうまでもなく、農産物の場合も産地特性を生かすことは不可能であった。

『支那の農業と工業』には統計の不備に関する指摘が随所にみられる。

（b）中国農村と環境破壊への途

周知のようにエネルギー問題・環境問題——両者はいうまでもなく密接に関連しているが——は今日の中国の重大問題である[3]。これには二つの側面がある。第一は、特に日本で注目を集めているもので、都市化ないし工業化に伴う問題である。中国の急速な都市化、工業化によって石炭、石油（および天然ガス）の消費量が急増しているにもかかわらず、エネルギー効率が依然として悪いために、エネルギー不足と環境汚染をもたらしている問題である。同様に水不足と水質汚染も深刻である。第二は農村におけるエネルギー・環境問題である。中国では人口の75％ないし80％が農村に居住している。輸送問題などが障害となって、彼らは——近隣の低品質炭に依存する地方もあるにはあるが——商業的エネルギーに大巾に依存することなく生活しているのである。キング博士が指摘しているように、依然として薪炭や作物の茎葉・根を燃料としているのである。また、農村における燃料不足の結果、建築用レンガ全てに焼いたものを充当することができず、天日干しのままのレンガが多量に用いられていることも観察している（145−146頁）。当然のことながら、中国農村のかなりの部分で、農地に（直接あるいは家畜を通して）肥料として還元されるべきものが燃やされてしまっており、土地の肥沃度の低下がもたらされている（トーネイ、前掲書、47−8、52頁）。稲作の場合はどうやら高い単位面積当り収量を保ってはいるものの、小麦作、トーモロコシ作のそれらは国際的比較で極めて低い水準にある[4]。いずれにせよ、キング博士がこの問題を軽視して、中国農業は資源の完全利用、リサイクルの農業と規定するのは誤りであろう。

キング博士は丘陵地における浸食による峡谷の形成、しかもその程度が深刻であることを観察しているが、このような状態にあるのは例外的なものであるとしている（83、193−195頁）。薪や作物の茎葉・根が多くの都市では貴重な燃料であり、近郊の農村にとってはそれらの販売が貴重な収入源となっているとの指摘がなされていることを考えると、森林破壊、丘陵地の浸食が例外的なものであるとのキング博士の判断は甘いものといわざるを得ない。彼は自分の旅行ルート以外での実情を知る立場になかったのである。「森林は驚く程無思慮に乱伐され、土壌を破壊し去った」（トーネイ、前掲書、46頁）の方が当時の現実であったろう。現在ほど深刻ではなかったであろうが、黄砂は中国における古くからの衆知の現象であった。

本書の魅力と限界

本稿を執筆するにあたって本書を読み直してみた。そして食糧・燃料・衣料の極端な不足の下にあった当時の学生として私が本書に大きな魅力を感じたのは、肥料などの資材の外部からの投入に頼ることなく、何千年もの長期にわたり操り返し続けてきた農業の存在をキング博士が指摘したためであることを再認識した。また、当時の日本は、食糧・資源を求めて膨張し、戦争をおこして失敗し、外地（旧占領地）からの引き揚げ者の処遇に苦労していた。ヨーロッパ諸国は膨張によって過剰となった人口を移民として送り出し、また国内食糧消費増を補う供給源を新大陸に求めた。資源を求めて世界中に植民地を確保した。最近では宇宙船地球号といわれているこの有限な地球上で、戦前の日本、また欧米の方式が無限に続けられないことは明らかである。欧米の農業とは別のタイプの「四千年の農民」の存在を示したキング博士の指摘は、私には非常に新鮮な指摘と考えられたのである。

同時に、全面的な経験への依存ではなく、科学的試験研究の成果（品種改良、栽培法の改良、肥料ないし土壌改良）と肥料産業などの発展によって成長してきた日本農業の歴史を知るものの目には、本書の限界も明らかであった。トーネイの『支那の農業と工業』は、正にこの経験依存の中国農業・農村の停滞を指摘したものであった[5]。トーネイ教授はキング博士が中国農業・農村の実情を理想化する余り、訪問先において自分の目で確認しながら無視ないし軽視した事実の重要性を指摘した上で、中国の農業・農村を停滞的なものと結論付けたのである。『支那の農業と工業』における中国農村の描写は多くの日・米の青年を魅了したパール・バックの『大地』の描写と一致している。『大地』の原本は1931年に刊行されたものであり、パールの御主人のロッシング・バックは統計のない戦前の農業・農村の実情を現地調査と観察によって明らかにしたいくつかの貴重な文献の著者である。私は幸いにもそのうちの一冊を神田の古本屋で購入できた[6]。『大地』は小説ではあるものの、飢饉（イナゴの害、hopper burn を含む）、軍閥、軍隊、家族関係、地主・小作関係、都市、農業試験研究、革命などの諸問題が、トーネイの著書以上に詳細に述べられている[7]。

現時点で考えると、膨大な訪問先、しかも交通の便の悪い訪問先を6ヵ月で廻ることによって結論を出すことには無理があったのであろう。バック夫妻のように長期にわたり中国に滞在することもなく、またトーネイ教授のように太平洋問題調査会という強力な組織の援助[8]を受け、膨大な文献を渉猟する機会にも恵まれなかったキング博士の仕事には限界があった。それにしても米国一級の農業科学者の観察の鋭さ、そしてその観察によって導き出された結論の新鮮さは高く評価されるべきものであろう。『東亜四千年の農民』が提示したような問題提起がなくては、海外の政治経済、社会の研究は進展しないのである。

注

[1] もっとも満州や朝鮮では、未開発の資源が多く残されていると指摘されている。

[2] 主要道路にみられた徳川時代の関門が廃止されたのは1869年3月である。

[3] 筆者の読んだ限りでは、中国のエネルギー・環境問題に関する最良の入門書は Vaclav Smil, *China's Past, China's Future: Energy, food, environment*, N.Y., 2004. である。

[4] トーネイ、前掲書、47頁の表。なお、発展途上国の統計の信頼度を考えれば、トーネイの主張にも留保が必要であろう。

[5] 当時は知る術がなかったが、中華人民共和国自身が毛沢東指導の三〇年の経験の後に、化学肥料工場の建設を開始し、「四つの現代化（農業・工業・国防・科学技術の現代化）」に乗り出したのである。

[6] トーネイ教授はその「序言」でバック夫妻の協力に最大限の感謝をささげている。

[7] 中嶋嶺雄教授は、『大地』では中国農民の心が極めてリアルにとらえられていると評価している。中嶋嶺雄『中国 —— 歴史・社会・国際関係』中央公論社、1982年、152頁。

[8] 同調査会調査部幹事のJ・B・コンドリフ博士は国際経済学の碩学《せきがく》である。なお、私はコンドリフ博士から直接指導を受ける機会に恵まれている。

J・M・ケインズ

『確率論』

ケインズ『確率論』をめぐる三つの断章

倉林義正

John Maynard Keynes, ***A Treatise on Probability.*** Londn: Macmillan, 1921.

倉林義正●プロフィール
1926年生まれ。東京商科大学卒業。一橋大学経済研究所所長を経て，現在同大学名誉教授。1990年より2000年まで東洋英和女学院大学教授。また国際連合本部において経済調査官，統計局長を歴任。国際所得国富学会理事，2001年には，同学会名誉会員に推挙された。主著『SNAの成立と発展』（1989年，岩波書店）ほか英文による著書および論文多数。

はじめに

私は、２０００年秋学期に本学の社会科学部（現在の国際社会学部）が生涯学習センターと共催で持たれた「現代経済思想――シュンペーター没後五〇年の経済学」と題する講義シリーズの一環として、ケインズの『一般理論』における不確実性の考察との関連で、その初期の著作『確率論』の意義と重要性を議論したことがあった[1]。たまたま最近私はバックハウスとベイトマンの近著を読む機会に恵まれた（Roger E. Backhouse and Bradley W. Bateman (Ed.), *The Cambridge Companion to Keynes*. 2006）。この近著は表題が示す通り、ケインズの思想についての新しい解釈を提供するとともに、ケインズの哲学と経済学との関連、およびケインジアンの思想と彼の著作との位置づけを試みた一五編の論考から構成されている。その約半数の論考は、人間科学と社会科学の境界領域を形成し、かつまたケインズの言う道徳科学（moral sciences）に密接に関連する話題を考察する論考によって占められているのであるが、その多くがケインズの『確率論』が提起する問題を真正面から取り上げて、多彩な議論を展開していることがすこぶる印象的であった。これとは対照的に、ケインズの経済理論および経済政策を扱う前半の各論考にあっては、その『確率論』に関する言及は極端に少なく、またそれらの少数の言及も『確率論』そのものの存在を指摘するのに留まるのみで、『確率論』と正面から向き合う種類の論考ではない。私は、計量経済学を含めて現代の経済理論が、ケインズの『確率論』に対して、依然としてかくも冷淡な態度を持続していることに、上掲の私の論考においても疑問を呈したのであるが、以下の考察ではその疑問について掘り下げることを別の機会に委ね、さしあたり、私なりにこの最近著から受けた刺激を三つの断章の形で提示することで、改めて今日に生きるケインズ『確率論』の意義を浮き彫りにしてみたいと考える。

断章1　『原理』から『確率論』へ

二つの草稿

前述のバックハウスとベイトマンの著作に収められているボールドウィン（Thomas Baldwin）の論考は、ケインズとムーアの『倫理学原理』との関わりから始めて、ケインズによる『確率論』の公刊への道のりを、ケインズ自身による初期の草稿との比較検討を通して、綿密に考証した極めて密度の高い研究である。以下この研究に即してそれの主要な論点を考察するつもりであるが、それに先立って、ケインズによる二つの初期の草稿について、ボールドウィンの指摘に注目しておくべきであろう。それらは、ＫＣＫＰ（Keynes Papers, Kings College, Cambridge）として保存されているケインズの論文草稿に含まれている‘Miscellaneous Ethica’（以下「倫理学余論」と略記する）および‘Ethics in Relation to Conduct’（以下「行動との関連での倫理」と略記する）である。ボールドウィンによる論考の主要な眼目は、これらの二つの草稿における論点が、後の『確率論』の中にいかに吸収され、結実していくかを明らかにしていることにあると言っても過言ではないと思われる。これら二つの草稿の中で、「倫理学余論」は、１９０５年６月ケインズがケンブリッジ大学における数学の優等試験に合格した直後の二、三ヶ月の間にまとめられたものであるとされている。ここでケインズは、ムーアの『倫理学原理』と並んでブレンターノ（Franz Brentano）の著作『われわれにおける公正と不正の認識の起原』を検討の対象としている。

ブレンターノの心理学的研究は、志向性（intentionality）の解明によって特徴づけられる。すなわち、心理現象においては、常にある何かが目指されているのである。何か赤いもの見るという場合、そこにある心理的なものは、赤という色ではなく、見るという心的な作用である。そうして、この作用は、赤という色に対して〝志向性〟という関係に立っている[2]のである。こうした〝志向性〟の解明を基礎に置くブレンターノにおける倫理の理論をムーアのそれと対比するケインズの「倫理学余論」の展開は、ボールドウィンにより綿密に議論されているのであるが、それはムーアの『倫理学原理』に対するケインズによる批判的展開の萌芽を提供するものであった。しかし小論に与えられたスペースの中では、「倫理学の論文としてケインズのもくろみは、目覚しい成功である」（Baldwin, 2006, p.244）という評価を承認するだけで、この哲学的推論の詳細に立ち入ることは、遺憾ながら省略せざるをえない。

「行動との関連での倫理」

ケインズによるもう一つの論文である「行動との関連での倫理」は１９０４年に書かれたものであるが、後年の『確率論』に一層密接な関わりを持つのみならず、ムーアの倫理学に対するより根源的な問いかけともなっている。すなわち、ムーアの言うところに従うならば、「われわれは、この世界において、善なるものの可能な限りの最大量をもたらすように、行動すべきである。ところが、われわれの行為のもたらす、ありそうな効果についての知識は、せいぜいのところ確率的なものである。すなわち、はるか将来の彼方まで拡がる、行為のありそうな効果を知るのは、不可能なのであるから、多くの場合において、われわれにせいぜい出来ることは、一般に役立ちがあり、また一般に手慣れた道徳的原則に従うことである」（倉林・香西・長谷川編著、２００４、第2章、53‐54頁）。ボールドウィンも指摘しているように、上記の論文におけるケインズによる反論の核心は、ムーアのいう将来にわたる行為がもたらす、ありそうな効果についての確率を知ることへの懐疑は、確率を頻度確率として考えることを前提にしているからである。ひとたびこの概念が〝私の自由にできる証拠を持つこと〟で置き換えることができるならば、ムーアの議論は崩れ去ることを指摘することにある。この新たな確率概念が後年の『確率論』において展開される論理的確率の概念に当ることは言うまでもない。そうして、この新たな確率概念を根拠としてムーアを批判する『確率論』第ＸＸⅥ章〝確率の行為への応用〟へと繋がっていくことになる。

確率をめぐる議論

引き続いてボールドウィンの議論は、ムーアのいう将来にわたる行為がもたらす、ありそうな効果についての確率を設定することの論理的な基盤として、ケインズも示唆している〝無差別の原則〟の適用可能性をめぐる議論に入っていくのであるが、ここではその議論に加わることを控えたい。もともと、言うところの〝無差別の原則〟は、確率論の成立と展開の歴史的経緯の中で〝等可能性〟（eqipossibility）概念をめぐって議論が進められてきたところであり[3]、少なくともここで展開されているボールドウィンの議論は、かなり短絡的であるとの印象を免れないからである。それにもかかわらず、ムーアによる道徳をめぐる議論との関連において、ボールドウィンが指摘する二つの論点は、重要であり、注目に値する。その第一は、行動主体の観点から、義務とはこの主体の主観的な判断に基づいているのか、それともこの主体を取り巻く客観的な環境に帰せられるか、そのどちらであると裁定されるべきなのか、というムーアの問題から派生する。いまこれらの二つの見方について前者を主観説、後者を客観説と名付けておこう。ケインズが『確率論』の中で展開し、しばしば“論理的確率”の名称で呼ばれる概念は、確率を証拠と仮説という二つの命題間の関係として、客観的に定義する見地から、客観説の立場に立つと言えるであろうし、ケインズの批判者として、賭けをする主体個人の主観的判断に基づいて確率を定義するラムジーは、むしろ主観説に立脚すると言えよう。ムーアの『倫理学原理』から出発して、ケインズの『確率論』へと展開されるケインズの構想の萌芽は、すでに「確率の行為への応用」と題されたケインズの初期論文の中で熟成されつつあったのである。

意思決定との関わり

ムーアの『倫理学原理』と交錯するもう一つのケインズ理論は、行動主体に関する意思決定の合理性と、その主体がなすべきこととの関わりである。ボールドウィンは、それが『一般理論』の第12章で、投資市場における意思決定が直面する問題として取り上げられているのだと説く。すなわち、「際立った事実は、予想される収益についてのわれわれの見積もりがなされるはずの知識の根拠が極端に不十分であるということである。これから先数年の、ある投資の収益を支配する要因についてのわれわれの知識は、ごく僅かであるか、取るに足りないこともしばしばである」（JMK〔4〕, VII, p.149)。これに対して行動主体がなすべきことは何か。「原則として、われわれは、実際のところ暗黙のうちに、事実上の〝しきたり〟(convention) となっているものを最後の拠りどころとしなければならないのである。この〝しきたり〟の本質は、それをいとも簡単に理解できるものではないのが当然であるにしても、われわれがある変化を期待する格別の理由を持つ限りであることを除くならば、現存する事態がいつまでも続くだろうと仮定するところにある」（VII, p.152)。しかしケインズが言及する〝しきたり〟の重要性は、あえてボールドウィンの指摘を待つまでもないところなのである。現代における経済理論の射程は、こうした〝しきたり〟の持つ制度的な基盤との交互作用によって支えられていることが知られているからである。例えば、ゲームの理論においても〝しきたり〟からの影響を免れることができない。人によりさまざまな実例を引き合いにだすことが容易であろうが、制度の進化ゲームにおけるナッシュ均衡との関連において制度としての〝しきたり〟が持つ重要性に注目するH. Peyton Young (2001) における試みは、その一つの好例として挙げることができるように思われる。

　前にも見たように、ムーアもまた常識的な道徳律の一環としてこうした〝しきたり〟の存在を当然受け入れる立場にある。しかしそれを許容する根拠にはケインズとムーアの間には明瞭な相違がある。ケインズは、将来が全く読めないのであるから、制度の根源的な変化に反対するのである。すなわち、そのような根源的な変化は、企業者の確信、従って彼らによる投資を台無しとしてしまうからである。これに対して、ムーアの立場は、そのような根源的変化がもたらす長期的な効果に関して、単にわれわれが無知であるからである。小論の冒頭で言及しておいたように、『一般理論』における企業者の意思決定は、こうした〝しきたり〟の形成および発展と深く関わっているのである。企業者における確信の安定的な持続を支えるものがこの〝しきたり〟に他ならないことは、すでに倉林・香西・長谷川編著（２００４）、第2章、48-

51頁に指摘されたところである。

断章2　論理的確率と主観的確率

バックハウスとベイトマン（Backhouse and Bateman,（Ed.), 2006）においては、ケインズの『確率論』を考察の対象として、これまで議論してきたボールドウインの他に、ラッファエッリ（Tiziano Raffaelli）とギリース（Donald Gillies）がそれぞれの専攻分野から、注目に値する論考を寄せている。ただ、私の知りえた限りにおいては、ギリースの論考は、それに先行する著作（Gillies, 2000）に新たに付加されたものはほとんど見出されないので、もっぱらラッファエッリの論考が提起する問題点に沿って考察を進めて行くことにしたい。

ケインズの論理的確率とその問題

第一の断章においても言及したように、ケインズが主張する論理的確率においては、ある利用可能な証拠との関連で、ある仮説が成り立つことに高度の確信を持つことは合理的であると考える。従って、論理的確率は、証拠とある仮説との間の論理的な関係として表される。この論理的確率の設定に関するケインズの議論に対し、ラッファエッリが提起している第一の問題点は、証拠と仮説を結ぶこの論理的関係は、論理学上の〝原始的概念〟であるとみなすことができるかである。ケインズは、論理学上の推論において、この論理的関係を一つの新たに付け加えられるべき原始的概念であると見たのである。このケインズの考え方に対し支払われるべきコストもある。すなわち、ケインズの確率では、基数ばかりでなく序数をも許容しなければならない。かつまた、確率は相互に必ずしも比較可能であるとは限らない。その場合、「気圧計は上昇しているが、雲が黒くなっているとすると、そのような対立する証拠を一つにまとめることは不可能である。傘を持つかどうかは、われわれの気まぐれに委ねるのが合理的であろう」（JMK, VIII, p.32）との推論が導かれる結果にもなる。

そこで、確信を基本とするが、それをある賭けに関して、個人特有の特性に基づく確信と解釈することで、〝賭け率〟という基数に表現しようとするラムジーの理論が提案される理由が生まれる。ラムジーの理論について、ラッファエッリは詳しい説明を与えていない。そのことを含めて、ラムジー／デ・フィネッティの定理に至るまでの初等的な解説は、倉林・香西・長谷川編著（２００４）、第2章に与えてあるので参照を乞いたい。

いずれにしても、論理的にせよ、個人的にせよ、なんらかの確信によって確率を表示させるタイプの議論は、論理的確率の形態（ケインズ）と、個人の特性を重視する形態（ラムジー）との二つの理念型に分類することができよう。第二次大戦以前から核物理学の分野で国際的に令名が高かった渡辺慧は、戦後の1970年代に至り、認知科学の分野においても新生面を開拓し、論理と確率の研究において、注目すべき業績を残している（Satosi Watanabe, 1969）。それによると、渡辺は、論理的確率を採る立場を〝必然的立場〟、個人の特性を重視する立場を〝個体主義的立場〟と名付けている。）その上で渡辺は、ケインズが拠って立つ〝必然的立場〟の持つ難点を指摘する。渡辺の主張するところは、条件AのもとでBの起こる条件つき確率は、AならばBであるという主張と対比される関係にある。だが、AならばBであるという主張が真であるか、もしくは偽であるかは、ペア（A、B）の在り方のみに依存するものであるが、そのことの真偽が条件AのもとでBの起こる条件つき確率の真偽を拘束するものではない。言い換えるとケインズの論理的確率が完全であるためには、その定義の前提になっている証拠の持つ意味を余すところ無く「掘り起こす」、煩瑣な論理的手続きを繰り返す必要に迫られるということである。

命題の〝重み〟

ラッファエッリが取り上げている第二の論点は、命題の〝重み〟（the weight of argument）に関するものである。ケインズの定義によると、ある確率的判断は、「もしそれがより多量の適切な証拠に基づくものであるならば、より多くの〝重み〟を持つ」（JMK, VIII, p.78）と言われる。「なぜならば、ある一つの新規の証拠が〝適切である〟ということは、命題の〝重み〟を増加することと同じことを言っているからである」（JMK, VIII, p.42）。しかし、この命題の〝重み〟を扱う『確率論』第Ⅵ章の冒頭でも述べているように、ケインズはそれの実際への応用に関しては必ずしも前向きではなかった。ところが「一般理論」が書かれる頃となると、『確率論』から救い出された唯一の概念が、この命題の〝重み〟であったのである。これについてのラッファエッリの論評はこうである。主要な経済の数値目標がごく僅かの証拠――すなわち、少ない重み――に基づいているという事実は、それらの数値目標が不安定なものであり、事業における不況の引き金となる確信が突然の喪失にさらされている理由を説明するものである。ここで、ラッファエッリが「一般理論」で言及している箇所は、二つであって、一つは、長期の期待を議論する第12章の第Ⅱ節の脚注（JMK, VII, p.184）であり、第二は、貨幣と利子の性質を論じる第17章の第Ⅴ節の中（JMK, VII, p.240）においてである。小論の第一の断章における〝しきたり〟の重要性との関連で注意されたように、企業者の確信の喪失が、単に景気後退の原因となるに止まらず、私には『一般理論』第22章において縷々説明されているように、企業者の確信の喪失によって、「より典型的でもあり、またしばしば支配的でもある恐慌の説明は、まずは…資本の限界効率が急激に崩壊することにある」(JMK, VII, p.315) ことが何にも増して重視されるべきポイントであることを重ねて強調しておきたいのである。

危険要因の解析

ラッファエッリが提起する第三の論点は、後続する第三の断章の考察にも繋がっている。ケインズは、これまでもしばしば引き合いに出された『確率論』第XXVI章の第8節で、〝危険〟要因を数値解析の場に還元することは困難であると主張する。ラッファエッリによるこの問題の提起は、他の最近の研究が言うように、ケインズの確率概念がそもそも本質的に基数的表象を阻んでいること、従ってこれに数値的な操作を施して、例えば効用あるいは善なるものの数学的期待値を誘導したり、それらを相互に比較したりすることは不可能であることを解明するところにあるのではない。むしろ『確率論』の核心は、ラッセルに倣って、論理学が数学よりもより一般的なものであることを立証して、合理的な思考の基礎を提供しようと企図していることにあるのだということである。この問題の考察は、むしろ続く第三の断章において扱うことが適切であろう。

断章3　『確率論』と帰納推理

ケインズがその著作『確率論』を公刊した重要な意図として、合理的思考の論理学を形成することへの役立ちを念頭に置いていることについては、すでに先行する第二の断章において述べておいた。この点に関してラッファエッリも指摘しているように、「何にも増して最重要であるのは、〝合理的ではあるが結論の出ない〟、従って確率の範疇に含まれる形態の問題であって、それらは帰納と類推の方法に基礎を置くものである」(Raffaelli, 2006, p.169)。この問題を扱うのが『確率論』の〝帰納と類推〟と題された第Ⅲ部である。

確率論と帰納推理

この第Ⅲ部の導入においてケインズは言っている。「帰納的一般化に正当な根拠があり、また合理的であることの性格は、従って、論理の問題であって経験の問題ではない、形式的法則の問題であって物質的法則の問題ではない。現象の領域において現実がどう構成されているかがわれわれの証拠を決定する。だがそのことは、与えられた証拠の下で結論が合理的に支持するものを決定するわけではない」（JMK, VIII, p.246）。ケインズによると、帰納推理を構成する基本要素は、類推と純粋帰納である。ここで、純粋帰納とは事象の繰り返しから生じる主張を表すために用いられる。帰納推理に関して、ラッファエッリは、ケインズの議論を以下のように要約している。

「〝類推による推論〟は、帰納による一般化に含まれる類似性以外の類似性は意味がないこと、もしくは法則を依然として満たしている事象の間で相違があることの幅を広げることを意識して示す狙いがある。事例の数の増加を意味する純粋帰納は、事象の間の本質的ではない類似性を減少させる可能性がある限り価値がある。」（Raffaelli, 2006, p.160）

これまでの議論においては、帰納推理における確率に関して、いかなる結論も出されていない。ラッファエッリは、議論を進める。

「確率を基礎とするにしても、帰納による一般化が正当であることを証明するためには、この一般化の当初において確定的な確率が割り当てられなくてはならない。そうして、そのことは帰納法自体とは別のある出所から導きだされるべきである。… 自然法則に数値的な確率を割り当てるためにケインズは、分割不可能で、網羅的、かつ対称的な性質の集まりによって生成される仮説を拠りどころとした。この〝独立の変種が有限であること〟の原則（the principle of limited independent variety）は、さしあたり、世界が法に基づく最小要素から構成されており、かつまた物質的対象物についての性質の数は有限であると仮定する。もし自然現象が常に有機的であり、起こりうる法則の数が有限でないとするならば、それらのいずれについても当初に確定的な確率を割り当てることができなくなるだろう」（Raffaelli, 2006, p.170）。

「独立の変種が有限であることの原則は、自然に関する因果性と均一性の原則よりもっと強力ではあるが、より自明ではない。しかしそれは、知識によって知られるが、帰納推理の正しさを立証するのに十分ではない」（Raffaelli, 2006, p.170）。

この原則を根拠として、確率を基礎とする帰納推理の正当性を主張するケインズの論法は良く練り上げられたものとは言い難い。

「ひとたびわれわれが、帰納法は先験的に確定的な確率を持つという根拠のない仮定を受け入れると、繰り返される成功の経験は、帰納推理の信頼性を強化するのに十分である」（Raffaelli, 2006, p.170）。

従って、

「ケインズは、帰納法の原理が、それが哲学の透徹する判断から逃れているにしても、われわれの心の中におぼろげに存在したままに潜んでいるのだと推定している。彼による帰納の分析は、彼があらゆる論理的推論は確率についての事前の直接的判断、帰納的方法の関連性、対称性、類似性および適用可能性に依存するものであると見なしたことを確認するものである。それらは、依然として揺籃期にある認識論科学の主題を構成するものであって、すなわちなんらの動かしがたい判断が見出されていない未踏の分野である」（Raffaelli, 2006, p.170）。

帰納推理をめぐるケインズの議論については、この他にもなお取り上げるべき話題が多い。ことに、〝統計推理の基礎〟と題された『確率論』の第Ⅳ部において、ケインズは帰納推理の一環としての統計推理の問題を集中的に取り上げている。この考察が後年のケインズとティンバーゲンとの間で交わされた景気循環に関する計量経済学的な分析手法をめぐる論争の端緒を形成するケインズ自身の主張の源流となる訳である。こうした議論の展開を立ち入って検討しようとするとなると、さらに一編の本格的な論文を準備しなければならない。ところが、小論のために私に与えられた紙幅は、ほとんど尽きようとしている。ここでは、確率と帰納推理に関係する若干の問題について、少しばかりの私見を付け加えることで、小論を締めくくることにしたい。

ヒュームの懐疑主義

ハッキング（Hacking, 2001）によると、帰納推理の哲学的考察はヒュームの懐疑主義に始まると言われる。確率および帰納推理との関係で、ヒュームの懐疑主義を要約的に言い換えるならば、以下のようにまとめることができよう。すなわち、あらゆる蓋然的な（probable）主張というものは、過去と将来との間に調和が存在するという想定の上に築かれている。ところが、この調和は本来的な真実であって、もしそうであらねばならないことを証明しようとするならば、経験から以外に証明の余地はない。しかし過去におけるわれわれの経験は、将来に対しては取るに足りないものの証しであり、単にそれは過去と将来の間に類似性があるという想定の上に立つ証しに過ぎない。それゆえ、それは、証明を全く寄せ付けることのない、かつまたわれわれが、証明することなしに当然として受け入れる特質である。従って、ヒュームによると、われわれは、将来が必然的に過去と調和するに違いないというかなる蓋然的な主張によっても証明することすらできない。すなわち、帰納推理にとって、確率論はなんらの助けとはならないと考えられたのである。

懐疑主義の克服を目指して

ヒュームの懐疑主義は確率論を基礎とする帰納推理に対して根本的な難題を投げかけるものである。この問題に対して、ハッキング（Hacking, 2001）は、その解決ではなく、いくつかの迂回の方法を示唆している。検討の対象となる迂回の経路は二つある。その第一は、ベイジアンの迂回であり、これは後にも述べるように、ベイズの行動規則によると、経験から学ぶことが合理的だと考える。第二は、行動による迂回である。それは、任意の個人の帰納推理を正当とする根拠はないとしても、帰納的な行動の正当化は存在するとする立場である。

当然のことであるが、研究者の中には、議論の迂回ではなく、単刀直入にこの難問に挑戦する人々も存在する。思いつくままに、二、三の例をあげておく。その著書『科学的発見の論理』を基礎にして、独自の確率概念（〝性向〟としての確率）を開発したポパーの試みはその一例であり、西欧の研究者の間ではよく知られている[5]。また渡辺（Watanabe, 1969）は、認知科学（渡辺の用語では〝計量的認識論〟）の基礎論を構築することを意図して、〝演繹と帰納〟と題された第4章の中で、確率的帰納の問題を正面から取り上げて、その解決の方法を提案している。この渡辺の著作は、さきにケインズが指摘した〝認識論科学〟を目指す果敢な挑戦として高く評価されるべきである。

上に述べたベイジアンの迂回に戻ろう。ある行動主体が帰納推理を実行するとして、彼もしくは彼女がラムジー／デ・フィネッティの定理[6]に基づいて行動することに加えて、新たなる証拠の出現に対してもこの定理を維持するために、その都度確信の程度を更新していくことで、推理を一貫させるならば、この行動主体の行動はベイジアンであると言われる。ハッキングは、迂回を特徴付けるこの付加的な行動規則のことをベイズ確率に課せられる〝条件付加ルール〟（the rule of conditionalization）と名付けている。またこのルールをある道徳規範と見るとすると、（ある人がその人の生活ないし思想の徹底的な転向を経験することではないならば）、以前の自身に忠実であることであることと解している（Hacking, 2001, p.259）。「このことは、確信の展望におけるいささか驚くべき発展である。この確信の展望は、われわれにベイジアンの思考に従って経験から学ぶよう命じている。これは、今や、道徳的な命令のようなものと見られているのである」（Hacking, 2001, pp.259-260）。

パースの議論

行動による迂回の議論において注目すべき研究は、ほぼ一世紀前に、プラグマティズムの代表的な哲学者であるパース(Charles Sanders Peirce)によって示された。紙幅の制約から、一例だけを提示するに止める。いまある誘拐犯が一人の人質を取って、立て籠もっているとする。犯人はその人質を釈放するか否かを決めるために、人質に賭けをすることを提案する。その賭けとは、トランプのカードを26枚ずつの二組に分けて、一つを赤組、もう一つを黒組と呼んでおく。ここで赤組の中には一枚だけ黒色のカードが入っており、他は全部赤色のカードである。逆に黒組の中には一枚だけ赤色のカードが含まれる他は、すべてのカードが黒色であるとする。この二組の構造を知っているのは誘拐犯人だけである。其の上で人質に二組の中からいずれかの組を選んで、一枚のカードを引かせて、もしそれが赤色であったら釈放してやるが、そうでなければ人質を殺すことを要求するものとしよう。人質にとって合理的な推理は、当然に赤組の中から一枚のカードを引くことであるが、人質は二組のどちらが赤組であるかを知らない。それが判るのは長期に試行を継続することによってであり、この場合のように一回限りの試行にとっての帰納推理としては使用できない。人質はカードを引く組が赤組に当ることを切望して、その命を賭ける他はないのである。ここに、未来が過去および現在と調和的に連続する世界の中で、無限の試行を繰り返す行動を前提にして構築された確率論に基礎を置く帰納推理の落とし穴がある。パースは、これに代わる帰納推理の方法として、〝アブダクション〟(abduction)を提案するのであるが、こうしたパース理論の検討は別の機会に譲るほかはない。

注

[1] その概略については、倉林・香西・長谷川編著、２００４、第2章参照。

[2] 〝志向性〟と倫理との関わりのより哲学的な考察については、スクルートン(Scruton, 1996)の Chap.16-18 の議論が参考になる。

[3] その経過については Hacking, 1984, Chap.14 が参照されるべきである。

[4] 以下ケインズの著作からの引用は、参照文献の最後に掲げた『ケインズ著作集』(*The Collected Writings of John Maynard Keynes*)に従う。文中のⅦは第Ⅶ巻の略記で、『一般理論』が収められている。同じくⅧは、第Ⅷ巻の略記で、『確率論』が収められている。

[5] より詳細の議論については、Gillies, 2000, Chap.6-7 が参照されるべきである。

[6] その概略については、倉林・香西・長谷川編著、２００４、

第2章を参照。

参照文献

Roger E. Backhouse and Bradley W. Bateman,（Ed.）, *The Cambridge Companion to Keynes*. Cambridge University Press, 2006.

Thomas Baldwin, Keynes and Ethics, In Backhouse and Bateman（2006）.

Donald Gillies, *Philosophical Theories of Probability*, Routledge, 2000.

Donald Gillies, Keynes and Probability, In Backhouse and Bateman（2006）.

Ian Hacking, *The Emergence of Probability*. Cambridge University Press, 1984.

Ian Hacking, *An Introduction to Probability and Inductive Logic*. Cambridge University Press, 2001.

倉林義正・香西泰・長谷川かおり編著『経済思想の散歩道』日本評論社、２００４

Tiziano Raffelli, Keynes and Philosophers, In Backhouse and Bateman（2006）.

Roger Scruton, *Modern Philosophy: A Survey*. Mandarin, 1996.

Satosi Watanabe, *Knowing and Guessing: A Quantitative Study of Inference and Information*, John Wiley & Sons, Inc.（渡辺慧／村上陽一郎・丹治信春訳『知識と推測』上・下、東京図書、１９８７）

H. Peyton, Young, *Individual Strategy and Social Structure: An Evolutionary Theory of Institutions*, Princeton University Press, 2001.

Royal Economic Society, *The Collected Writings of John Maynard Keynes*, Macmillan, Cambridge University Press, Vol.I- Vol.XXX, 1971-1989.

H・キャントリル
『社会運動の心理学』

飽戸　弘

H. キャントリル『社会運動の心理学』
南博・石川弘義・滝沢正樹（訳）岩波書店（岩波現代叢書），1959.

飽戸　弘●プロフィール

1935年生まれる。1959年東京大学卒業。1975年東京大学新聞研究所助教授，文学部教授を経て，1995年東洋英和女学院大学教授，2005年東洋英和女学院大学学長，現在に至る。現在，東京大学名誉教授，放送倫理・番組向上機構（BPO）理事長，日本行動計量学会理事長。主著に『メディア政治時代の選挙』，『売れ筋の法則』，『社会調査ハンドブック』，『コミュニケーションの社会心理学』など。

キャントリルと〝新しい社会心理学〟

社会心理学の発展

社会心理学は、文字通り、社会学と心理学の境界領域、およびさらにその周辺領域についての新しい学問である。

心理学が「真空状態のなかでの人間（個人）の行動についての原理・規則」を探求する学問とすれば、社会学はその個人が生活する環境としての「社会・文化の類型とその機能・構造」を研究する学問、と言うことができよう。

従って社会心理学は、この両者の境界領域、個人と社会のかかわり方を追究する、別のいいかたをすれば、心理学が真空状態の中の個人を研究しているのに対し、社会心理学は「社会の中の個人」を研究する学問と言うことができよう。

真空の中での個人というのは、どのような社会・集団の中にいても、人間であれば共通に見出される原理・規則を探求するもので、例えば、錯視、条件付け、学習などは、世界のすべての人間に共通のルールを提供している。

それに対し、人間の多くの行動は、どんな環境・状況にいるか、どんな社会・文化のなかに住んでいるかによって、同じ人間の、同じ行動が、大きく変異することが多い。人は一人でいるときと、重要な他人（significant others）と一緒にいるときでは、異なった行動をする。食習慣やおしゃれなどの購買行動、宗教的慣習、選挙・政治行動などは、国により、文化により、大きく異なる。こうした社会の中の個人が真空状態の個人と異なることを明らかにしていくのが、社会心理学であると言うことができよう。

キャントリルについて

社会心理学は、１９３０年代、主にアメリカにおいて、大いなる発展を遂げる。それは行動科学、実証研究の進展に伴い、社会心理学の分野でも、実験や調査といった厳密な科学的方法により、さまざまな社会現象を研究していく、という潮流が発展したためである。

しかしその結果、厳密性を求めるあまり、社会にとって、人間にとって、重要な課題・現象であるのに、厳密な研究方法を活用することが難しいようなものは、敬遠され、逆につまらない、矮小化された主題だが、厳密に検証しやすいようなテーマが、しばしば取り上げられる、ということになって行った。

本書の著者、ハドレイ・キャントリルは、このような状況の中で、〝社会にとって、人間にとって、重要な課題・現象を避けて通ってはならない。多少、方法論の厳密性には欠けても、重要な主題に挑戦するのが社会心理学の使命である〟

と考えていたことが、彼の生涯を通してチャレンジした多くの研究とその成果を見ると明らかとなろう。本書はその中でも名著の誉れ高い研究である。

リンチ・モッブを実験することなど不可能だ。ナチ党について、ファーザー・ディヴァイン王国に潜入して、世論調査など行ったら、おそらく命が危ういだろう。しかし、人間が如何に生き、また恐ろしい煽動に迷わされないためにはどうしたら良いかといった、重要な課題に挑戦することは社会心理学者の責務であると考えておられたのであろう。こうした研究がその後あまり発展しなかったことは残念だ。この古典を取り上げる所以である。

『社会運動の心理学』の概略

本書は、Hadley Cantril, *The Psychology of Social Movemens*, 1941. の全訳である。日本語訳は、一八年後の1959年に『社会運動の心理学』という書名で、岩波書店より翻訳・刊行された。原著の刊行よりほぼ六〇余年、日本語訳刊行からも約五〇年を経た、まさに「古典」であるが、その内容は、いまだにその新鮮さを失わない名著である。

本書の構成は、2部、9章より成る。目次は以下の通りであり、第1部が理論編、第2部が実証編、というかたちになっている。第2部の具体的な社会運動を詳細に検討していく中で、これらの運動を分析・考察する「基本的枠組み」を構成するとともに、この枠組みによってさらに他の研究にもそれを応用していく、という構造になっている。

第1部　「基本的な諸概念」
1章　個人の心的文脈
2章　社会生活における動機づけ
3章　個人による意味の追求
第2部　「社会運動」
4章　「リンチ・モッブ」
5章　「ファーザー・ディヴァイン王国」
6章　「オックスフォード・グループ」
7章　「タウンゼント・プラン」
8章、9章　「ナチ党」

第1部、「基本的な諸概念」は、本書全体の〝理論的枠組み〟をまとめたもので、さらに三つの章に分けられる。第1章、個人の心的文脈、第2章、社会生活における動機づけ、第3章、個人による意味の追求、として、さまざまな社会運動を分析する上での、〝新しい分析枠組み〟が提起される。今回は紙幅の関係で、第1部については割愛し、第2部について、少し詳しく紹介・検討してみたい。

第2部、「社会運動」では、さまざまな社会運動が取り上げられ、どのような経緯で、それぞれの社会運動が成功したか、そして終焉したか、その原因は何か、といった考察が個々に展開される。具体的に取り上げられた社会運動は、第4章、リンチ・モッブ、第5章、ファーザー・ディヴァイン王国、第6章、オックスフォード・グループ、第7章、タウンゼント・プラン、第8章、ナチ党、第9章、ナチ党（続き）、と、5つの具体的社会運動が取り上げられ、第1部で展開された理論枠組みに従って、分析・考察される。

第一の「リンチ・モッブ」（4章）は、1830年代になって奴隷制度廃止の声が高まるにつれ高まりを見せ、その後、南北戦争期、さらには1930年代まで、アメリカ南部で頻発したリンチ・モッブによる黒人の大量殺人事件について、その実態、背景、原因などを考察した貴重な研究が紹介される。これは特別な時代の特別な現象として生起したもので、世界で二度と起こらない事件と思われるが、しかし最近のテロ事件の続発を考えると多くの共通点があり、今後のわれわれにとって貴重な示唆を与えているものと思われる。

第二の事例、「ファーザー・ディヴァイン王国」（5章）では、黒人の教祖による、主として黒人のための新興宗教の隆盛とその理由が克明に考察される。著者のメンバーが、この王国に潜入し、徹底取材した結果が紹介され、考察される。カリスマ指導者、そして完全な情報統制によって、新しい文化・世界を創り上げて行った経緯、その成功の秘訣が描き出されている。これも特別な時代に、特別な文化背景のなかで生起した、特別な出来事と思われるが、しかしこれも、今日の独裁国家、共産主義国家などの、支配・統制のメカニズムを見ると、大いに共通点があるように思われる。研究方法の秀逸さとともに、現代社会の分析に大いに役立つ知見に富んだ研究と言えよう。

第三の「オックスフォード・グループ」（6章）は、キリスト教から派生した宗教運動の代表的なものに、道徳再武装（MRA）、あるいはオックスフォード・グループとも呼ばれる、「ブックマニズム」をあげることができよう。これは1920年代に前ルーテル派ペンシルバニア教会の牧師、フランク・ブックマン博士により創始された宗教運動である。ブックマンは神の啓示を受けて「新生」（change）する。彼はそれまでの利己主義、不正直、不平を、敵対視していた人たちに告白して許しを乞う。そして他の人々にも新生をすすめた。その後、信奉者もそれほど多くなかったが、1920年、渡英し、ケンブリッジ大学で、翌21年、オックスフォード大学で、主に上流階級の学生たちに布教を集中し、新生運動のため信者の一団を率いて南アフリカなどの遠隔地に布教を始めたことで広がっていく。1924年、再びアメリカに帰りやはり上流の子弟を相手に告白と新生を説いた。

その後彼は再び英国に戻り、今度は学生だけでなく一般人、殊に名士を信奉者にすることに努力していった。1929年の大恐慌の時期、そして1938年、ミュンヘン協定前後の世界戦争の不安の時期を経て、社会運動として急速に発展していった。その理由は恐慌の時期、社会不安のときも、神は支配階級をも守ってくれる、という現体制維持の思想、そして、すべての世界の指導者が、自分の罪を告白し、新生すれば、世界平和がもたらされるという不安な時代の問題解決の方法を提供し、上流階級にとっても自分たちの地位保全にも役立つため歓迎されたという側面があったと言えよう。こうした時代背景や布教の技法についても詳細に分析考察されている。

第四の「タウンゼント・プラン」(7章)は、一つの奇想天外な経済再建政策が、全米に広がっていった出来事である。いつの時代にも実現不能なさまざまな政策・夢が語られ、広がっていくがやがて消滅していく、という出来事は多い。これもそのような例の一つである。1930年代初頭、苦労の果てにようやく医師になったフランシス・E・タウンゼント博士は、六〇歳を超えてさまざまな仕事に就くが、ついに失業、失意と絶望のなかで彼は社会の不公正な制度に怒りを覚え、1934年、元旦に、一つの経済再建政策を提唱する。このプランは簡潔そのもので、以下の三つの部分よりなる。1、六〇歳以上のすべてのアメリカ国民は、月額200ドルの養老恩給を支給される。2、この月額恩給を受け取るものは、すべて誓約によって、その全額を30日以内にアメリカ領土内で支出しなければならない。3、この月額恩給は、すべての事業に対して課せられる2パーセントの税金によってまかなわれる。ほとんどの経済専門家から徹底的にこき下ろされたこの政策は、しかし、全米に野火のように広がって行った。なぜそれほど非現実的な政策が大衆から支持されたのか、その社会背景、戦術の特徴などが分析・考察される。

第五の主題、「ナチ党」(8章、9章)では、その驚異的隆盛とその巧妙な戦術が詳細に分析される。1919年、ミュンヘンのあるビアホールで10人足らずの不満分子が、毎週集会を開いていた。その後このグループは、他の集団同様政党を結成、1933年には、このとるに足らぬと思われていたビールびたりの論客の集まりが、一つの大衆運動に変貌し、ついにその指導者を政権の座に押し上げた。やがて、ヨーロッパの国々が、次々とこの運動に巻き込まれていった。

このナチ党の異常な成長ぶりについては、精神分析学者、マルクス経済学者、政治学者、あるいは社会学者などの実に膨大な研究・論稿があるが、それらの説明に物足りなさを感じた社会心理学者、キャントリルは、それぞれの学問だけで説明するのではなく、〝なぜ多くの人々がこの運動に参加して行ったか、その諸条件、諸環境、その心理的メカニズムを総合的に考察する〟ことが不可欠と考えた。その成果が、本書、最後の主題である。

さて、ではこれらいくつかの主題の中から、リンチ・モッブ及びナチ党の二つの事例を取り上げて、少し詳しく、データなどを紹介しながら、検討し、考察してみたい。

リンチ・モッブ

リンチ・ロー（私刑法、lynch law）という言葉は、１７３６年、ヴァージニア州リンチバーグに生まれたチャールズ・リンチにちなんだものと言われている。リンチとは、元来法律を実行するためにつくられたものである。１８３０年代になって奴隷制度の廃止の声が高まるとともにリンチは急速に南部諸州にひろまっていった。そして南北戦争後に解放された奴隷に対するリンチ熱は再び燃え上がる。これらのリンチはきわめて残虐なもので、まず犯人に暴行を加え、木に吊し、大勢で射殺し、最後はガソリンをかけ放火する、というものであった。

リンチ・モッブについては次のように定義することができよう。即ち「自分たちに関係のある特定の価値が脅かされているという感じを強く持ち、その態度をある人間の殺害もしくは傷害致死に向けている個人の集合」ということになる。

統計上の傾向

リンチ・モッブは南北戦争後、１９８８年からの十年間に２０００件近い発生を見るが、その後徐々に減少して行き、１９３０年代にはほぼ終息していく。南北戦争前後から、本書が刊行された当時までの五〇年間に、統計に表れたリンチ件数は次の通りである。

リンチが発生した件数

1888-1899	1875
1900-1909	925
1910-1919	619
1920-1924	426
1925-1929	168
1930-1938	127

ここではっきりしていることは、リンチの数が激減していったことと、中でも白人の比率が減少して行ったことが伺える。リンチ犠牲者の黒人と白人の比率はおよそ40対1である。

また次第にリンチは南部特有の現象となって行った。

またリンチが行われた原因については、統計によれば、次の通りである。

リンチが行われた原因

殺人	1928
強姦	910
強姦未遂	282
強盗および窃盗	228
凶悪な暴行	200
白人に対する侮辱	82
その他	1056

よく、リンチの原因の大部分が強姦と考えるステレオタイプがあるが、それは事実ではない。また「その他」に分類されているものには、「レストランで食事をすると言い張った」「白人と同じように振舞おうとした」「生意気なものの言い方をした」「投票すると言い張った」「石を投げた」「汽車に白人と同乗した」「暮らし向きが良すぎる」「白人の運転する自動車に道をゆずらなかった」などなどといった理由で、簡単に殺害されていたことがわかる。しかもこれらの理由も、多くは事実無根の濡れ衣であることがほとんどであった。しかも、リンチによって殺害した加害者が罪に問われることはほとんど無かった。

こうしてリンチは、場所は南部、犠牲者は黒人、モッブ・メンバーは土着の白人、そして逮捕され、処罰されるものは誰もいない、というのがその特徴であったと言えよう。

リンチ・モッブの発生基盤

リンチ・モッブが発生する三つの基盤について考えてみよう。

経済的な基盤　1830年から南北戦争までのリンチは南部での綿花の需要の高まりにつれ、奴隷の需要が急激に高まったことによる。十九世紀の後半から第一次世界大戦にかけて黒人が政治的にも経済的にも進出しはじめ、それに対して白人たちの経済的優位は崩れていき、経済的に不安定な小作農階級に転落していくものが多かった。

またリンチ・モッブは南部の貧しい州で、しかもほとんど夏に、発生している。夏は綿花労働者たちが年俸をもらう時期であるが、生活苦のため前借りが多く、実際に夏になって支払われる年俸はごく僅かであり、綿花の不作の年など特にこの傾向が強かった。こうして経済的不満が爆発して、リンチ・モッブに向かったと考えられる。

文化水準　南部では、当時特に下層白人や黒人の綿花労働者たちは、文化水準が著しく低く、奴隷解放や、新しい価値について理解できず、時代の変化になかなか付いていけない、というものも多かった。これが奴隷解放に対する怒り、憎悪となって、リンチ・モッブの動因となったことが考えられる。

社会構造とモレス　もう一つ重要なことは、リンチ・モッブが多発している地域は、黒人人口の少ない新興地域に多く、黒人人口の多い古い地域で少ない、という現象が見られることである。これは古い地域では、黒人と白人との生活経験が長く、白人優位の慣習が確立されていたのに対し、新興地域では、まだそのような慣習・モレスが確立されておらず、黒人が白人から見て、傲慢、生意気、などとみられ、白人の怒りを買ったというケースが多かったようだ。

これらの要因が重なって、下層白人が黒人に自分たちの仕事を、従って白人優位という地位をも奪われるのではないかという不安、それに経済的な不満や、新しい価値についていけない不安と怒り、そういうものが一挙に爆発して、考えられないような残虐な愚行、リンチ・モッブに至ったものと考えられる。

ナチ党について

政治的混乱

ドイツが統一を成し遂げ、イギリスやフランスのような先進国として独立したのは、十九世紀も終わりに近い頃であった。こうしてドイツはイギリス、フランスにたいしてコンプレックスを持っていたが、それが逆に、ドイツ民族は世界に誇る優秀な民族であるという過度な自意識へと結びついて行った。ここにドイツナショナリズムの台頭の基盤があった。

1918年、ベルリンの労働者が反乱を起こすに至り、皇帝が退位し、社会民主党による共和国が誕生する。自由主義者たちが熱烈歓迎した。しかし共産主義者たちは、この程度の改革ではプロレタリアの敗北と考え、ロシア革命を見習えと主張し新政府に反対する。保守主義者、政府官僚、大地主など旧体制は民主主義そのものに反対していた。この間、労働者と兵士も、新政府反対で同盟を組む。こうして政治的混迷が続いていた。

戦後経済の崩壊

ドイツの敗戦によりマルクは暴落し、中間階級が消滅に瀕する。ベルサイユ条約による連合軍からのドイツへの膨大な損害賠償請求はこれに拍車をかけ、1929年の経済大不況が到来する。1932年国民の半数が飢餓状態に至っていた。比較的安定していたのはむしろ労働者階級であった。こうして反政府の感情・運動は一挙に盛り上がり、政治的混乱は極度に達する。

諸集団の不安定

こうした政治的、経済的混乱がすべての集団、すべての社会階層に、不満、怒りを惹き起こしていた。それぞれの集団についてみると、以下のようになる。

ユンカー　膨大な土地を所有していた土地貴族、ユンカーたちは、自分たちがドイツを立て直さなければならないという誇りをもっていたが、民主主義には反対で、新政権には当然批判的であった。一方で、国家はユンカーたちの膨大な土地を狙っていることも明らかであり、自分たちの財産、地位を守ってくれる強力な政権を模索していた。

産業資本家　ドイツの大産業の指導者たちは新政権になっても自分たちの財産や地位はそれほど犯されることは無いと楽観しているものが多かった。しかしごく一部の資本家たちは、大いに不安をもち、自分たちの利益のために働く政治指導者に、精神的・財政的支援を与えることを考えていた。

中間階級　戦後のインフレーションによって、財産をほとんど失った中産階級は絶望のどん底にいた。このままではプロレタリアートと区別が付かなくなってしまうのでは、という地位に関する不安が広がっていた。しかも彼らは、労働者階級のような、労働組合、失業保険・社会保険などの手段やイデオロギーも、持っていなかった。

プロレタリアート　もともと貧しかった労働者階級は、民主主義政権の誕生に期待をかけていたが、予想に反し生活は楽にならなかった。しかし自分たちが長年教育されてきた伝統のおかげで、より社会主義的政権が必要であり、そのためには戦わなければならないということは承知していた。

農民　これまで小作農として小さいながら土地をもった農民は、自分たちは資本所有者であり、産業資本家や時にはユンカーとも同一視していた。それが敗戦により、産物の価格は下落、膨大な負債をかかえ、政府も全く助けてはくれず、惨憺たる状況であった。

ナチ党は、こうしたすべての階層・集団の不満を調べ、これらすべての集団に、「すべての問題に解決を与える」と約束する！　とても不可能な約束であり、相矛盾する約束ばかりであるが、だが、これが評価され、それぞれの層がナチ党を支援することになる。

ナチ党のアピール

さて、ナチ党の隆盛の原因に、巧妙な宣伝・ＰＲ戦術があったことを挙げねばなるまい。次にナチ党のアピールの特徴を、見てみよう。

指導者の提供　数十年にわたってドイツを支配していた封建制度が崩壊し、民主政府が誕生したが、これは全く不本意なものであった。ドイツ国民は、政治に失望し、経済不況に喘ぎ、無秩序のなかに投げ出された。しかし人は無秩序の中に安住することは出来ない。新しい秩序を求める。しかしそれには長い時間がかかる。こういう状況で、人々は強力な指導者を求めるようになった。ナチ党の党首、アドルフ・ヒットラーがその一人の強力な指導者としてあらわれることになる。

１９２３年、ミュンヘン一揆の後で、ヒットラーは権力の獲得は選挙を通してできると確信するに至る。１９３２年、ナチ党は１４００万の投票を獲得し、１９３３年、ヒンデンブルグ大統領より、首相に任命される。こうしてヒットラーは独裁者の道を歩み始める。ここで重要なことは、ヒットラーの最高権力獲得の過程は、暴動、革命、あるいはクーデターなどによるものではなく、選挙という民主主義のルールに則って得たものである事である。

敵の指名　ヒットラーのめざましい成功のもっとも大きな理由は、大衆の不満の原因を言葉で表現し、具体的に説明し、大衆の注意を、苦しみの現実的な、あるいはもっともらしい原因に集中させた、特異な能力によると言えよう。

ヒットラーは敵を見つけ出すことだけでなく、敵を作り上げることもした。ユダヤ人がその代表的な敵であった。そのほかナチ党が敵としたものは、ベルサイユ条約であり、民主主義であり、議会であった。こういう敵を攻撃することで、大衆の不満をそらせることに成功した。しかも決して反撃してくるような強い敵を攻撃しない。勝てる敵だけを攻撃せよ、というのがヒットラーのモットーであった。こうしてドイツ人の敵を見抜き、攻撃の矢先をそこへ向け、ナチ党の結束の原動力としていった。

新しい社会のヴィジョン　ヒットラーはさまざまな集団に対して、それぞれの敵や憎悪を利用し、また理想の社会を提示している。しかもその理想は驚くほど節操のない、時期により、相手により、変質する。金持ちにはこう言い、貧乏人にはああ言い、農民には都市労働者を怒らせるような約束をして喜ばせ、またその逆も同様に行った。ユンカーや産業資本家はもともと特にナチ党の運動に不満は無かった。軍も、自分に有利な限り応援した。共産主義者への批判は支配階級を喜ばせた。こうして、すべての層、すべての集団に、敵を撲滅し、有利な改革を断行することを約束し、支持を取り付けていった。

ナチ党の戦術

ナチ党の戦術のもう一つの基本的な特徴は、あらゆる価値を、判断の基準を、新しく書き直すことであった。権利、自由、正義、善など、すべてナチ党流に書き直す。これがナチの革命であった。このナチの新しい哲学は、今まで、不名誉、裏切り、詐欺、野蛮、と言われてきたものも、旧来の価値基準はすべてを否定し、もしもそれらが、ドイツ国民、あるいは国家を理想に近づけるものであればすべてそれは善とした。まさに革命であった。

問題の単純化　ヒットラーの原則は単純明快である。大衆の理解力は極めて限られており、忘却力は極めて高い。従ってすべての宣伝はわずか二、三の問題に絞り、スローガンのように反復使用する。書かれた言葉より、語る言葉が力があるから、まず、語ること。こうして次に触れる大衆集会や演説会が多用された。

大衆集会　大勢が集まった大衆集会によって、自分が支持している集団が成長しつつあり、力のあるものだ、という実感を抱かせることが出来る。また大衆集会は一日のうちの何時頃とか、一週間の中では何曜日とか、大衆の意識が鈍っていて、暗示にかかりやすいときを狙えといっている。そして、飾り付け、旗、照明など、会場の雰囲気を盛り上げることに腐心している。ヒットラーらのこの新しい運動は、「国民‐社会主義‐ドイツ‐労働者‐党」と名付けられ、そのスローガンは、ドイツの目覚め、自由とパン、私利より共同の利益、血統と土地、などであった。

個人的な努力　こうした大衆集会のはなやかな活動だけでなく、それに加えて、より個人的で、親密な、人的交流、宣伝が、静かに行われていたことも重要である。

テロリズム　これらの方法以外に強力な威力を発揮したのが、暴力手段を用いたテロ活動である。ナチ党を冷笑したり、反対したりしたものは、ユダヤかぶれの自由主義者インテリ、秘密マルクス主義者、などとレッテルを貼られ、暴力が行使された。1933年以降は、テロの追加手段として、強制収容所、秘密裁判、及び死刑執行などの手段を用いた。

こうしてドイツにおけるナチ党の成功を正しく理解するためには、実に多様な条件、政略が絡んでいることを把握しなければならない。

古い規範が崩壊し、新しい民族主義の幻想が、国民の劣等感を払拭し、希望を、夢を、与えたこと、さまざまな欲求不満が戦中、戦後、渦巻いていたなかで、大衆の満足をもたらすことが出来る強力な指導者が用意されたこと、さまざまな敵を設定し、そこへ不満を集中させるとともに、その不満を解決する手段を極端なまでに単純化したスローガンで、国民を説得することに成功した、などなど、実にさまざまな条件・要因が見事に作用しあって、最終的にこの運動を国民的運動にまで盛り上げることになった。

しかし、その陰に用いられた、巧妙な戦略、時には卑劣でさえあるテロを併用して、こうした成功がもたらされたことは重要である。われわれもいつもこうした危険のなかにおかれていることを意識して、非合理的運動を見破る力を備えておく必要があろう。

エピローグ

本書は1941年に刊行され、その日本語訳が刊行された1959年に、著者キャントリルが、日本語訳に序文を送っており、その中で次のような趣旨のことを述べている。

本書が取り上げた5つの社会運動は、今日までにすべて終息または消滅した。しかしここで取り上げられた諸問題は、今日も形を変えて生き続けており、本書はこうした問題に対処する上での重要な示唆を与えてくれていると確信している。

あとがき

本書は、昨年２００７年に東洋英和女学院大学の生涯学習センター開設十周年記念として企画した特別公開講座――「横浜市民大学 at 東洋英和」の講演を中心にまとめた論集である。この講座は「私が出会った一冊の本」をテーマに第一部・春学期、第二部・秋学期の各12回、本学教員のほか、外部講師をお招きして総勢24名によって開講された（資料参照）。春、秋合計１８０名近くの受講生が毎回熱心に講師の語るところに耳を傾け、一冊の本が導く世界へいざなわれた。そして今回、各講師のご協力によって当初からの計画通り、その内容を書物にまとめることができた。さらに本書には、講座を担当した講師のほか、本学の生涯学習機関開設による大学の門戸開放十年の歩みの中で、私たちのセンターの運営に協力し、顧問として支援された先生方からも貴重な論稿を頂戴できた。しかしながら、残念なことがいくつかある。それは二代目の学長でありセンター長であった塚本哲也先生の玉稿をいただけなかったことである。先生は学長就任当初から生涯学習センターの意義を強く認識され、その充実のために尽力された。学長としての多忙な業務の中にセンター講座の担当も入っていた。いまは体調を崩しておられるが、ご健康を回復されることを心から願っている。また講座を担当しながら、ご都合により本書には参加できなかった先生がおられる。五年後あるいは十年後に同じような企画がなされ、本書の続編が出版される機会を待ちたいと願っている。

ところで、書物は出版されたときは、いまだ完成されたとは言えない。書物は、良き読者が与えられることを待っている。専門分野のいかんを問わず「学問」に従事している大学の教員にとって読書は研究活動に不可欠であり、多くの書物を読むことを常としている。そうしたなかで「一冊の本」との出会いがある。それは研究の途上で、その方向を決定的にした一冊かもしれない、あるいは研究者自身の生き方に大きな意義を持った一冊かもしれない。本書はその一冊について語ることを通して、日頃の大学カリキュラムでは語ることのない「自分史」を披露することになった。しかし内容は、「私」を中心に展開したもの、「本」の紹介を専らとしたもの等様々である。さらには、それらの本はジャンルも発行の時期もきわめて多様である。編集上、三部に区分したが、必ずしも的確ではなかったかもしれない。しかしそれなりにまとまりあるものとなり、本学の二大専門分野である「人文科学」と「社会科学」のよき入門書となったのであればまことに幸いである。

最後に、出版社紹介の労をとられた岡本浩一教授、そして出版を快諾された新曜社代表取締役社長の塩浦暲氏に厚く御礼を申し上げる。

（編者　太田良子・原島正）

【資料】

講座名：横浜市民大学 at 東洋英和	担当コーディネーター　国際社会学部教授　太田　良子

テーマ：私が出会った一冊の本　―第一部・春学期―

回	月／日（曜）	講座内容
1	4／13（金）	エドワード・サピア『言語』 ―思索の源―　本学教授　伊勢　紀美子
2	4／20（金）	バージニア・リー・バートン『ちいさいおうち』他 ―私の絵本開眼はこの一冊からです―　前福音館書店社長　松居　直
3	4／27（金）	中里介山『大菩薩峠』（1913～1944） ―世界最長の未完小説―　本学教授　与那覇　恵子
4	5／11（金）	イマニュエル・カント『永久平和のために―哲学的草案』 ―国際連合の理念のさきがけ―　本学教授　津守　滋
5	5／18（金）	エーバーハルト・クラウス『オルガンとその音楽』 ―幾多の変遷を重ねたオルガンの歴史をたどる― 本学非常勤講師　河野　和雄
6	5／25（金）	岡倉天心『茶の本』 ―日本人としての目覚め―　本学教授　岡本　浩一
7	6／1（金）	レヴィ・ストロース『悲しき熱帯』 ―構造人類学入門―　本学教授　中生　勝美
8	6／8（金）	アンブローズ・ビアス『悪魔の辞典』 ―隠された言語表現―　本学教授　新冨　英雄
9	6／15（金）	永井荷風『断腸亭日乗』―30代から死の直前まで書き綴られた 日記を通して一人の作家の「人生」と明治・大正・昭和の世相 を知る―　本学教授　早瀬　圭一
10	6／22（金）	ウイリアム・ウイリス『幕末維新を駈け抜けた英国人医師』 ―甦るウィリアム・ウィリス文書―　本学教授　黒岩　徹
11	6／29（金）	ドストエフスキー『罪と罰』 ―私を変え、今も同行する一冊―　東京大学名誉教授　荒井　献
12	7／13（金）	新渡戸稲造『武士道』 ―21世紀を生きる日本人の指針―　本学院理事長　池田　守男

テーマ：私が出会った一冊の本　―第二部・秋学期―

回	月／日（曜）	講座内容
1	9／21（金）	チャールズ・ダーウィン『ダーウィン自伝』 ―若きダーウィンの彷徨の日々―　本学教授　下坂　英
2	9／28（金）	サリンジャー『ライ麦畑でつかまえて』 ―私たちはみな孤児かもしれない―　本学教授　太田　良子
3	10／5（金）	エドワード・サイード『オリエンタリズム』 ―欧米の色メガネ・非欧米の色メガネ―　本学教授　池田　明史
4	10／12（金）	ルース・ベネディクト『菊と刀・日本文化の型』 ―米女性人類学者が的確精細に透視した敵国日本の解剖図― 本学教授　山岡　清二
5	10／19（金）	Daniel Jones, An Outline of English Phonetics Ninth edition, 1960 ―私の英語発音の原点―　東京女子大学名誉教授　西野　和子
6	10／26（金）	ジョン・ダワー『敗北を抱きしめて』（上・下） ―抱きしめた解放の検証―　東京女子大学名誉教授　北條　文緒
7	11／9（金）	J.P. サルトル　『実存主義とは何か』 ―実存主義はヒューマニズムである―　本学教授　原島　正
8	11／16（金）	Patrick White, Voss ―世界文学として認められたオーストラリアの小説― 本学教授　パトリシア・スイッペル
9	11／30（金）	浦辺竹代『患者とともに―ある医療ケースワーカーの記録』 ―浦辺竹代との邂逅をめぐって―　本学教授　横倉　聡
10	12／7（金）	土居健郎『「甘え」の構造』 ―人生の方向を「科学」から「こころ」へ転換させた本― 本学教授　山田　和夫
11	12／14（金）	「ヨブ記」（聖書）―永遠の問いと答え―　本学教授　渡辺　和子
12	1／11（金）	H・キャントリル　『社会運動の心理学』　本学学長　飽戸　弘

新曜社
私が出会った一冊の本

初版第1刷発行　2008年7月10日©

編　者　太田良子
　　　　原島　正

発行者　塩浦　暲

発行所　株式会社新曜社
〒101-0051　東京都千代田区神田神保町2 - 10
電話(03)3264-4973(代)・Fax(03)3239-2958
E-mail: info@shin-yo-sha.co.jp
URL http://www.shin-yo-sha.co.jp/

印刷　銀河　Printed in Japan
製本　難波製本
ISBN978-4-7885-1113-2　C1095